U0583855

不平衡发展的空间政治经济学批判

刘鹏飞　著

图书在版编目(CIP)数据

不平衡发展的空间政治经济学批判 / 刘鹏飞著 . 北京：社会科学文献出版社，2025. 5. --ISBN 978-7-5228-5291-1

Ⅰ. F0

中国国家版本馆 CIP 数据核字第 20250B3V78 号

国家社科基金后期资助项目

不平衡发展的空间政治经济学批判

著　　者 / 刘鹏飞

出 版 人 / 冀祥德
责任编辑 / 岳梦夏
文稿编辑 / 李铁龙
责任印制 / 岳　阳

出　　版 / 社会科学文献出版社 · 马克思主义分社（010）59367126
　　　　　地址：北京市北三环中路甲 29 号院华龙大厦　邮编：100029
　　　　　网址：www. ssap. com. cn
发　　行 / 社会科学文献出版社（010）59367028
印　　装 / 三河市龙林印务有限公司

规　　格 / 开　本：787mm × 1092mm　1/16
　　　　　印　张：15. 5　字　数：247 千字
版　　次 / 2025 年 5 月第 1 版　2025 年 5 月第 1 次印刷
书　　号 / ISBN 978-7-5228-5291-1
定　　价 / 98. 00 元

读者服务电话：4008918866

国家社科基金后期资助项目
出版说明

后期资助项目是国家社科基金设立的一类重要项目，旨在鼓励广大社科研究者潜心治学，支持基础研究多出优秀成果。它是经过严格评审，从接近完成的科研成果中遴选立项的。为扩大后期资助项目的影响，更好地推动学术发展，促进成果转化，全国哲学社会科学工作办公室按照“统一设计、统一标识、统一版式、形成系列”的总体要求，组织出版国家社科基金后期资助项目成果。

全国哲学社会科学工作办公室

目　录

绪 论

不平衡发展是当代世界政治经济发展的一个基本特征。本书的最终目的是在马克思主义政治经济学视域中揭示当今世界不平衡发展的空间运动规律。实现这一最终目的的最主要方法是在考察资本与空间关系的基础上洞悉日益系统化的不平衡发展趋势，并探明这种趋势对当代社会的影响。因此，与对资本的研究要从商品开始同理，关于不平衡发展的研究需从资本谈起。资本是一种物，是一种生产关系，是一种权力……无论如何都是一个极其复杂的范畴。到目前为止，恐怕还没有人比马克思更能分析透资本。19 世纪正值资本主义野蛮生长和急速扩张的阶段，资本在追求剩余价值过程中引发的诸多现实问题不加修饰地暴露在马克思面前。马克思清醒地认识到，如果不对资本这一“新生事物”进行真正科学的辨识，就不可能洞悉“现代社会的经济运动规律”。[①] 众所周知，检视自身所处时代的发展规律是最富挑战性的事情，但马克思必须勇于接受这种挑战，他果断地拿起政治经济学这把锐利的“手术刀”，对资本进行了深入解剖和系统研判。

在马克思那里，资本具有鲜明的两面性特征。“资本的文明面之一是，它榨取这种剩余劳动的方式和条件，同以前的奴隶制、农奴制等形式相比，都更有利于生产力的发展，有利于社会关系的发展，有利于更高级的新形态的各种要素的创造。”[②] 不可否认的是，资本将科学技术作为先进生产要素纳入资本循环，从而变革了社会生产方式，并将生产关系附着在商品上实现了资本主义生产关系的再生产，客观上促进了社会生产方式的历史性变革，进而实现了人类文明的“飞跃”。与此同时，资本本性催生的“野蛮效应”却又表现出对人类文明的“僭越”。“资本逃避动乱和纷争，它的本性是胆怯的。这是真的，但还不是全部真理。

① 《资本论》（第 1 卷），人民出版社，2004，第 10 页。

② 《马克思恩格斯文集》（第 7 卷），人民出版社，2009，第 927~928 页。

资本害怕没有利润或利润太少，就像自然界害怕真空一样。一旦有适当的利润，资本就胆大起来。如果有10%的利润，它就保证到处被使用；有20%的利润，它就活跃起来；有50%的利润，它就铤而走险；为了100%的利润，它就敢践踏一切人间法律；有300%的利润，它就敢犯任何罪行，甚至冒绞首的危险。如果动乱和纷争能带来利润，它就会鼓励动乱和纷争。走私和贩卖奴隶就是证明。"[①]"飞跃"与"僭越"的矛盾运动内嵌着资本逻辑和权力逻辑间的背反性，外显为极度复杂多变的现代性矛盾与危机。

在马克思身后的一百多年中，对资本的持续性评估从未停止。但一些人在肯定资本"文明一面"的同时，却始终不愿直面资本的"野蛮一面"，以及不愿承认其破坏性力量。其中有很大一部分原因在于资本主义及"资产阶级经济学"大行其道，当然，这也与资本的"整形""变装"和人们有意或无意地丢掉政治经济学的批判传统密切相关。不过，历史总是会帮助我们证明和证伪一些事情。20世纪晚些时候，已经发育的资本在不断壮大中形成了"滚雪球式"的巨大增量，并在新自由主义的推波助澜下不受控制地游走于全球范围内的各个空间规模之中，"飞跃"与"僭越"的矛盾真正被赋予了世界历史特征。一份相对保守因而并不那么耸人听闻但足以说明问题的经济数据显示：全球不平衡发展的程度已经达到巅峰水平，全球前10%的人口（年均收入122100美元）一共占有全球财富的76%和收入的52%，而全球后50%的人口（年均收入3920美元）仅占有全球财富的2%和收入的8%，区域间不平衡及区域内不平衡依然严峻。[②]显而易见，当代资本主义的政治承诺——通过新自由主义策略减少贫穷和实现平等的"美丽"愿景——并未兑现。与此同时，资本扩张带来的不平衡发展问题——诸如政治失能、社会失序、经济失衡、生态恶化以及由此引发的各种社会矛盾等人化因素凸显——同人类自由全面发展的共同体诉求构成了新的更为复杂的矛盾，人类面对的社会性威胁甚至已经超越自然性威胁。

普遍存在于全球不同空间规模等级中的不平衡发展问题，在一定程

① 《马克思恩格斯文集》（第5卷），人民出版社，2009，第871页注（250）。

② 数据来源为《世界不平等报告2022》，https://wir2022.wid.world/methodology/。

度上起到了政治动员的作用。对不平衡发展的认识，在世界政治和经济领域中经历了一个感受—质疑—追问—反思—矫治的发展过程。在这一过程中，一些学者认为，不平衡发展乃是资本主义发展的必然结果。他们开始呼吁马克思主义的复归，并试图基于政治经济学批判的视角审视和反思资本逻辑及其衍生的权力逻辑同不平衡发展之间的内在关联，逐步形成了一批极具阐释力却也有待于进一步深化和拓展的理论成果。

第一节　理解与理解的难度

在前资本主义时代，人们对不平衡发展的认知是单一维度的，认为其不过是自然界普遍存在的一种客观现象。不平衡发展使物质世界的差异性、多样性等存在论视域下的基本性质得以显现，表征着空间结构的非对称性。彼时人类面对的主要挑战是应对自然先天的地理不平衡发展，即如何克服并利用地理位置、土壤结构、水文环境、矿产资源、气候条件等自然因素以维系生存并谋求发展。随着人类社会步入资本主义阶段，当人们意识到不平衡发展是人类的社会活动所引发的社会事实的时候，资本逻辑已经渗透进世界每一个角落，“各个民族虽然拥有极其多样的历史经验，居住在差别大到难以置信的物理环境中，却在国际分工当中被拼接成了一个复杂的统一体”。[①] 资本借助工业革命的成果不断地向外拓展、奔波的过程无不活跃着其寻找市场、制造差异、形成优势的身影。此时，“不平衡发展应被视为一个相当具体的过程，既是资本主义社会独有的，又直接根植于这种生产方式的基本社会关系中。……资本主义制度下发达地区和欠发达地区之间的关系，最清楚、最本质地体现了不均衡发展，在国际范围内如此，在区域和城市范围内也如此”。[②] 此时，我们必须清醒地觉悟到，不平衡发展表达的是社会后天历史规律的非齐一性，其既是资本主义自反性危机的地理表现，又是其存续和发展的地理前提。

总体看来，不平衡发展是一个时空范畴，它一方面反映了人类实践

---

① 〔英〕大卫·哈维：《资本的限度》，张寅译，中信出版社，2017，第575页。

② 〔英〕尼尔·史密斯：《新城市前沿：士绅化与恢复失地运动者之城》，李晔国译，译林出版社，2018，第102页。

活动基于自然条件差异所形成的社会发展状况及历史地理的多样性和不对称性，另一方面见证了阶级社会形成依赖的社会不平等和不均衡。[①]从某种意义上来说，现代化正是在不断适应、对抗和进一步创造不平衡地理历史条件的过程中进化和发展的。今天，不平衡发展的时空跨度之大、涵盖内容之广，客观上超越了人的有限性及认识的有限性，也在一定程度上模糊了问题的本质，滋生出新的理论需要与现实问题。这种理论与现实相互交织催生的核心论题之一就是马克思主义政治经济学及其创新性发展的问题。一些学者认识到关于不平衡发展问题的研究必须具有马克思主义政治经济学在场的理论自觉，同时质疑马克思缺少关于空间及空间性问题的完整阐释，认为其在剖析当代不平衡发展问题时存在所谓的“空间失语”。

在这里，我们并不急于为马克思辩护，只是想基于客观的角度重新理解马克思。事实上，马克思并非没有关注到“空间问题”。在《1857—1858年经济学手稿》中，马克思就曾提出“用时间去更多地消灭空间”，[②]其揭示的正是资本通过跨越地理空间上的障碍、缩短资本循环的时间，进而降低资本循环成本。马克思指出，“重要的不是市场在空间上的远近，而是商品到达市场的速度”，[③]从而持续地促进和维持“在不同的位置开展的不同的劳动通过交换行为才进入了一种相互关系”。[④]暂且不论“用时间去更多地消灭空间”是不是马克思首创的问题，这一短句的提出，就已经“把根植于神秘幻想中的唯心主义目的论式的只言片语，改造成了一种具有崭新唯物主义内容的锐利批判工具”。[⑤]可以说，从辩证唯物主义的角度看，马克思恩格斯早就在宏观层面指认过不同地理空间中存在自然资源的先在差异，这种先在差异一旦进入人类的生产环节，就会带来相应的物质生产活动以及与之相适应的精神生产活动的差异，进而形成前资本主义时代的一种不平衡地理空间现状。在《资本论》第1卷中，马克思在描述资本主义生产起点时，已经对“空

① 付清松：《不平衡发展——从马克思到尼尔·史密斯》，人民出版社，2015，第1页。
② 《马克思恩格斯文集》（第8卷），人民出版社，2009，第169页。
③ 《马克思恩格斯全集》（第30卷），人民出版社，1995，第536页。
④ 〔英〕大卫·哈维：《资本的限度》，张寅译，中信出版社，2017，第578页。
⑤ 〔美〕尼尔·史密斯：《不平衡发展——自然、资本与空间的生产》，刘怀玉、付清松译，商务印书馆，2021，第166页。

间”有了一种深刻的认识，他将资本主义的生产方式理解为“人数较多的工人在同一时间、同一空间……为了生产同种商品，在同一资本家的指挥下工作”。[①] 此时马克思已经意识到资本主义的生产方式已然重构了传统劳动空间，使工作场所与家庭分离，初次创造了“社会劳动的条件”，这种“劳动者的集结、不同劳动过程的靠拢和生产资料的积聚”，[②] 持续地实现着资本主义生产领域的空间整合，“缩短了制品的各个特殊生产阶段之间的空间距离”，实现着“不同的阶段过程由时间上的顺序进行转化为空间上的并存”，使“互相补充的各个劳动过程……不间断地、同时地、空间上并存地进行下去”。[③] 这种“空间上并存地进行下去”的趋势，马克思恩格斯在《共产党宣言》中早已预言般地指出过，他们认为：资产阶级为了按照自己的面貌创造世界，就会迫使一切民族采用资本主义的生产方式，进而将各民族卷入文明之中，[④] 事实也证明了这一点。“资本主义最近一百多年的发展已经将空间的生产推进到了史无前例的水平。”[⑤] 与此同时，马克思还认识到，生产资本为达到节约生产时间、缩小劳动范围和提高生产效率的目的，必将形成各种生产要素在空间上集聚的局面。当然，由于马克思面对的世界历史正处于资本主义的“绝对地理扩张”阶段，因此虽然空间问题已经逐步凸显，但往往被视为“外在的因素”。[⑥] 这在客观上导致了马克思对空间问题的研究呈现一种复杂的简化效果，增加了马克思主义内部理解空间性问题的难度，也留下了值得继续耕耘的理论空间。

20 世纪 60 年代以后，伴随着全球化的深入发展，世界范围内的不平衡发展越来越内嵌于地理空间之中，并在现象层面以空间化形式显现出来。在此种背景下，西方理论界兴起了人文社会科学的空间政治哲学转向。一批极富洞察力和批判性的学者相继拿起马克思的理论武器剖析全球化进程

---

① 《资本论》（第 1 卷），人民出版社，2004，第 374 页。

② 《资本论》（第 1 卷），人民出版社，2004，第 382 页。

③ 《资本论》（第 1 卷），人民出版社，2004，第 398~400 页。

④ 《共产党宣言》，人民出版社，2018，第 31~32 页。

⑤ 〔美〕尼尔·史密斯：《不平衡发展——自然、资本与空间的生产》，刘怀玉、付清松译，商务印书馆，2021，第 158 页。

⑥ Neil Smith, *Uneven Development: Nature Capital and the Production of Space*, Oxford: Basil Blackwell, 1990, pp. 88-89.

中的种种不平衡发展问题，他们试图将马克思主义理论和地理学结合起来，形成以马克思主义政治经济学为理论底色，以描述全球化语境中的空间不平衡发展事实为理论标靶的——一种区别于西方主流空间经济学理论但更富有智慧和解释力的“空间意识”——马克思主义空间政治经济学理论。

第二节　哈维与哈维理解

大卫·哈维（David Harvey），1935 年出生于英国肯特郡（Kent）的吉林厄姆（Gillingham），是当代西方马克思主义代表人物，他在地理学、社会学、人类学，尤其是政治经济学研究等方面享有杰出声誉，对资本主义城市化的当代发展和全球化、后现代性、新自由主义等主题进行了极为深刻的批判性反思。从 1969 年出版《地理学中的解释》至今，哈维出版著作数十部，发表论文百余篇。

20 世纪 50~60 年代，西方地理学界发生了计量革命，一些地理学家认识到传统地理学研究中存在的问题，开始寻求一种更加量化、更加科学的方法研究地理问题。1969 年，《地理学中的解释》一书出版，哈维从实证主义视角出发，对传统地理学研究方法进行革新，有针对性地解决了地理学体系内部的科学方法论之争。该书标志着哈维研究方法和研究立场的重要转变，奠定了其在实证主义地理学研究领域的领军地位。

1969 年至 1974 年，哈维任教于约翰斯·霍普金斯大学，这是他从实证主义地理学家蜕变为人文地理学家的关键时期。面对巴尔的摩复杂的不平衡发展问题，哈维逐渐意识到实证主义地理学研究方法的弊端。此时，哈维开始转入对社会生产关系、伦理和人类问题的关注和研究，并逐渐转向了马克思主义理论阵营。在这一阶段，哈维着重探讨资本运动规律与不同空间规模的城市化（从地方到全球）以及不平衡发展的动力学等问题，并正式开启与马克思的历史性对话，这也标志着哈维从注重理解世界的实证主义地理学向致力于改变世界的马克思主义地理学的转变。此后，哈维开始深入研习马克思的著作，《资本论》作为马克思主义最经典最厚重的著作尤其受到哈维的青睐。

1975 年至 1976 年，哈维利用学术年假来到巴黎。在这一时期，哈维认识到自己真正的旨趣在于将马克思对资本运动规律的理论探索与历史地理唯物主义以及巴黎在1848年至1871年城市转变的研究联系起来。此后，哈维在研究《资本论》的过程中深入探究和揭示资本积累的秘密，尝试更新马克思经济学的标准表述，并试图将固定资本、金融和信贷、生息资本的流通、地租、房地产市场等问题与自然和空间配置的生产结合起来。为了实现对资本积累的地理学这一问题的理论化阐释，哈维尝试通过“空间修复”理论将资本积累理论与帝国主义理论媾和起来。

1993年，哈维结束了在牛津大学担任客座教授的合同，回到约翰斯·霍普金斯大学，他发现东欧剧变对该校的马克思主义研究产生了极大的负面影响，他创办的《资本论》研读班也门可罗雀。在政治、认知和工作的多重压力之下，哈维试图从马克思主义哲学观念出发，在全球化背景下重新理解时间、空间和自然环境的基本概念，并立足于现代性来回应现实政治难题，从新的理论视角凸显马克思主义的当代价值。

2001年，哈维离开约翰斯·霍普金斯大学来到了纽约市立大学研究生院。在这里，哈维遇到了支持他的同事和学生。他在这里延续了1990年启动的“马克思计划”，对马克思主义进行更加深入的研究。这一时期是哈维的高产期，哈维尝试以通俗和学理两种方式对马克思的理论进行分析和阐释，写下了大量著作。与此同时，他还在学生的帮助下创建了个人网站，使他的《资本论》研读班视频得到了广泛传播。随后，在Verso出版社的邀请下，哈维关于资本论的讲义被结集成册并在出版后畅销一时。

2007年至2008年，国际金融危机证伪了新自由主义的经济策略，在世界范围内产生了极大的影响，世界许多地区涌现出民粹主义等亟待解决的政治问题。哈维认为这些问题都是由资本主义的运作方式导致的，在这一时期，他在追求马克思主义事业的过程中进一步坚定了反对资本主义的立场。哈维认为反对资本主义的立场意味着受资本统治、剥削、占有的群体都可以联合起来。出于这个原因，哈维还密切关注中国，他认为一些具有资本主义性质的矛盾正在中国上演。哈维认为中国是通过扩大固定资本投资和“空间修复”去解决资本过度积累的问题的，但是这也在中国造成了严重的地域发展不平衡。

哈维坚定地运用历史-地理唯物主义方法分析当代社会问题，尖锐地批判资本主义世界内在逻辑的谬误。直到今天，哈维一直致力于从空间角度研究现实的社会进程，回应时代的基本政治难题，以期开辟出实现

“希望的空间”愿景的实践路径。

关于不平衡发展问题的空间政治经济学探讨贯穿于哈维理论研究的整个过程。哈维最早关于不平衡发展问题的讨论是在《社会正义与城市》[①] 中，但彼时的哈维还未明确提出不平衡地理发展概念，而是主要讨论城市规划、城市社会问题、城市贫困与马克思主义经济理论的关系。该书表明，哈维已经开始从马克思主义和地理学结合的维度考察资本主义制度下的城市化进程，并将城市空间的不平衡发展同社会正义问题结合起来。在《资本的限度》[②] 最后两章中，哈维首次提出不平衡发展概念，并对“资本三级循环”在地理危机中造成的不平衡发展进行研究，初步分析不平衡空间发展的必然性及物质基础，力图补足马克思主义理论中空间维度和地理尺度的欠缺，全面理解不平衡地理发展进程。此外，哈维还意识到阶级斗争在塑造不平衡地理发展过程中的作用，认为不平衡地理发展是由资本积累和阶级斗争共同塑造的。在《资本的城市化：资本主义城市化的历史与理论研究》[③] 一书中，哈维沿着马克思开辟的理论道路，将城市进程看作资本积累和阶级斗争的历史地理学中的积极过程。哈维将城市作为考察不平衡地理发展的重要单元，论证资本必须通过空间生产来延续。在《后现代的状况：对文化变迁之缘起的探究》[④] 一书中，哈维通过考察二战后西方资本主义社会的发展情况，着重分析了资本主义弹性积累阶段的不平衡地理发展机制及其对维持资本活力的意义，资本主义不平衡地理发展构成其危机扩大再生产的常态化空间生产机制这一核心思想已基本形成。在《正义、自然和差异地理学》[⑤] 一书中，哈维进一步强调不平衡发展理论是最值得大力研究和关注的领域，建议形成一种理论转向，即从全球化或社群主义的语言转到不平衡地理发展的语言。此外，哈维还阐述了不平衡地理发展对反资本主义斗争所

① David Harvey, *Social Justice and the City*, Baltimore: The Johns Hopkins University Press, 1973.

② David Harvey, *The Limits to Capital*, Oxford: Basil Blackwell, 1982.

③ David Harvey, *The Urbanization of Capital: Studies in the History and Theory of Capitalist Urbanization*, Oxford: Basil Blackwell, 1985.

④ David Harvey, *The Condition of Postmodernity: An Enquiry into the Origins of Cultural Change*, Oxford: Blackwell Publishers, 1989.

⑤ David Harvey, *Justice, Nature and the Geography of Difference*, Oxford, Cambridge: Blackwell Publishers, 1996.

发挥的作用；在《希望的空间》[①] 一书中，哈维深化了自己长期有关资本积累过程的研究，开始初步以不平衡地理发展为中轴来分析当代全球化所包含的矛盾后果。在这一分析的基础上，哈维把身体和政治人确立为当下普遍诉求，以人的尊严的普遍权利为中心来设计乌托邦替代性方案。在《新帝国主义》[②] 一书中，哈维在资本逻辑视域下系统阐述了不平衡同帝国主义产生和发展之间的内在联系，标志着其理论视野已经转向全球。以海德堡大学亨特纳第 8 期讲座为底稿出版的《新自由主义化的空间：迈向不均衡地理发展理论》[③] 是哈维不平衡地理发展理论化的又一重要成果，在这本书中，哈维提出由“四种理论约制”构成的不平衡发展“统一场论”，最终为该理论确定了体系框架，强化了不平衡发展理论的元理论功能。在《新自由主义简史》[④] 一书中，哈维针对 1970 年以来资本主义通过新自由主义策略勾勒的不平衡地理发展版图，诠释了 20 世纪末导致墨西哥、阿根廷、韩国、瑞典等国家经济危机的环境制度因素，指出新自由主义化发展的一个持续的普遍性趋势是社会不平等的加剧。在《资本之谜：人人需要知道的资本主义真相》[⑤] 一书中，哈维将不平衡发展与资本主义运转联系起来，着重阐释了地区不平衡发展对资本主义再生产的重要性。在《叛逆的城市——从城市权利到城市革命》一书中，哈维意识到“城市发展是全球尺度的，并陷入各式各样的裂痕、不安全感和地理发展的不平衡之中”，[⑥] 哈维详细考察了资本主义制度下的城市不平衡发展，并列举了近年来这种不平衡引发的资本主义危机。在《资本社会的 17 个矛盾》[⑦] 一书中，哈维将不平衡地理发展理论用于解释资本和资本主义经济实质，并且指出如果不平衡造成的全球

---

① David Harvey, *Spaces of Hope*, Edinburgh: Edinburgh University Press, 2000.

② David Harvey, *The New Imperialism*, New York: Oxford University Press, 2003.

③ David Harvey, *Spaces of Neoliberalization: Towards a Theory of Uneven Geographical Development*, Wiesbaden: Franz Steiner Verlag, 2005.

④ David Harvey, *A Brief History of Neoliberalism*, New York: Oxford University Press, 2005.

⑤ David Harvey, *The Enigma of Capital: And the Crises of Capitalism*, New York: Oxford University Press, 2010.

⑥ 〔美〕戴维·哈维：《叛逆的城市——从城市权利到城市革命》，叶齐茂、倪晓晖译，商务印书馆，2014，第 23 页。

⑦ David Harvey, *Seventeen Contradictions and the End of Capitalism*, London: Profile Books, 2014.

化格局难以被打破，就只能利用不平衡发展衍生出的力量走向反资本主义的未来。在《世界的逻辑》[①] 一书中，哈维从不平衡发展理论的视角分析世界城市进程、经济不平衡、金融危机等，还系统阐释城市治理同资本主义生产关系之间的密切联系。

值得注意的是，哈维的不平衡地理发展理论为马克思主义理论的发展提供了全新的理论视角和拓展路径。诚如哈维在《正义、自然和差异地理学》一书的导论中所提到的那样："一方面，尽管我欢迎那种空间兴趣的高涨（再次强调，文学中的这种兴趣要胜于社会理论）以及某些文本和论点的扩散，它们纠缠于空间性所表示的一切事物，但是另一方面，使用这样一个概念工具又会在本质上反对元理论，这绝非我的意图。"[②] 这里所说的"元理论"指的就是马克思主义理论。在哈维的著作中，类似这种对马克思主义理论的忠诚和景仰随处可见。这说明，尽管哈维认为马克思主义理论在一定程度上存在"空间失语"，但是他并不主张背离甚至抛弃马克思主义，反而试图将马克思主义理论作为其空间理论研究的方法论及参照物，他的理论目标是"以这样一种方式来重建马克思的元理论，以便把一种对时空性（以及社会—生态问题）的理解整合进其框架之中"。[③] 这种整合具有十分重要的意义，一方面可以使空间理论得到马克思方法论的强大力量，有了更为坚实的理论支撑；另一方面从客观上拓展了马克思历史唯物主义理论、辩证唯物主义理论、资本积累理论、解放政治理论的理论边界，增强了马克思主义理论在资本主义世界的生命力和活力。而在这个过程中，不平衡发展的空间政治经济学批判理论起到了不可替代的积极作用，哈维对不平衡发展理论视角下的资本与空间关系的分析十分有助于将其对空间问题的研究成果注入马克思主义理论的宝盒之中去，无论是资本积累于社会生态过程的物质镶嵌，还是夺取式积累与贬值，抑或资本积累于空间和时间中的规律特质，甚至是在各种地理尺度上发生的政治、社会与阶级斗争，都在一定程度上将哈维的

---

① David Harvey, *The Ways of the World*, Oxford: Oxford University Press, 2016.

② 〔美〕戴维·哈维:《正义、自然和差异地理学》，胡大平译，上海人民出版社，2010，第 11 页。

③ 〔美〕戴维·哈维:《正义、自然和差异地理学》，胡大平译，上海人民出版社，2010，第 11 页。

空间理论与马克思主义理论紧密结合。通过对不平衡发展理论的研究，可以进一步拓展马克思历史唯物主义理论的空间视域。这对拓宽马克思主义理论的边界、提升马克思主义理论的时代价值具有十分重要的意义。

第三节　应用的界限与反思的应用

到目前为止，有一项至关重要的工作还没有开展，这项工作十分棘手，但我们必须冒着被批评的风险去抛砖引玉。由于哈维的不平衡发展理论是在马克思主义空间政治经济学的理论范畴中叙述社会事实的，因此我们必须首先明确马克思主义空间政治经济学的学科坐标，否则便会导致相关成果的理论场和研究域不甚明晰，甚至呈现相对混乱的状态。

之所以称马克思主义空间政治经济学为学科而不是科学，是因为整体来看，马克思主义空间政治经济学尚未构建完整成熟的学术范式，其自身的发展迫切需要进行系统的梳理、研判与再理论化。马克思主义空间政治经济学属于广义的空间经济学范畴。广义的空间经济学泛指用三维空间向度研究经济的学科，它本身也是一个松散的学科群，[①] 主要包括经济地理学（Economic Geography）、区域经济学（Regional Economics）、地理经济学（Geographical Economics）、地理政治经济学（Geographical Political Economics，又称空间政治经济学）等。这些学科的内涵和外延各不相同却又彼此纠缠，关系十分复杂。学界围绕相关学科界限问题的讨论，争议长存，结论大相径庭。此处我们并无深析上述问题的必要，只需锚定马克思主义空间政治经济学在交叉学科中的坐标。故此，我们只从各个学科的理论底色及与之相适应的研究方法等方面做简要的辨析。

经济地理学是研究经济活动区位、空间组织及其与地理环境相互关系的学科，其理论底色是人文地理学，即在人文地理学的学科框架内考察世界各国和各个地区经济活动及其演变过程，其研究方法以人文社会科学的抽象分析方法为主。区域经济学是从经济学角度研究区域经济发展与区域关系协调的学科，其理论底色是应用经济学，运用经济学的基

---

① 杨吾扬：《经济地理学、空间经济学与区域科学》，《地理学报》1992 年第 6 期。

本理论和方法研究空间问题，即地理位置、自然资源环境条件对人们的经济活动和相应的资源配置过程的制约和影响，① 其核心的研究方法是实证及数理方法。整体来看，经济地理学和区域经济学都是由地理学和经济学两门学科结合而生的交叉学科，其区别在于理论底色及相应的研究方法。当然，由于研究方法和研究成果上的相互借鉴，二者的界限越发不清晰，表现出融合发展的趋势，并催生了具有中和特点的地理经济学。

地理经济学也被称为新经济地理学，其产生于经济地理学体系内部。以克鲁格曼（Paul R. Krugman）为代表的学者认为，传统的经济地理学已然被边缘化，应该建构一种“新经济地理学”来替代传统的经济地理学理论。这种新理论主要依靠模型建构和数据采集等主流经济学实证方法来研究城市层级体系演化、区域产业布局和全球产业集聚与国际贸易等区位问题。② “新经济地理学”学者的目的是用生产的空间区位模型来填补主流经济学的空间区位研究盲点，以期将该理论发展为主流的区位经济理论。当然，许多学者，特别是有地理学背景的学者不能容忍所谓的“新经济地理学”对经济地理学的贬低，他们从多个方面对新经济地理学进行了批评，认为这种理论的底色是经济学而非地理学，故新经济地理学的名称不合适，其恰当名称应该为地理经济学。③ 经济地理学、区域经济学和地理经济学虽然在研究内容和研究方法上有所不同，但它们都是地理学和所谓的主流经济学结合的产物，相互之间的联系较为紧密、界限不甚清晰，都属于广义空间经济学中的主流学科。与之相对，空间政治经济学则属于广义空间经济学中的非主流学科，其理论底色是政治经济学，即将地理学纳入政治经济学的分析框架中。空间政治经济学是用政治经济学的范式和方法研究空间问题的交叉学科，其与地理经济学在研究对象和目标方面多有交叉，二者的根本区别在于研究方法，前者主要采用抽象方法而非模型建构和数据采集等主流经济学实证方法。

① 陈秀山：《关于区域经济学的研究对象、任务与内容体系的思考》，《经济学动态》2002 年第 12 期。

② 〔日〕藤田昌久、〔美〕保罗·克鲁格曼、〔英〕安东尼·J. 维纳布尔斯：《空间经济学——城市、区域与国际贸易》，梁琦主译，中国人民大学出版社，2011，第 3 页。

③ 陈秀山、左言庆：《空间经济研究的非主流学派：地理政治经济学》，《教学与研究》2014 年第 4 期。

空间政治经济学包含马克思主义空间政治经济学和非马克思主义空间政治经济学。马克思主义空间政治经济学顾名思义就是遵循了马克思主义政治经济学叙述逻辑的学说，其由于受学科创始人学术背景的影响而主要以人文主义的空间批判见长。从存在主义的列斐伏尔（Henri Lefebvre）到结构主义的卡斯特尔（Noel Castree），再到马克思主义人文地理学代表人物哈维和史密斯（Neil Smith）师徒，他们的“主业”其实是哲学家、社会学家或地理学家，其学术基础和研究方法还是根植于西方马克思主义的哲学土壤。受20世纪60~70年代西方空间政治哲学转向思潮的影响，他们在各自原有理论研究的基础上凸显出空间志趣。但是，面对复杂的现实问题，作为方法论存在的空间哲学理论并不能更好地阐释、批判和矫治现实问题，因此他们才相继拿起了政治经济学的批判武器，逐步构建了马克思主义空间政治经济学的理论体系，形成了从空间生产理论到集体消费理论再到空间不平衡发展理论的马克思主义空间政治经济学核心叙事理路。

必须强调的是，政治经济学并不是马克思主义独有的，因此空间政治经济学也不应是马克思主义独有的。譬如约翰·洛根（John R. Logan）和哈维·莫洛奇（Harvey L. Molotch）在《都市财富：空间的政治经济学》一书中所提出的以“空间”（place）和“增长机器”（Growth Machine）概念为核心的空间政治经济学理论，尽管他们在批判芝加哥学派人类生态学基础上研判和借鉴了马克思主义的理论观点和研究思路，但是其整体研究范式并不是来源于马克思主义。诸如此类的还有我国学者提出了以规模红利和市场分割为主要研究目标的、试图涵盖空间经济学和政治经济学两门子学科的空间政治经济学。[①] 这种并未从马克思主义的理论维度研究空间主体间利益关系的理论，我们不能武断地将其排除在空间政治经济学理论场域之外，但又不能朴素地把它划分到马克思主义空间政治经济学视域之中。

综上，广义空间经济学应指主流空间经济学和空间政治经济学。主流空间经济学包括但不限于传统的经济地理学、区域经济学以及新经济地理

① 陆铭：《城市、区域和国家发展——空间政治经济学的现在与未来》，《经济学（季刊）》2017年第4期。

学（地理经济学），而空间政治经济学则包括马克思主义空间政治经济学和非马克思主义空间政治经济学，二者的主要差别在于前者是地理学与主流经济学的结合，后者是地理学与政治经济学的结合（见图 0-1）。

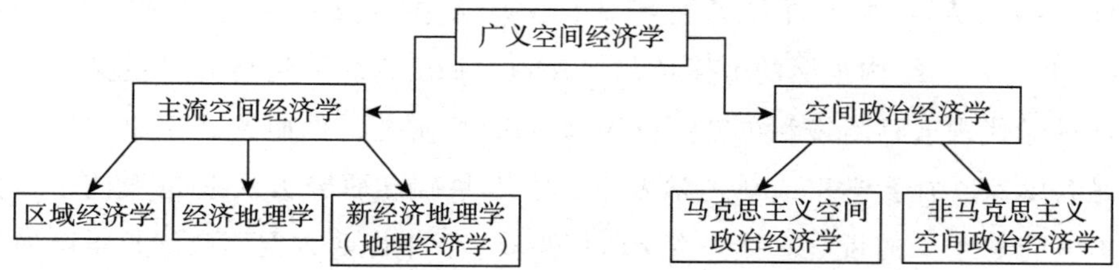

图 0-1 马克思主义空间政治经济学的学科坐标

回到马克思主义理论体系内部，马克思主义空间政治经济学可被看作马克思主义政治经济学的理论分支，其符合普遍性与特殊性相统一的规律。[①] 普遍性是指其继承了马克思主义政治经济学的资本批判旨趣和历史唯物主义叙事方法；特殊性则体现在其主张充分挖掘和拓展马克思主义政治经济学的空间向度，以期构建一种以历史-地理唯物主义方法论为指导的政治经济学批判理论。在马克思主义空间政治经济学视域中，借由考察资本逻辑及与之相适应的权力逻辑在特定空间规模中的复杂交互，可清晰辨识制约全球空间治理目标达成的阻碍性因素，进而从分析资本空间生产的动力机制入手，考察和矫治不同空间规模等级中不平衡不充分的发展问题。由此可见，尽管哈维不平衡发展的空间政治经济学理论是在资本主义制度下生发出来的，但其具有鲜明的马克思主义理论底色，与中国特色社会主义经济基础和上层建筑具有内在的契合性，对破解新时代中国社会治理难题具有重要的镜鉴价值。

聚焦我国，改革开放以来生产力的高速发展让人民对美好生活的主观需要日益增长、标准日渐升高，这同我国客观存在的诸多不平衡因素共同构成了我国社会新的主要矛盾：人民日益增长的美好生活需要和不平衡不充分的发展之间的矛盾。不平衡不充分的发展主要表现为区域不平衡、领域不平衡、群体不平衡。因此不平衡不充分的发展首先表现在空间层面上，诸如地理位置、土壤结构、水文环境、矿产资源、气候条

① 赫曦滢：《马克思主义空间政治经济学的叙述逻辑及对当代中国的启示》，《经济纵横》2018 年第 12 期。

件等自然因素的显著差异塑造了“凹凸不平”的中国，这为不平衡不充分的发展提供了一种天然的、原始的、潜在的“势能动力”。空间的不平衡不充分的发展内嵌着人口素质、社会文化、生产方式、宏观政策、资本流动等历史和文化因素，外化为多个复杂多变的空间治理难题。时空维度不平衡不充分的发展因素交替演化，进一步形塑了更加复杂的不平衡不充分的发展格局，成为制约我国全面建成社会主义现代化强国、实现中华民族伟大复兴的主要因素。

特别是当今世界正经历百年未有之大变局，国际形势风云变幻，产生了大量复杂的政治、经济和社会问题，亟待解决。在两种制度长期合作和斗争态势下，知己知彼方能掌握主动。加强对资本主义发展动向的研究，深化对国际政治经济复杂变化的规律性认识，对坚持和发展中国特色社会主义意义十分重大。这就需要我们深入研究当代资本主义发展动向，加强对资本主义及其影响下的国际政治经济关系复杂规律的把握。在某种意义上讲，资本主义发展史就是一部不平衡发展史，对不平衡发展问题史的研究是资本主义发展史研究的重要面向。国外左翼是观察资本主义的“另一只眼睛”，其相关理论深刻剖析了资本主义幸存和发展的内在机理。哈维空间政治经济学中的不平衡发展理论作为近年来国外左翼最具影响力的理论之一，涵盖了地理学、人类学、哲学、社会学、政治学、经济学等多种学科，为我们提供了一种更为宽泛的、多学科交叉的理论研究视角，更为我们开拓了一个全新的研究资本主义生产过程的理论通道。以不平衡发展理论为“透镜”，可以捕捉资本主义发展变化的基本路线和现实变迁的某种轨迹。

同时，对不平衡发展理论的研究是一项极具现实意义的工作。不平衡发展理论为我们研究和实现不同规模等级中的空间正义提供了索引，为推动公平正义的全球空间治理提供实践支持。通过对哈维不平衡发展的空间政治经济学批判理论的研究，我们要努力寻找空间正义的经验性适用领域，以期建构拥有自主性、独创性的社会主义空间政治哲学方法论和空间政治经济学实践论，形成批判性的反思和富有时代感的超越。

第一章　空间政治经济学批判的生成背景与思想渊源

尽管地理环境的先天差异问题由来已久，但19世纪以前，出于种种原因，政治经济学语境中的空间概念遭到了理论界的漠视。进入19世纪，伴随着资本积累形式的转变，资本与空间的关系日益被拉近，人们在生产和生活的各个领域都有强烈的空间体验，对空间不平衡发展问题的关注也由此开始。马克思恩格斯特别关注发展问题，但有别于资产阶级政治经济学理论，马克思恩格斯不仅在需求和供给的关系中讨论发展问题，更从结构性价值关系问题入手，深入地反思了世界各国的发展问题。其中，不平衡发展、阶级冲突、生产关系重构构成了马克思恩格斯发展理论的核心内容。[①] 马克思恩格斯不仅关注到欧洲资本主义国家与东方国家之间存在发展的不平衡，而且还考察了西欧资本主义国家内部的发展不平衡问题。然而，由于马克思当时所面对的世界历史正处于资本主义的“绝对地理扩张”阶段，尽管空间问题逐步凸显，但往往被视为“外在的因素”,[②] 这使他并未形成完整的空间理论体系和研究范式。

20世纪下半叶，伴随着资本主义全球化的兴起，不同空间规模中的不平衡发展问题愈演愈烈，并内嵌着诸多复杂的社会问题，人们开始关注和反思资本与空间的关系问题。与此同时，伴随着生产方式的“空间转向”，西方理论界的“空间转向”也拉开帷幕。在这一历史过程中，一些学者先后拿起马克思主义政治经济学的理论武器展开空间批判，并在这一过程中拓展了马克思主义理论的空间向度。作为其中代表人物之一，大卫·哈维继承了马克思的立场和方法，批判式汲取时代前沿的“空间思想”，在此基础上，对资本在空间中流动所引发的诸多矛盾及典

---

① 胡键：《不平衡发展、阶级冲突、生产关系重构——关于马克思恩格斯发展理论的研究》，《华东师范大学学报》（哲学社会科学版）2015年第2期。

② Neil Smith, *Uneven Development: Nature Capital and the Production of Space*, Oxford: Basil Blackwell, 1990, pp. 88-89.

型的不平衡发展问题开展政治经济学批判。在哈维的理论视域中，不平衡发展不再只是描述自然先天地理环境的原始多样性和空间差异问题，而是着重关注资本如何以自身的逻辑重新生产并制造出现代社会新的不平衡。在不断勘破资本主义不可避免的不平衡发展问题的同时，哈维逐步建构出不平衡发展的空间政治经济学批判理论体系。对于任何一种理论的探赜和阐释，必须从其理论产生的背景及思想渊源着手。对于哈维的空间政治经济学理论，一方面要关注“空间转向”在时代背景、思想背景上的剧变以及这场剧变的结论，另一方面要关注哈维在这次转向中的思想演变。

第一节　当代资本主义的“空间”变革

实践是人们改造客观世界的物质活动，任何社会实践都必须在地理空间中进行，因而都会受到所在空间的影响。“只是由于地理环境的某些特殊的属性，我们的人类的祖先才能提高到转化为 toolmaking animals（制造工具的动物）所必要的智慧发展的高度。和这完全同样地，也只有地理环境的某些特点能够给这个新的‘制造工具’的能力以使用和改造的余裕。”[①] 当我们以地理空间资源的客观性为参照坐标去前后回顾时，人类与自然的互动会呈现两种场景：一种是越往前追溯，人受自然地理环境的制约程度就越高；另一种是越向后展望，越会察觉生产方式的变化始终在不断降低自然地理环境对人的制约程度。如果我们站在历史的“横截面”考察人类的空间活动，最为关键的影响因素便是生产方式的变革。这种生产方式的变革所带来的空间活动的变革，在工业文明到来后，特别是伴随着“资本主义通过占有空间以及将空间整合进资本主义的逻辑而得以维持和延续”而愈演愈烈，[②] 资本主义的生产方式逐渐转变为一种空间的社会化生产方式。自 1973 年的全球性的经济危机开始，近代资本主义生产方式的“空间转向”也随之展开，这种暗藏着人类“理想”与资本本性的“空间转向”，以彼此交织却又相对独立的三

① 〔俄〕普列汉诺夫：《论一元论历史观之发展》，博古译，三联书店，1961，第 112 页。

② Henri Lefebvre, *La Révolution Urbaine*, Paris: Gallimard, 1970, p. 262.

个阶段助推人们对空间的关注从现象分析逐步上升为理论研究。

一 福特主义的“空间危机”

第二次世界大战以后，西方出现了一种大众通俗的、杂乱无章的、异质共存的、更加迁就个人经验的文化，并逐渐上升为主导文化，这种文化就是后现代文化。后现代文化同后结构主义、后工业主义相结合，成为一种新情感和新思想的表达，潜移默化地引导话语方式和争论形式发生转变，重新设定文化、政治和知识批判的展开逻辑。后现代主义文化的最大现实影响便是催促战时资本主义刚性积累方式——“福特主义”工业生产模式——的消亡，使一种更为灵活的资本主义积累方式诞生。

“福特主义”最早由意大利共产党的创始人和早期杰出领袖安东尼奥·葛兰西（Antonio Gramsci）提出。20 世纪前期资本主义正在经历一次生产结构方面的重大转型，这种转型发端于美国并向欧洲和世界逐步延伸，葛兰西将之命名为“福特主义”——一种注重市场导向、进行专业化分工、将商品的价格作为市场竞争手段的产销模式。“福特主义”是资本主义社会结构转型过程中的一次概念意义上的觉醒，其具体模式发端于“泰罗制”。所谓“泰罗制”，是美国人泰罗（Frederick Winslow Taylor）于 1991 年出版的《科学管理原理》中阐发的一种现代化管理模式，具体来说，就是将人们的劳动看作一种总的过程，并将这一过程划分为彼此独立但又相互关联的环节，以更加具体化和专业化的分工促进生产效率的整体提升，这在客观上形成了以技术和管理为基础的生产方式。亨利·福特（Henry Ford）进一步改进、完善了泰罗制的技术成果，于 1913 年引进了装配线的生产方式，并于 1914 年为在密歇根迪尔伯恩建立的自动化汽车装配车间的工人引进了一天 5 美元、工作 8 小时的酬劳机制，这应该被认定为福特主义生产方式的起始标志。这种生产模式将工人和生产资料进行排列组合，通过流水化作业大幅提高劳动生产效率，结果就是，这种流水线上的机器大工业生产极大地减轻了对工人综合技能的依赖，“衡量他的熟练程度的标准就是对内容恰好在理智上不关心，就是他的‘机械化’”。[①] 与排字工人不需要识

① 〔意〕安东尼奥·葛兰西：《狱中札记》，葆煦译，人民出版社，1983，第 408 页。

字和懂意，只需要快速地在铅字盘中找到所需要的符合那个样子的铅字同理，在福特制的装配线上，劳动者实质上蜕变为机器的一部分，“在劳动者中间发展机器的和自动的技能至于最大程度，打破要求一定程度地发挥劳动者智力、幻想和主动精神的熟练和专业劳动的旧的心理生理关系，把一切生产作业都归结到它们的体力和机器的一方面”。[①] 工人就像是“经过训练的猩猩”，不需依靠过多的思考就可以完成简单重复和模式僵化的工作，这使得劳动生产率大幅提高，由此使机械化分工、大企业生产成为资本主义社会生产的主要组织形式。而与此相伴的是，福特主义作为一种基于美国方式的新的工业生活模式形成了现代国家的组织、管理与控制特征，并使国家的控制与市民社会的建构融为一体，国家统治的合法性与霸权的获得融为一体。[②] 这使福特主义又得到了资本主义国家权力的庇护，开始向社会生产生活的每一个缝隙和角落扩散。福特主义在这一过程中逐渐走向成熟，以国家权力和生产机制的互相配合形成了羽翼丰满的和与众不同的积累体制。[③] 不可否定的是，福特式生产模式在 20 世纪初期的确起到了积极的作用：一是使旧技术和先前存在的劳动的精细分工更为合理化；二是在一定程度上推动形成了一种兼具现代性和平民主义的社会生产和生活方式。

不过，福特主义在发展过程中也并非一帆风顺。诚如鲍曼所说：“在资本、管理和劳动共处的那个历史时期，它们都或好或坏地注定会在未来很长一段时间内（也许是永远）保持另一种聚合的状态。”[④] 劳动力与生产资料被捆绑在一起，就意味着劳动力和资本被捆绑在一起，从而将工人和资本家的命运捆绑在一起，尽管福特主义在一定程度上满足了资本逐利的需要，但仍然遭到了一些来自资本自身的限制，其主要原因在于：①福特主义的发展受到资本主义阶段关系状况的限制，一种纯粹依赖延长移民工人的社会化劳动时间的刚性工业生产体系在一定程度上会限制

---

① 〔意〕安东尼奥·葛兰西：《狱中札记》，葆煦译，人民出版社，1983，第 403 页。

② Antonio Gramsci, *Selections from the Prison Notebooks*, London: International Publishers, 1971, p. 20.

③ 〔美〕戴维·哈维：《后现代的状况：对文化变迁之缘起的探究》，阎嘉译，商务印书馆，2013，第 172 页。

④ 〔英〕齐格蒙特·鲍曼：《流动的现代性》，欧阳景根译，中国人民大学出版社，2018，第 110 页。

剥削阶级对工人剩余价值的榨取，不利于获取高额的超额利润（超过平均利润的那部分利润），这是很多资产阶级不愿意看到的；②资本主义国家干预的机制和方式并不符合福特主义生产的要求，而建构一种新的调节方式来配合福特主义的生产模式又会遭遇十分复杂的政治经济障碍。

尽管上述因素降低了福特主义的发展速度，并且这种现象直到1945年第二次世界大战结束之前都未得到缓解，但事实上，福特主义在很大程度上支撑了战后资本主义的长期繁荣，使得资本主义国家获得了战后将近三十年稳定而强力的发展。如哈维所讲："尽管有一切不满和一切明显的紧张关系，福特主义体制的中心地位却牢牢地保持着，至少直到1973年，而它在这个过程中确实能够保持战后的繁荣不受影响，这有利于工会化了的劳工，并在某种程度上把大规模生产和消费的'益处'进一步向前扩展。"[①] 的确，在这一时期，战后资本主义国家大多数人口的生活水平有了提高，企业盈利环境得到了明显改善，一些二战中的战败国甚至依靠这种生产模式重新崛起。正如哈维所认为的那样：一方面，它依靠无数个人、企业、机构和国家决策，这些决策中很多都是面对资本主义危机时手足无措而无意产生的政治选择，或者是对经济危机的机械回应，这在20世纪30年代的大萧条中尤其明显；另一方面，战争起了关键性的作用，资本家和工人双方都很难拒绝在全面战争时期努力提高效率的这一合理化需求；此外，意识形态和知识实践的混乱也有影响。[②] 因此，上述障碍并没有阻止福特主义走向资本积累历史舞台的中央，那些对福特主义怀揣不满的资产阶级个人甚至政府不得不在萧条和战争的混乱中做出让步。回过头来看，福特主义并非某个阶级的主观选择，而是历史的产物。

既然是历史的产物，就一定会具有历史的局限。"刻板""僵化""固定"等自身短板使福特主义遭遇了严重的空间拓展危机，也为福特主义的衰落埋下了伏笔。在哈维看来，近代资本主义积累方式的变革就是以"福特主义"生产方式的兴起和衰落为主要表征的，这在某种意义

① 〔美〕戴维·哈维：《后现代的状况：对文化变迁之缘起的探究》，阎嘉译，商务印书馆，2013，第184页。

② 〔美〕戴维·哈维：《后现代的状况：对文化变迁之缘起的探究》，阎嘉译，商务印书馆，2013，第169页。

上也是哈维对福特主义形成深刻认知后的另一种预言。事实证明了哈维的预言，受福特主义的影响，资本主义国家内部先后出现市场规模受限、有效需求不足、经济增长乏力等问题，进一步削弱了扩大国家支出的财政基础。“早在 1960 年代中期，福特主义内部似乎就存在着各种严重问题的迹象。”[①] 这种迹象可以概括为以下几点。①受福特主义生产方式深刻影响的西欧和日本实现了战后的复苏，饱和的国内市场迫使它们为剩余产品创造出口条件。与此同时，以拉丁美洲国家为首的第三世界国家推出的进口替代政策也随之而来。这在客观上造成了制造业产品在世界范围内的过剩，迫使工人越来越多地从制造业转移出去，动摇福特主义积累体系的根基。②美国逐渐开始的企业衰退导致美国出现了严重的财政危机和信用危机，加之欧元市场的形成，美元在世界金融体系中的主导性地位受到了影响，美国对世界经济的调节能力开始下降。③为了延续战后的繁荣势头，美、英等国早先实行的宽松货币政策导致资本主义受到了过量资金的压迫，加之消耗的剩余资本对生产市场的冲击，世界范围内资本主义国家通货膨胀的发生在所难免。④福特主义生产方式自身的传统性和固定性扼杀了很多灵活的消费增长方式、劳动力分配方式和国家调节方式，从短期来看似乎是保护了这种在当时备受依赖的积累方式，但从长远来看是弊大于利的。除此之外，还有一个最不能忽略的因素，就是我们前文所讲的后现代主义文化对这种传统刚性生产模式的软性冲击。基于这些内在矛盾的量变，福特主义的积累体系或者说当时的资本主义生产体系已经经不起任何外在力量的破坏。

1973 年爆发的石油危机成为“压死骆驼的最后一根稻草”，危机后的各个空间规模中的资本主义生产活动逐渐放弃这种刚性生产模式的主导，以“福特主义”为代表的规模经济被终结。现实的困境迫使资本主义世界开始尝试在社会空间、政治空间、工业结构空间中进行一系列转变。一种新的更为灵活的积累模式随即产生，“它依靠同劳动过程、劳动力市场、产品和消费模式有关的灵活性。作为其特征的是出现了全新的生产部门、提供金融服务的各种新方式、新的市场，首要的是商业、技

---

① 〔美〕戴维·哈维：《后现代的状况：对文化变迁之缘起的探究》，阎嘉译，商务印书馆，2013，第 185 页。

术和组织创新得到了极大强化的比率。它导致了不平衡发展模式中的各种迅速变化，包括各个部门之间与各个地理区域之间的迅速变化”。[①] 相对于“福特主义”，这种生产模式被哈维称为“灵活积累”（flexible accumulation）。具体来说，这种生产模式具有如下特征：一是劳动力市场从全日制向非全日制、非固定等方面的彻底重构；二是劳动力市场出现低工资的女性劳动力替代现象以及有组织的转包等结构性转变；三是经济模式从规模经济向区域经济转变，“小批量生产和转包肯定具有绕过福特主义体制的刻板、满足更大范围的市场需求、包括快速变化的需求的优点”。[②] 这种新的尝试依托现代技术，“通过生产出自己的空间组织来消灭一切自然地理界限与空间界限”，[③] 成为现代性的福特主义积累方式向后现代的灵活积累方式转变的象征。而这种转变的结果是，不平衡发展模式中的各个部门之间和各个地理区域之间发生激烈的变化。在这种情况下，时间维度变得模糊不清，而空间维度却被置于更为广泛的关注之下，这促使资本主义的全球化扩张速度加快，“空间”在资本流动计划书中的作用也越发明显。所以哈维认为，“福特主义的危机在很大程度上是一种时间和空间形式的危机”，[④] 也是一种地理上的危机。从这个意义上来说，“灵活积累”不仅是与“福特主义”弊端的直接对抗，更是一种与资本主义经济、政治、地理相联系的“经济空间”的转变。

正是这种现实层面的转变抑或对比，催生了哈维在空间理论问题上的清醒认识。他在《后现代的状况：对文化变迁之缘起的探究》一书中这样说道：“从福特主义向灵活积累的转变已经为各种理论造成了严重的困难。凯恩斯主义的、货币论的、新古典主义的偏袒平均的理论家们，看来就像其他每个人一样都被迷惑住了。这种转变也给马克思主义者造

① 〔美〕戴维·哈维：《后现代的状况：对文化变迁之缘起的探究》，阎嘉译，商务印书馆，2013，第 191 页。

② 〔美〕戴维·哈维：《后现代的状况：对文化变迁之缘起的探究》，阎嘉译，商务印书馆，2013，第 201 页。

③ 尹才祥：《论戴维·哈维对后现代主义的空间化阐释》，《山西师大学报》（社会科学版）2013 年第 1 期。

④ 〔美〕戴维·哈维：《后现代的状况：对文化变迁之缘起的探究》，阎嘉译，商务印书馆，2013，第 248 页。

成了严重的困惑。”[1] 哈维所说的困惑是资本主义的积累方式从尚未完全稳固的“福特主义”转变为更为复杂、多变的“灵活积累”，应该以一种什么样的理论对其进行阐述、控制与把握。在这方面，尽管调节学派[2]（regulation school）的语言似乎比大多数学派的语言更有说服力，但是哈维却认为：“在调节学派内部，很少或没有试图提供任何对于转变的机制与逻辑的详细理解。”[3] 这是调节学派的一个严重的缺陷，而马克思主义理论为弥补这个缺陷找到了办法。哈维认为，在这个特定的阶段，马克思的政治经济学批判展现了比以往任何时候都更加耀眼的光芒。这种对马克思主义理论的青睐事实上也为哈维建构历史-地理唯物主义理论提供了契机和可能。因为此时此刻，哈维已经清楚认识到实证主义地理学的理论基础已经难以支撑自己对如此复杂的社会问题进行更为深入的研究，他迫切需要寻找一个更为社会性的和辩证性的坚实理论依靠。而“灵活积累”形式的不断涌现，也在客观上使原本沉寂的空间话题再度得到关注，这给资本与空间关系的再度复杂凝结创造了历史前提，也为哈维的研究方向从实证主义地理学转向马克思主义空间政治经济学创造了机遇。可以说，哈维的空间政治经济学批判理论正是在“福特主义”向“灵活积累”转变的历史背景下产生的。

二　灵活积累的“空间扩张”

伴随着“福特主义”转向“灵活积累”，资本主义进入新发展阶段。从本质上来看，“灵活积累”是一种追求更高“利润率”的资本主义全新生产方式，其意义远不止迎合了资本主义积累的新需要这么简单。如果说“灵活积累”的出现暂时缓解了资本主义社会发展的危机，使资本主义再次争取到了继续存在和发展的机会，那么我们也就能够沿着这个逻辑去理解“灵活积累”为资本主义社会在危机之后的发展中所创造出的那种生命力。众所周知，马克思早在 19 世纪就已经给资本主义下了

---

① 〔美〕戴维·哈维：《后现代的状况：对文化变迁之缘起的探究》，阎嘉译，商务印书馆，2013，第 221 页。

② 指各种调节理论构成了一个研究领域，它集中关注分析资本主义经济的长期转变。

③ 〔美〕戴维·哈维：《后现代的状况：对文化变迁之缘起的探究》，阎嘉译，商务印书馆，2013，第 226 页。

“病危通知书”，在《资本论》的最后，马克思强调：“生产资料的集中和劳动的社会化，达到了同它们的资本主义外壳不能相容的地步。这个外壳就要炸毁了。资本主义私有制的丧钟就要响了。剥夺者就要被剥夺了。”① 但在马克思预言后的一百多年，资本主义非但没有灭亡，甚至还呈现某种“超稳定”态势。一些西方学者开始大肆宣传“马克思主义过时论”，认为尽管“在20世纪的大部分时间里，资本主义的未来一直遭到严重质疑”，但第二次世界大战之后由于科学技术的高速发展，反而使“今天的情形完全不同了，因为来自社会主义的挑战已经土崩瓦解。在全世界任何一个做过尝试的地方，社会主义都遭遇了失败并被迅速抛弃。资本主义俨然成为一种真正全球性的现象”。② 哈维认为，资本主义的“垂而未死”与“灵活积累”模式的出现有着密不可分的联系。

“资本按其本性来说，力求超越一切空间界限”，③ “力求摧毁交往即交换的一切地方限制，征服整个地球作为它的市场”，④ 资本总是以运动和扩张作为自己的使命追求，而所有的运动和扩张都意味着“空间”的占有，这也就决定了“资本主义是扩张性的和帝国主义的，所以越来越多领域里的文化生活都陷入了现金交易关系的掌握与资本流通的逻辑之中”。⑤ 由此，“战后的福特主义必须被看成较少是一种单纯的大规模生产的体制，而更多的是一种全面的生活方式。大规模生产意味着产品的标准化和大众消费；意味着一种全新的美学和文化的商品化。……福特主义也以各种非常明确的方式建立了现代主义的美学”。⑥ 所以，当“灵活积累”抱着追求更高“利润率”的目的取代了“福特主义”之后，小规模的、迷你的、灵活的生产单位开始备受青睐，劳动力与资本松绑，资本不再仅仅依赖大规模的固定工位式的劳动力生产模式，一台笔记本电脑、一根网线就能实现资本流转。凯恩斯主义不得已走下神坛，市场对经济的

---

① 《资本论》（第1卷），人民出版社，2004，第874页。

② 〔英〕彼得·桑德斯：《资本主义》，张浩译，吉林人民出版社，2005，第1页，序言。

③ 《马克思恩格斯全集》（第30卷），人民出版社，1995，第521页。

④ 《马克思恩格斯文集》（第8卷），人民出版社，2009，第169页。

⑤ 〔美〕戴维·哈维：《后现代的状况：对文化变迁之缘起的探究》，阎嘉译，商务印书馆，2013，第426页。

⑥ 〔美〕戴维·哈维：《后现代的状况：对文化变迁之缘起的探究》，阎嘉译，商务印书馆，2013，第179页。

调控作用越来越大，生产要素的周转和流动更加快捷、自由，这都使“人们对时间和空间的体验方式实现了革命性的转变，对时间加速和空间缩小的体悟导致世界呈现给人们的方式发生根本的改变”。[①] 一方面，“审美实践与文化实践对于变化着的对空间和时间的体验特别敏感，正因为它们必需根据人类体验的流动来建构空间的表达方式和人工制品”，[②] 于是显而易见的是，文化被商品化，成为一种有利可图的东西。如哈维曾论述过的迪士尼文化产品和现实欧洲的事件，可交易性使某些文化产品没有那么独特。沃夫甘·豪格（Wolfgang Haug）写道：“消费产品转变成为垄断美学价值的企业产品或‘商标物件’，大体上取代了基本或‘一般’产品，因此‘商品美学’延展其疆界‘更深入了文化工业的领域’。”[③] 而与“灵活积累”模式伴生而来的诱惑、公共关系、广告以及创造出的需求等被蒙上了自由的面纱，成为推动资本增殖的灵活而独特的驱动力，充斥于人们的生活之中。另一方面，“资本更加灵活的流动突出了现代生活的新颖、转瞬即逝、短暂、变动不居和偶然意外，而不是在福特主义之下牢固树立起来的更为稳固的价值观”。[④] 在这种变动的、易逝的价值观引领下，“资本具有粉碎、分割及区分的能力，吸收、改造甚至恶化古老文化差异的能力”，又进一步彰显出其“制造空间差异、进行地缘政治动员的能力”。[⑤] 在这种情况下，历史呈现了这样一幅发展场景：“灵活积累”使资本任意流淌，资产阶级开始把关注的焦点从空间中物的生产转移到空间的生产和再生产，空间从以往社会物质生产的场所和背景性设置发展为物质生产劳动的对象和资料，[⑥] 生产力的作用得到凸显，进一步刺激了资本与空间的深层次结盟，社会空间逐渐确立了其作为一种加速资

---

① 尹才祥：《论戴维·哈维对后现代主义的空间化阐释》，《山西师大学报》（社会科学版）2013 年第 1 期。

② 〔美〕戴维·哈维：《后现代的状况：对文化变迁之缘起的探究》，阎嘉译，商务印书馆，2013，第 409 页。

③ 〔英〕大卫·哈维：《地租的艺术：全球化、垄断与文化的商品化》，王志弘译，《城市与设计学报》第 15~16 卷，2003 年。

④ 〔美〕戴维·哈维：《后现代的状况：对文化变迁之缘起的探究》，阎嘉译，商务印书馆，2013，第 220 页。

⑤ 〔美〕大卫·哈维：《希望的空间》，胡大平译，南京大学出版社，2006，第 39 页。

⑥ 孙江：《空间分裂：工业资本主义时代空间生产的对抗性特征》，《苏州大学学报》（哲学社会科学版）2010 年第 4 期。

本集中和积累的新型生产资料的历史地位。而资本与空间的结盟也催生了“空间生产”概念，这一概念由列斐伏尔率先提出，他认为，“空间作为一个整体，进入了现代资本主义的生产模式：它被利用来生产剩余价值。土地、地底、空中、甚至光线，都纳入生产力与产物之中。都市结构挟其沟通与交换的多重网络，成为生产工具的一部分”，[①] 空间的生产“主要是表现在具有一定历史性的城市的急速扩张、社会的普遍都市化，以及空间性组织的问题等各方面”。[②] 这意味着此时的空间生产，不仅囊括了物质生产的巨大体系，在空间中从事物质的生产，而且可以通过形塑空间，从而进行社会关系和文化空间的生产，以致“资本主义在依赖过去的一切——农业、土地和地下的、历史本原的那些建筑区域和都市存在——的基础上得到了自我扩张。它同样通过建立一些新的、商业化的和工业化的部门——娱乐、所谓‘现代主义’的文化艺术、都市化——得到了自我扩张”。[③] 通过空间扩张，资本实现了维持和满足自身存在和发展的愿望，再次为资本主义的“幸存”找到了新的资源要素，暂时缓解了资本主义的生存危机，也由此带来了空间生产的显著效果，即城市化进程乃至全球化进程。

资本与空间的捆绑又表现为一种不平衡现象的产生。在那些工业城市中，资本的流向决定了所在空间的繁荣与否，资本进入哪个空间，哪个空间就会繁盛，反之就会衰落。资本从乡村到城市空间中的扩张，不断改变人们的劳动空间，导致了城乡空间两极对立。在资本逻辑的运作下，城市空间不断占据主导地位，乡村空间日渐被边缘化。“资产阶级使农村屈服于城市的统治。它创立了巨大的城市，使城市人口比农村人口大大增加起来”。[④] 这也成为工业资本主义时代资本积累一般规律的空间化表达。事实上，从简单协作到工场手工业再到机器大工业的生产方式变革过程，其实也是社会中各种生产要素在空间中集聚，从空间事物生产再到聚合成空间生产力的变化过程，这也就意味着从有生产开始，就或多或少

① 〔法〕亨利·列斐伏尔：《空间：社会产物与使用价值》，王志弘译，包亚明主编《现代性与空间的生产》，上海教育出版社，2003，第 49 页。

② 〔法〕亨利·列斐伏尔：《空间：社会产物与使用价值》，王志弘译，包亚明主编《现代性与空间的生产》，上海教育出版社，2003，第 47 页。

③ 〔法〕亨利·勒菲弗：《空间与政治》，李春译，上海人民出版社，2008，第 99 页。

④ 《马克思恩格斯选集》（第 1 卷），人民出版社，2012，第 405 页。

能够看到“空间”发挥不同作用、取得不同效果的场景，这种场景在恩格斯的著作中也有展现，工人住宅区散布在全城隐蔽的地方，躲藏在富丽堂皇的贵族区、繁荣的商业区的背后，仿佛是“奥吉亚斯的牛圈”，[①]“我也知道，零售商因其所经营的商业的性质就必须住在繁华的大街上；我知道，在这种街道上好房子总比坏房子多，这一带的地价也比偏僻的地方高。但是我毕竟还没有看到过一个地方，像曼彻斯特这样有系统地把工人阶级排斥在大街以外，这样费尽心机把一切可能刺激资产阶级的眼睛和神经的东西掩盖起来”。[②] 由此及彼，管中窥豹，当“空间生产”作为一种概念而被广泛关注时，也就意味着资本的全球流动和资本关系的到处落户，必然带来加剧的工业城市内部的空间分裂、城乡分裂甚至全球分裂。有数据表明，20 世纪 80 年代，许多发达国家的人口城市化率超过 85%，以西欧、美国、日本为代表的一些人口城市化水平较高的国家和地区在 20 世纪 70～80 年代还出现了“逆城市化”高潮，城市人口开始往中小城镇和农村地区迁移。同时，在资本积累动因的驱使下，空间作为资本运动的一种方式被大量生产出来，公路、住宅、医院、学校、商业中心等空间商品无不是为资本的生产和再生产服务的。

总的来说，在当代，资本与空间的关系无疑已经被或者正在被迅速拉近，这种“联姻”虽然不是历史上的第一次，但是绝对不同于历史上的任何一次。资本在空间中如何运作和流动，不同的理论视角有着不同的解释方法，但无论从何种理论出发，我们都不难发现，在新的积累体系和空间体验背景下，资本和空间已经缔结成了一种新的联盟。可以说，我们对资本、资本积累、资本主义的研究已经无法脱离空间概念而独立进行，这种结构上的变化为我们从空间维度理解和阐释全球范围内的资本主义条件下的政治、经济、社会、生态等问题提供了新契机，也就同样对空间理论的研究提出了新诉求。

三 自由主义的“空间驱动”

自资本主义生产关系产生以来，西方国家先后出现过四种占据主流

① 《马克思恩格斯选集》（第 3 卷），人民出版社，1972，第 446 页。

② 《马克思恩格斯全集》（第 2 卷），人民出版社，1957，第 328 页。

地位的经济政治思潮：重商主义（mercantilism）、古典自由主义（classical liberalism）、改良自由主义（new liberalism）和新自由主义（neoliberalism）。[①] 从思潮的继承性和发展性来看，后三种自由主义始终体现出“自由”与“调控”的反复与博弈。新自由主义既是对改良自由主义的反叛，也是对古典自由主义的复归。作为资产阶级反对封建主义产物的古典自由主义，无论是权利论自由主义学派还是功利论自由主义学派，都倡导资本主义体制的“充分自由”。彼时的资本主义的主要特点是政府对经济发展的调控能力不足，体现为无政府状态的社会生产。然而，20 世纪 20~30 年代初爆发的经济危机引发了大萧条，使资本主义世界的矛盾异常尖锐，人们对“充分自由”表现出反叛的态度，主张放弃古典自由主义经济政策的“自由放任”，倡导“积极自由”和福利国家，主张利用经济政策和社会政策对经济和社会进行调节，开启了以凯恩斯主义为主的经济模式，自由资本主义转向有限资本主义（limited capitalism）。[②] 在福特主义和凯恩斯主义的共同作用下，资本主义世界开始展现出一定的生机和活力，此种经济模式被哈维冠名为“镶嵌型自由主义”（embedded capitalism）。从表面来看，这种经济模式似乎是缓解周期性经济危机的良方，在一定程度上解决了失业和有效需求不足等现实问题。但是，凯恩斯主义的本质是以大规模的社会生产刺激大规模的消费，这种经济模式需要通过国家主导大规模基础设施建设等方式来干预市场，这会在很大程度上影响垄断资产阶级的利益。与此同时，由政府超发货币带来的严重通货膨胀也让人们更加清楚地认识到，凯恩斯主义的经济政策尽管短期内十分有效，但长期来看无异于饮鸩止渴。20 世纪 60~70 年代资本主义世界再次爆发了严重的经济危机，这次危机再次造成了大规模的人口失业，尤其是造成了资产阶级经济收入的大幅降低。因此，统治阶级为免于更深层的危机，开始寻求重建阶级权利的计划。[③]

① 杨玉成、赵乙儒：《论新自由主义的源流、性质及局限性》，《世界社会主义研究》2022 年第 2 期。

② 有限资本主义指受国家限制的、受政府调节的资本主义，也有人称之为管制型资本主义、管理型资本主义、嵌入型资本主义等。

③ 〔美〕大卫·哈维：《新自由主义简史》，王钦译，上海译文出版社，2010，第 19 页。

伴随着凯恩斯主义跌下神坛，新自由主义开始兴起，主张回归和复兴古典自由主义的声音开始出现，如以米塞斯（Ludwigvon Mises）、哈耶克（Friedrich Hayek）等为代表的奥地利经济学派陆续出版了《自由与繁荣的国度》《通往奴役之路》等著作，[①] 明确提出反对国家干预主义。概括来说，新自由主义经济政策的本质是资本从政府主导的经济模式中“脱嵌”出来，取而代之的是更为灵活的积累模式，即主张通过维护个人财产权，以法治形式推动市场和自由贸易的自由运转，同时根据“所有船只都会随潮起而高涨”或“扩散效应”的假设，认为“（国内和世界范围的）贫穷问题能够最好地通过自由市场和自由贸易得到解决”，[②] 因此“各个部门、地区和国家之间的资本自由流动被认为至关重要，一切阻挡资本自由运动的壁垒（诸如关税、惩罚性税制、计划和环境控制，或其他的地方性障碍）都要拆除，除非是关系到‘国家利益’（不管这个词如何定义）的关键领域”。[③] 这使得“超越于商品和资本流动之上的国家主权，自觉自愿地听命于全球市场”，[④] 为减少贸易壁垒，便于国家参与协作，世界范围内涌现出多种与此相配合的结构组织，如 G7 国家——美国、英国、法国、德国、意大利、加拿大和日本之间达成的保障法治和贸易自由的国际协议集团。而这一切的变化，都为资本以高效、自由、灵活的方式流动于世界范围内的各个空间提供了机遇，为新自由主义下的弹性积累模式创造了便利，从本质上看都是资本消除空间障碍的重要手段。

新自由主义以摧枯拉朽之势蔓延至全球的各个角落，资本在这种条件下畅通无阻地流向世界任何一个角落，一个全球性的资本主义控制下的生产、交换市场空间逐步形成。客观地讲，这包含一定的积极效应：信息的共享、技术的互用、文化的交流、产品的互通为生产的发展、社会的进步贡献了力量。但是，到 20 世纪 80 年代后期，以英美为首的西方发达国家在经历了近十年的新自由主义实践后，认识到了新自由主义的局限性。比如，新自由主义对积累和滞胀的危机仍然毫无办法，收支平衡危机与巨大

---

① 杨玉成、赵乙儒：《论新自由主义的源流、性质及局限性》，《世界社会主义研究》2022 年第 2 期。

② 〔美〕大卫·哈维：《新自由主义简史》，王钦译，上海译文出版社，2016，第 66~67 页。

③ 〔美〕大卫·哈维：《新自由主义简史》，王钦译，上海译文出版社，2016，第 68 页。

④ 〔美〕大卫·哈维：《新自由主义简史》，王钦译，上海译文出版社，2016，第 68 页。

的预算赤字频繁出现，“对大多数人来说，结果是一个经济滞胀、政治混乱的‘失落十年’”。[①] 1978 年英国公有部门的工人在“不满之冬”就发起过一系列致命的罢工，“医院工作人员不上班，卫生医疗不得不严格限额配置。罢工的掘墓人拒绝埋葬尸体，卡车司机也罢工了。只有商店营业员还能让运输车带着‘重要物资’穿越警戒线。英国铁路（British Rail）打出简明标语‘今天没车’……罢工的工会似乎打算让整个国家都停下来”。[②] 与此同时，20 世纪 80 年代的英国和美国也没能在经济上有很好表现，“固然，通胀率确实下降了，利率也下降了，但取得这点成绩的代价却是高失业率（里根任内美国失业率平均为 7.5%，撒切尔夫人任内英国失业率超过 10%）”，[③] 尽管美国和英国的生产率很低，但上层阶级却过得越来越好，工人的生活标准反而处于持续下降状态，社会不平等日益加剧。例如，“美国执行总裁们的薪酬，就令担任类似岗位的英国人很嫉妒。在英国，一批新的企业金融家开始聚拢大量财富”，[④] 其“总的结果是低增长与日益加剧的收入不平等的糟糕混合”。[⑤] 对此，信奉新自由主义的资本主义国家也只能削减国家福利和基础设施开支，降低人们的生活质量，进一步纵容自由市场，这导致了金融寡头的出现并进一步助长了其在世界市场的巧取豪夺，处于强势地位的发达资本主义国家出于资本与权力的逻辑，仍不遗余力地向拉美等地区的发展中国家和东欧国家兜售新自由主义改革方案，加倍进行空间资源的掠夺，以全球化的方式开启了对世界尤其是发展中国家的剥削。这种试图以“概念化的资本流动”的方式实现资本增殖的行径，包括将人类的贪欲推向极致的华尔街模式等，最大限度地展现出新自由主义的剥削性、寄生性以及腐朽性。

在这种“明知而故意”的推波助澜下，西方资本主义国家持续占据话语霸权地位、推进垄断资本在全球范围内的扩张，建立起由自身主导的全球化市场贸易经济体系，对外鼓吹全球市场的自由开放，使“国际竞争和全球化可以被用来规训各个国家内部反对新自由主义安排的运动”，[⑥] 可供

---

① 〔美〕大卫·哈维：《新自由主义简史》，王钦译，上海译文出版社，2016，第 91 页。

② Yerginand Stanislaw, *The Commanding Heights*, New York: Free Press, 2002, p. 104.

③ 〔美〕大卫·哈维：《新自由主义简史》，王钦译，上海译文出版社，2010，第 91 页。

④ 〔美〕大卫·哈维：《新自由主义简史》，王钦译，上海译文出版社，2016，第 92~93 页。

⑤ 〔美〕大卫·哈维：《新自由主义简史》，王钦译，上海译文出版社，2016，第 91 页。

⑥ 〔美〕大卫·哈维：《新自由主义简史》，王钦译，上海译文出版社，2016，第 71 页。

资本流通的空间不可预计地扩大，技术高度发展，人员、资金、信息等在全球范围内快速流动，一张全球资本主义产销网络得以形成，为新自由主义掩盖下的经济霸权营造了有利于自身的法治环境，对全球化的资本掠夺也才刚刚拉开序幕。不出所料的是，资本极力形塑同质化的全球空间，却使全球空间不断趋向于等级化，不平衡发展的各类问题随之相继出现，特别是 1997～1998 年亚洲金融危机后，一些发展中国家被带入标准的新自由主义实践的轨道上，国家之间、地区之间的经济分化问题日益严重，生产、技术、资本在全球空间的重新布局等。“推动资本主义发展的全球性和国家性动力、劳动力的国际化分工、国际权力关系的帝国主义体系、围绕着劳资关系的冲突，都使得地理空间之间和社会阶层之间的经济、社会、政治和文化水平的两极分化达到了前所未有的极端程度”,① 从世界范围内带动了国家发展与政治主题的深刻变化。

社会的深刻变化必然孕育着思想的丰富发展，“全球化”现象作为资本与空间交互作用的产物，为哈维进行空间理论研究提供了可供观察的重要历史及社会背景。与其说哈维的空间理论对全球化的兴起所包含的理论和实践含义极为关注，毋宁说全球化过程为哈维的空间理论的发展提供了优质的土壤和肥料，帮助哈维从空间维度对全球化过程中形成的诸多概念和现象进行解读，为哈维将全球化过程理解为不平衡的时间和空间发展的一个生产过程，从而实现真正意义上的空间理论的解放提供了抓手。

第二节　西方思想领域的“空间”流变

人类文明的诞生、维系和发展无不交织于时空之中，时空的当然解释即为时间和空间。按照人类发展的一般规律，空间后于时间出场，在 16 世纪以前，由于认知能力和活动能力的欠缺，人类被限制在有限的区域内，并没有真正形成所谓的空间范畴。随着地理学、航海学的发展和人类生产能力的提高，人们摆脱了固定区域的限制，可以在更为广阔的空间内活动，空间得以作为一种理论范畴被建构出来。应该说，在 20 世

① 〔墨〕劳尔・德尔戈多・怀斯：《移民与劳工问题：帝国主义、不平等发展和劳动力被迫转移》，王乙茹译，《国外理论动态》2014 年第 4 期。

纪之前相对漫长的时间里，空间性相比于时间性来讲一直处于人文社会科学研究的边缘地位。进入20世纪后，就如前文所述，由于资本主义生产方式的转变、资本与空间关系的拉近和全球化的兴起，人们无论是在生产领域、生活领域还是在文化科学领域，都有着强烈的空间体验，之前完全以时间维度为基点的叙事方式已经不能很好地诠释复杂的空间发展样态，空间的内涵逐渐丰富起来。总体来看，西方思想领域对"空间"的考察主要经历了本体向度、主体向度和实践向度等的流变，为20世纪中后期"空间转向"的发生奠定了思想基础。

一 本体向度下的空间认知

"空间"一词从未在人类阐释自然、社会与人的过程中缺席，只是在不同的历史时期，人们对空间概念的感知有着不同的向度。在较长的一段历史时期中，"空间"只是被人们看作对周围生活空间的具体的、感性的认识，"空间外在于社会世界，外在于将世界变得更加具有社会正义的努力"，[①] 其不过是被作为一种静态的容器、场域或一种绝对的观念，而非一种可以影响甚至决定人们的思想、生产生活及实现社会正义的政治、经济或伦理要素。换言之，这使得"空间"在较长时期内停留在哲学或形而上学的思辨之中，人们对"空间"与本在、本原的关系有了深刻的省察，为后期"空间转向"的理论探索提供了最基础的源头活水。

概括来看，早期西方古典哲学对空间的考察逐步抛弃了带有神秘色彩的宗教迷信和神话传说的阐释方式，开始以阐释世界存在的本原为目标，虽然具有很强的主观和直觉成分，但已经更多地依赖人类对自然的直接观察，主要有本原论、理念论及形上论等。所谓本原论，常以具体的形状、数目、次序为具体的空间指代，包含于人们的宇宙观当中，多有指代"宇宙"概念这一内涵，"这唯一留下的是宇宙的概念，即似乎属于哲学，但是并不属于任何特殊的专业化"。[②] 如阿那克西曼德认为，世界来自无限，是对称的球状宇宙；毕达哥拉斯学派概括出"虚空"范

---

① I. M. Young, *Justice and the Politics of Difference*, Princeton: Princeton University Press, 1990, p. 3.

② Henri Lefebvre, *The Production of Space*, Oxford: Basil Blackwell, 1991, p. 15.

畴，认为数量关系构成宇宙秩序，数生出点、线、面，面中生出立体，立体中生出元素，元素生成万物，万物构成宇宙空间，宇宙空间秩序只是对数字关系的仿照，数是本体，不断派生出万事万物，万事万物构成宇宙空间，这种空间的和谐表现为数的比例关系，其中“黄金分割”被认为是最完美的数学比例，但也只是被大量应用于规划、绘画、造型、音乐等艺术活动中，尚未参与生产实践。首次真正在存在论意义上明确空间范畴的是德谟克利特，他认为，“一切事物的始基是原子和虚空”，[①]也就是说原子和虚空构成了空间，这一时期人们认为原子是无法再进行分解的最小存在，原子是世界的本质构成，而虚空是原子间的缝隙，“作为和物体不同的、非存在的空隙，可以分割整个物体，打破它的连续性，这是德谟克利特和留基伯所主张的”。[②] 而爱利亚学派和巴门尼德又围绕空间是否为实体形态、是否具有物质属性进行了阐释。从整体来看，不同哲学家或者学派在对“空间”进行考察时，尽管存在不同学说，但基本方向和目标是一致的，都是从存在的本原出发进行的思考。其后，柏拉图又从理念的角度去考察“空间”，认为世界由理念和感觉两部分组成，空间是“不朽而永恒，并作为一切生成物运动变化的场所；感觉无法认识她，而只能靠一种不纯粹的理性推理来认识它；它也很难是信念的对象”。[③] 也就是说，理念论下的空间观将空间预设为一种不可被认知的状态，与理念、造物主、神等一样，都是先于人的永在，空间不过是造物主创造世界的工具，现实的具体空间形式不过是以不同方式存在于空间的影像，就像空间是万事万物的一个承载容器一般，比如，柏拉图就“将城市空间作为宇宙的一个反思的产品”去看待。[④] 显然，此时的空间尽管是一种具有场所意义的容器，但本质上属于一种具有永恒性质的理念，也就不具有历史性和阶段性，不过是思想范畴的一种考察，这与近现代从历史领域考察“空间”更是大相径庭，从其论述来看，此时的“空间”成为一种客观唯心主义意义上的存在形式。亚里士多德扬弃

---

① 北京大学哲学系外国哲学史教研室编译《古希腊罗马哲学》，商务印书馆，1982，第96页。

② 汪子嵩等：《希腊哲学史》（第1卷），人民出版社，1997，第1039页。

③ 〔古希腊〕柏拉图：《蒂迈欧篇》，谢文郁译，上海人民出版社，2005，第35页。

④ Henri Lefebvre, *The Production of Space*, Oxford: Basil Blackwell, 1991, p. 14.

了柏拉图关于绝对空间理念的观点，认为“空间乃是一事物（如果它是这事物的空间的话）的直接包围者，而又不是该事物的部分”。[①] 空间不是事物的组成元素，而是所有事物的承载者，空间是人能够直接感知到的东西，同时“空间也有两种：一是共有的，即所有物体存在于其中的；另一是特有的，即每个物体所直接占有的”。[②] 亚里士多德认为空间具有有限性，且无法被测量，因为“处所不是包围者的界面……它是某种间隔，在三个方向上可测量；它本质上是无形的并且与被包围的物体不同；它是缺乏任何形体的纯维度”。[③] 这种描述具有显著的形而上学色彩。在此基础上，亚里士多德还进一步阐述了自己的“宇宙观”和“空间”之间的关系，他认为地球是宇宙的中心，地球是静止的，行星、月亮、太阳围绕着地球公转。之后的斯多亚学派、伊壁鸠鲁、菲罗波努、托勒密等都在不同程度上坚持或完善了亚里士多德的形而上学空间观。其中，托勒密以“地心说”构建出的宇宙空间理论进一步佐证了亚里士多德提出的地球是宇宙的中心等观点，由此，基督教将托勒密从天文学意义上提出的宇宙空间理论与亚里士多德的形而上的空间理论相结合，再“通过基督教加以修正：地球，作为背景的世界和光明的宇宙，正义和天使的天堂，由天父、圣子、圣灵居住”，[④] 使以“地心说”为核心的宇宙空间体系主导西方古代社会的世界观长达千余年，“中世纪的全部天文学——拜占庭的、伊斯兰的，最后是西方的——都和托勒密的工作有关，直到望远镜发明和牛顿力学的概念开创全新的可能性之前，这一状态一直普遍存在”。[⑤] 与此同时，作为西方古典哲学空间研究的集大成者，亚里士多德提出的空间是形而上学空间范畴的成熟形态，也长期影响着西方哲学对空间的认知，如牛顿的绝对空间观、莱布尼茨的相对空间观、康德的先验空间观，无不沿袭了亚里士多德的形而上学的空间范畴。[⑥]

应该说，这一时期思想领域对“空间”的考察更多是从日常生活相

---

① 〔古希腊〕亚里士多德：《物理学》，张竹明译，商务印书馆，1982，第 100 页。

② 〔古希腊〕亚里士多德：《物理学》，张竹明译，商务印书馆，1982，第 95 页。

③ 吴国盛：《希腊空间概念》，中国人民大学出版社，2010，第 60 页。

④ Henri Lefebvre, *The Production of Space*, Oxford: Basil Blackwell, 1991, p. 35.

⑤ O. Neugebauer, *A History of Ancident Mathematical Astronomy*, Berlin: Springer Verlag, 1975, p. 838.

⑥ 孙全胜：《空间哲学的历史沿革》，《中共宁波市委党校学报》2016 年第 2 期。

关维度展开的，是在对“世界是什么”的好奇中所进行的观察与思索，人们对“空间”的考察是与当时的物质生产水平相适应的，充满了朴素主义和形而上学色彩，是人类认识自身及认识世界的最初探索。所以，当时虽然提出了“空间”的原始概念，并在此基础上进行了一些论证，但是与近代意义上具有背景化特征和几何化特征的“空间”概念相差甚远。这些基于“空间”存在性及其本质问题的探索，恰恰构成了“空间”概念的起点。需要特别指出的是，由于时间在日常生活中的现实性，人们的时间意识必然是高度自觉的，因此在这一时期，与“时间”范畴相比，“空间”范畴并未得到同等的重视。

二　主体向度下的空间理性

17 世纪之后，伴随着物理学、几何学、天文学等学科的发展，科学技术取得巨大进步，特别是伽利略、哥白尼、开普勒、布鲁诺等人坚持“日心说”的抗争打破了传统神学的枷锁，消解了“地心说”统治下的以地球为中心的宇宙空间中心论，大大解放了人们的传统空间思想。

在科学技术的加持下，这一时期人们对“空间”的考察，多从物理学和几何学的角度展开，奠定了空间问题研究的学理基础。比如，“笛卡尔坐标系”的创立，推动空间认识逐渐摆脱传统形而上学的禁锢；在笛卡尔的基础上，牛顿为了论证他的经典力学的三大定律，形成了绝对空间观及相对空间观，认为“绝对的空间，它自己的本性与任何外在的东西无关，总保持相似且不动，相对的空间是这个绝对的空间的度量或者任意可动的尺度（dimensio），它由我们的感觉通过它自身相对于物体的位置而确定，且被常人用来代替不动的空间”，① 事物呈现的形状、体积及位置，就是空间的表现形式。然而牛顿认为自己的科学发现只是表象，那些本质的东西仍然要归为上帝，比如他认为空间是上帝感知事物的途径。与牛顿同时代的莱布尼茨批判说：“牛顿先生说空间是上帝用来感知事物的器官。但如果上帝需要某种手段来感知它们，它们就不是完全依赖于他，也不是他的产物了。”② 但是，牛顿的空间观仍然对后来空间科

① 〔英〕牛顿：《自然哲学的数学原理》，赵振江译，商务印书馆，2006，第 7 页。

② 《莱布尼茨与克拉克论战书信集》，陈修斋译，商务印书馆，1996，第 1 页。

学的发展起到了奠基作用，特别是与力学相结合的论证，从根本上颠覆了亚里士多德以来西方世界的世界观，为马克思主义世界观的形成奠定了重要基础。“至今还没有可能用一个同样无所不包的统一概念，来代替牛顿的关于宇宙的统一概念。但要是没有牛顿的明晰的体系，我们到现在为止所取得的收获就会成为不可能。”[①] 爱因斯坦以相对论空间观完善了牛顿的绝对空间观，凭借相对性原理和光速不变原理，阐述了事物运动速度和空间扭曲的关系，“它具体表达了时空中的物质（能动张量）对时空几何（曲率张量的函数）的影响，其中对能动张量的要求（其梯度为零）则包含了上面关于做惯性运动的物体的运动方程的内容”。[②] 这使空间学科向着更加精确的方向前进。

物理学空间认识的发展，为人的理性进入空间考察过程提供了可能，人们从主体向度出发，彰显了人在空间观念形成中的主体作用，认为“唯有遵循理性的指导而生活，人们才会必然地永远与他们的本性相符合”。[③] 于是，笛卡尔率先以身心二元论开启了空间观的主体向度理解，他认为，“一方面我对我自己有一个清楚、分明的观念，即我只是一个在思维的东西而没有广延，而另一方面，我对于肉体有一个分明的观念，即它只是一个有广延的东西而不能思维，所以肯定的是：这个我，也就是说我的灵魂，也就是说我之为我的那个东西，是完全、真正跟我的肉体有分别的，灵魂可以没有肉体而存在”。[④] 从这个意义上将空间定位为广延和属性，而非实物。洛克、贝克莱、休谟等经验论者继续从主体感知角度展开了不同的空间思考，一致强调主体意识高于身体，主体意识在空间认识过程中的积极作用，使空间或多或少地成了主观体验的结果，也就不可避免地陷入了唯心主义的泥潭。与以上哲学家论证方法不同的是，康德从形而上学角度提出了先验论，并从先验论角度指出，“空间是一个作为一切外部直观基础的必然的、验前的表象”，[⑤] 明确了空间是主观认识的先验表象，是纯粹的先验直观形态，否定了空间是由人类经验

① 《爱因斯坦文集》（第1卷），许良英、范岱年编译，商务印书馆，1976，第404页。

② Robert M. Wald, *General Relativity*, Chicago: The University of Chicago Press, 1984, p. 15.

③ 周辅成编《西方伦理学名著选辑》（上卷），商务印书馆，1987，第633页。

④ 〔法〕笛卡尔：《第一哲学沉思集》，庞景仁译，商务印书馆，1986，第82页。

⑤ 〔德〕伊·康德：《纯粹理性批判》，韦卓民译，华中师范大学出版社，2000，第66页。

而来的观点，由此同样陷入了形而上学的客观唯心主义当中。黑格尔在继承传统空间观点的合理要素后，从时间、空间、运动的思辨视角，批判了形而上学的空间观，认为“自然界最初的或直接的规定性是其己外存在的抽象普遍性，是这种存在的没有中介的无差别性，这就是空间”。[①] 空间成为绝对理念的外化形式，只是观念性的东西，这与黑格尔主张世界是由绝对理念构成的观点相呼应，同样陷入了客观唯心主义。但其进步之处在于，他用对立统一的辩证方法阐释了空间与物质运动具有统一性且空间具有有限性和无限性等观点，最终形成了辩证空间观。黑格尔之后，叔本华、胡塞尔、尼采等学者又批判了经验主义，继续从主体视角考察空间，注重打破身体与空间之间的阻隔，实现二者的结合，形成了“主体—身体”的空间范畴，在一定程度上认识到物体和身体的空间是个体身体与事物联系和发生作用的空间，逐步将空间看成生产性和历史性的存在。[②]

在这一时期的空间考察中，能够明显看到人的主体性参与和人的价值觉醒，人的理性充分参与到人的生存语境之中。相较于古典哲学时期，可以说是实现了从“物”到“人”的认知向度变化。但是，对人的理性的强调同样带来了失当的情形，即夸大了人的主体性作用的情形使这一时期对空间的理性思考仍然是人的主体向度下的有限理性，几乎都不可避免地陷入主观唯心主义或客观唯心主义当中。显然，社会物质生产方式的更迭，决定着不同时代的人对“空间”的考察有着不同的问题视域及观察视角，但这一时期哲学家们对空间问题的阐释，无论立足于本体的追寻还是人的主体性的觉醒，大都陷入了不同的理论困境。

三　实践向度下的空间失语

伴随着工业革命的开始，人类按照主观意愿实现对空间的科技改造的理想成为现实。为了追求超额利润，资产阶级不断根据资本增殖的需要形塑生产及生活空间，这使一系列空间性问题暴露在人们面前。

---

① 〔德〕黑格尔：《自然哲学》，梁志学等译，商务印书馆，1980，第 40 页。

② 孙全胜：《空间哲学的历史沿革》，《中共宁波市委党校学报》2016 年第 2 期。

这时，“空间”才真正以范畴、社会现实的形式进入学界的视野。马克思也对空间概念和范畴进行了考察，并认为以往的空间研究带有抽象的思辨性特征，只是尝试解释空间，没有关注空间的改变以及时间与空间的纠缠。在批判地继承前人思想观点的基础上，马克思从人的实践角度去考察空间问题，并针对资本主义生产方式的观察做出了现实批判。

仅从文本来看，马克思并没有对空间概念下一个明确的定义，“空间”一词在马克思的著作中出现的频次也不多，其更没有专门对空间问题进行论述，以致一些学者认为马克思哲学存在“空间失语”。但事实上，马克思对劳动和资本的剖析和批判、对社会结构的解剖和对未来人类理想目标的描述始终贯穿着空间视域的分析。对于什么是“空间”，马克思反对从逻辑和数量上出发去定义，从而给出抽象的、空洞的概念，而是主张把“现实的世界”和“现实的人”作为自己的研究对象，从人的“感性的活动”（或“实践”）出发，将其作为理解“存在”之所以“存在”的根本方法，并对“空间”进行具体的、有内容的描绘，他认为，“如果我们逐步抽掉构成某座房屋个性的一切，抽掉构成这座房屋的材料和这座房屋特有的形式，结果只剩下一个物体；如果把这一物体的界限也抽去，结果就只有空间了”。[①] 后在恩格斯、列宁等的继续阐释下，“时间和空间是运动着的物质的存在形式”的哲学规定最终形成。一方面，这意味着，“物质总是同时以空间和时间的形式运动的。不能设想一种物质的运动，只有空间没有时间，或只有时间而没有空间”。[②] 任何物质当然包括一般物质，也包括人这个特殊的物质。另一方面，人的实践活动作为人这个特殊物质的特殊运动形式，同样是在空间中进行的，人的实践活动也就与空间结合了起来。由此，马克思对如何解释空间的问题，既从世界的物质统一性角度，也从认识和改造世界的角度给出了答案，为其后对资本主义现实世界进行“无情的批判”提供了思想武器。

马克思在唯物史观视域中考察自然空间，必然得出空间是人类文明

---

① 《马克思恩格斯文集》（第1卷），人民出版社，2009，第599页。

② 韩树英主编《马克思主义哲学纲要（修订本）》，人民出版社，1990，第55页。

得以存在和发展的基础前提，即自然空间是社会空间得以存在的先在性基础。空间中的人以实践的形式从事物质生产，既是对空间中物本身的改造，也是对人类社会及各种关系的改造。可以说，空间是人的实践对象，体现着人的对象性活动。正是人在“自在的自然空间”中所展开的各种“征服活动”，才开辟出了生产、交往、活动、服务的空间，从而将纯粹的自然空间区分为自在的自然和人化的自然，“在人类历史中即在人类社会的形成过程中生成的自然界，是人的现实的自然界；因此，通过工业——尽管以异化的形式——形成的自然界，是真正的、人本学的自然界”，① 其实质是实践的空间和属人的空间，是经过实践改造的人化空间，有了自然空间与人化空间的交叠存在、交互影响，进而形成了人与自然、人与人的不同关系，逐步建构出“政治空间”“生产空间”“宗教空间”等很多社会空间。② 换言之，空间就是人类生活的社会空间，这种社会空间的本质是人与自然双向互动的结果，这种社会空间不仅包含着物质产品的生产，也包含着人的关系的生产，甚至是空间本身的生产。特别需要指出的是，马克思认为空间内物质的生产尽管有别于空间生产，但空间内生产的物质产品被赋予了该生产空间所具备的空间属性和空间意义。③

虽然马克思未曾提出“空间生产”的概念，但从《1844 年经济学哲学手稿》到《德意志意识形态》，从《共产党宣言》到《资本论》，空间生产的“思想因子”贯穿始终，其中更是不乏实质性论证，如果通观马克思一生的著作，空间生产的理论体系是极具立体性的。马克思内在地肯定了空间生产，特别是在历史唯物主义的阐发中，马克思将空间生产贯穿于生产方式及其历史运动的辩证论证之中，“以时间消灭空间”的论断指证了资本主义生产方式的革命性及其普遍趋势，明确了资本作为一种历史性的“社会力量”，在社会现实中自我实现和自我修复的过程就是资本空间化的过程，在利润与竞争的驱动下，资本扩张的本性总

---

① 《马克思恩格斯全集》（第 3 卷），人民出版社，2002，第 307 页。

② 孙全胜：《马克思“空间正义”出场的基础、逻辑与路径》，《深圳大学学报》（人文社会科学版）2022 年第 4 期。

③ 参见庄友刚、解笑《空间生产的市场化与当代城市发展批判》，《社会科学》2017 年第 8 期。

是“力求超越一切空间界限”,[①] “力求在空间上更加扩大市场，力求用时间去更多地消灭空间”。[②] 通过资本空间化打破空间界限、扩大空间范围，破除商品流通的空间障碍，缩短商品在空间中的流通时间，以空间生产实现商品生产剩余价值的最大化。马克思还从根本上将资本主义生产方式指证为一种内在矛盾不断生成的、总体性的空间生产方式,[③] 这就为将“以时间消灭空间”作为切入口构建马克思的空间生产思想框定了总体脉络。

同时，马克思还从政治经济学批判的角度，将其空间生产思想深入生产及全球层面再生产的总体过程。首先，马克思将空间作为必要的生产要素，指出“空间是一切生产和一切人类活动的要素”,[④] 将很多工人在资本家的组织下，在相同空间同时生产某种商品，看作资本主义生产的起点，意识到劳动过程在资本主义生产方式下始终处于不断的空间重组中。作为资本运行载体的城市空间，不仅为资本的积累提供场所，还将生产要素集聚到工业城市，区分出城乡空间差异，资本主义这种空间化的生产活动永不会停息，还将在空间内进行持续的重组优化。其次，马克思认识到，在资本主义生产条件下，社会空间生产不得不围绕资本逻辑展开，资本化的城市空间生产逐渐由经济空间扩展到政治空间和文化空间,[⑤] 迫使劳动与劳动客观条件持续而强烈地进行着分离与聚合，“空间上的劳动”不断剥削着“时间上的劳动”，“空间”吞噬“时间”的过程与资本主义生产方式的空间形态变迁过程相伴而行，必将把“遥远的大陆卷进交换和物质变换的过程”，并“在物质上和在空间上创造了交换价值的真正一般性”,[⑥] 资本也将“以时间消灭空间”的运动在全世界范围内创造“资本的文明化趋势”，新的空间结构和全球化的空间生产也就随之产生。

---

① 《马克思恩格斯全集》（第 30 卷），人民出版社，1995，第 521 页。

② 《马克思恩格斯文集》（第 8 卷），人民出版社，2009，第 169 页。

③ 林密：《马克思“以时间消灭空间”的空间生产思想及其深层逻辑探微》，《哲学研究》2019 年第 12 期。

④ 《马克思恩格斯选集》（第 2 卷），人民出版社，2012，第 639 页。

⑤ 鲁品越：《从经济空间到文化空间的生产——兼论“文化—科技—经济”统一体的发展》，《哲学动态》2013 年第 1 期。

⑥ 《马克思恩格斯全集》（第 30 卷），人民出版社，1995，第 178 页。

马克思还从空间正义的角度对非正义现象进行了批判，观照空间与人的发展和人的自由问题。在马克思看来，“只要与生产方式相适应，相一致，就是正义的；只要与生产方式相矛盾，就是非正义的”。[①] 在资本主义生产方式主导下，城市空间始终处在褪去空间特质和再被赋予空间性的反复循环中，各种空间要素随着生产社会化程度的提升逐渐资本化、产权化，大自然馈赠的空气、水、光、热等使用价值因素或直接或间接地转化成了交换价值，由资本经营造成的“地理景观同时也表示死劳动对活劳动的支配”。[②] 马克思和恩格斯针对曼彻斯特、利物浦、兰开夏郡等资本主义城市的空间布局和工人的居住状况进行调查研究，“小宅子又坏又破，砖头摇摇欲坠，墙壁现出裂痕”。[③] 空间乱七八糟，拥挤不堪，缺少设备，无法保持清洁，没有家庭乐趣；在这里只有那些日益退化的、在肉体上已经堕落的、失去人性的、在智力上和道德上已经沦为禽兽的人们才会感到舒适而有乐趣。[④] 对此，马克思用异化理论和人本思想对城市工人聚居区的空间惨状做出了评价，“人又退回到洞穴中，不过这洞穴现在已被文明的熏人毒气污染。他不能踏踏实实地住在这洞穴中，仿佛它是一个每天都可能从他身旁脱离的异己力量，如果他交不起房租，他就每天都可能被赶出洞穴。工人必须为这停尸房支付租金”。[⑤] 由此看到了城市与城市、城市与乡村之间发展的不平衡。同时，马克思尖锐地揭示了这一社会不公现象产生的根源，认为“任何一个公正的观察者都能看到，生产资料越是大量集中，工人就相应地越要聚集在同一个空间，因此，资本主义的积累越迅速，工人的居住状况就越悲惨”，[⑥] 从而将工人阶级所遭受的社会不公与空间非正义结合起来进行深入的社会批判，抨击资产阶级对工人阶级的压迫与剥削，号召无产阶级团结起来，依靠革命手段打破资本主义生产方式下的社会空间结构，建立共产主义社会。

---

① 《资本论》（第 3 卷），人民出版社，2004，第 379 页。

② 〔英〕德雷克·格利高里、〔英〕约翰·厄里编《社会关系与空间结构》，谢礼圣等译，北京师范大学出版社，2011，第 118 页。

③ 《马克思恩格斯全集》（第 2 卷），人民出版社，1957，第 325 页。

④ 《马克思恩格斯全集》（第 2 卷），人民出版社，1957，第 345 页。

⑤ 《马克思恩格斯全集》（第 42 卷），人民出版社，1979，第 133 页。

⑥ 《马克思恩格斯文集》（第 5 卷），人民出版社，2009，第 757 页。

但是，随着资本主义国家生产力的飞速发展，资本流动能力不断增强，资本能够“用时间消灭空间”，似乎人们可以到他们想去的任何地方。这时，那种被马克思看作生产要素的空间慢慢地被时间掩盖，以致19世纪后的很长一段时间里，人们都将研究重心放到了时间层面上而漠视了空间概念。哲学、社会学、政治学、物理学、心理学等多数学科都聚焦于时间范畴并严格将时间维度奉为其理论研究之圭臬：从柏格森（Henri Louis Bergson）到海德格尔（Martin Heidegger）都把时间性看作体现人的本质的东西。[①] 造成这种现象的原因在于，在漫长的传统社会里，人们认识世界的主要方法来源于由时间积累而成的历史经验，或者说人们严格遵循一种时间性叙事方法。这就导致历史决定论占据社会哲学研究的方法论主流。同时，伴随着自然科学的高速发展，它们总是试图挣脱哲学母学科的控制，逐渐形成了一种学科的狭隘分工，地理学，尤其是地理学的垄断性将空间性研究禁锢在本学科的研究范畴内，使得哲学社会科学理论长期忽视和漠视空间概念。20世纪早期，一场激烈的争论发生在结构主义和存在主义之间，争论的实质就是关于时间和空间的理解，结构主义注重空间的重要性，而存在主义则执着于强调历史和时间的重要性，这在客观上造成了时间和空间的割裂和对立。正如福柯（Michel Foucault）所认为的，政治实践和科学技术对空间话题的双重介入使得这种排斥现象更为突出。[②] 所以，在这里我们所谈的空间失语是指：在长期以来，相比于时间在社会理论发展中的重要性来讲，人们对空间的兴趣并不浓厚，“大多数学科聚焦于时间范畴”，学术界研究的时间性掩盖了空间性，空间性消失在历史时序中。[③]

第三节 “空间转向”中的大卫·哈维

20世纪以来，伴随着全球化导致的信息与知识大爆炸，各个学科的

① 冯雷：《理解空间：现代空间观念的批判与重构》，中央编译出版社，2008，第1页。

② 〔法〕米歇尔·福柯：《权力的眼睛——福柯访谈录》，严锋译，上海人民出版社，1997，第152页。

③ D. A. Finnegan, “The Spatial Turn: Geographical Approaches in the History of Science,” *Journal of the History of Biology*, Vol. 41, No. 2 (2008): 369-388.

空前发展与相互交叉使各自的理论研究逐渐系统化、抽象化，抽象空间、微观空间领域的研究逐渐兴起，共同支撑和促进近代科学的融合和发展，各学科之间的界限日渐模糊，空间网络所凝结的经验大大超过了时间性的历史经验。人们也逐渐意识到，单纯以时间维度为理论取向的社会哲学，并不能彻底地为我们阐释和矫治理论研究与现实生活中产生的诸多超时间性问题。20世纪60年代，福柯一句“当今时代也许是一个空间的时代”振聋发聩，[①] 又以“当今的时代或许应是空间的纪元”开启了空间的转向，[②] 随后，以哈维、卡斯特尔、苏贾等为代表的新马克思主义理论家在继承经典马克思主义关于资本主义批判理论的基础上，不仅对经典马克思主义关于资本主义崩溃论进行了深刻反思，也对西方社会传统空间概念进行了辩证反思。通过这些反思，他们以崭新的空间意识对空间进行再概念化，使人们意识到空间中充满了权力和政治、异托邦的压抑和乌托邦的理想、意识形态和文化冲突、不正义的力量和解放的可能性，实现了新马克思主义理论的空间转向。[③] 一时之间，关于空间转向的范式革新几呈“争鸣”之势。对于同处“空间转向”时代洪流中的哈维而言，无论是各种历史的、思想的、现实的因素，还是各个思想家们的思想，都为其回归马克思主义，结合自身地理学科优势，建构出自己的空间政治经济学批判理论提供了思想资源。

一　马克思立场方法的致思趋向

立场往往决定思想的性质、内容及价值目标。哈维对马克思的《资本论》进行了长达四十年的持续阅读与研究，并且始终投入大量精力鼓励并带领大家阅读马克思的著作，出版了《跟大卫·哈维读〈资本论〉》，形成了其马克思主义的基本立场和方法。在他看来，马克思也曾肯定资本主义积极的一面，并围绕资本主义经济是如何运行的、资本主义经济中存在的矛盾、资本主义危机生成的方式等极具当代性的问题

① 〔法〕米歇尔·福柯：《不同的空间》，〔法〕福柯等：《激进的美学锋芒》，周宪译，中国人民大学出版社，2003，第19页。

② 〔法〕米歇尔·福柯：《不同空间的正文与上下文》，陈志梧译，包亚明主编《后现代性与地理学的政治》，上海教育出版社，2001，第18页。

③ 张厚军：《马克思主义空间理论发展及其中国化创新》，《南通大学学报》（社会科学版）2016年第4期。

进行透彻的分析。在哈维看来，对于现在仍然生活在资本主义世界里的人们而言，“不读马克思是愚蠢的”。哈维还批判了资本主义世界中人们对《资本论》充满了敌意的现象，认为这恰恰说明他们试图掩盖什么。哈维始终将马克思的思想置入与当代社会密切相关的叙述中，无论是在主要以叙事见长的《新帝国主义》和《新自由主义简史》中，还是在《资本之谜：人人需要知道的资本主义真相》、《十七种矛盾和资本主义的终结》以及《马克思、资本和经济理性的疯狂》等更具分析性的著作中，都是如此。可以说，马克思主义立场不仅是哈维的致思立场，更是哈维学术思想演进所特有的一种致思过程，具体可概括为如下几个方面。

其一，从逻辑实证主义转向马克思主义。哈维是地理学专业出身，深受逻辑实证主义的影响。逻辑实证主义主张依靠一种可证实的经验去获取知识，其早期代表性的理论成果是被称为西方地理学圣经的《地理学中的解释》一书。但随着哈维移民美国，他逐渐意识到资本主义城市中的剥削、压迫、不平衡现象已经十分严重，而逻辑实证主义将哲学问题归结为语言问题，这使得逻辑实证主义的地理学研究已经不能实现对现实社会问题的分析和研判，激进的批判地理学暗流在哈维内心中涌动。20 世纪 60~70 年代的西方学界处于一个反思、整合与重构的阶段，多学科交叉的研究方法让空间哲学的研究呈现复杂的多面性特征。一方面，社会理论开始摒弃历史决定论的理论禁锢，展开了对空间理论的探索。另一方面，空间理论又不能作为纯粹抽象的理论介入社会哲学的研究之中，因为空间毕竟是客观存在的实证科学研究对象。哈维抓住了这一主要矛盾，运用实证主义地理学之具体来弥补人文社会科学之虚无，又运用人文主义地理学之广阔来弥补实证主义地理学之狭隘。故此，在目睹了巴尔的摩街头大量黑人严重贫困的生活条件后，哈维开启了对马克思著作中资本运动规律与不同规模的城市化（从区域到全球）以及不平衡发展的动力学等内容的研究，这标志着哈维逐渐摒弃逻辑实证主义，转向马克思主义理论研究，进而投身空间政治哲学转向的理论洪流之中。

在《社会正义与城市》一书中，哈维就已经开始运用马克思主义对资本主义生产方式的批判理论，反对“将事实与价值分开，将客体视为独立于主体，将‘事物’视为具有独立于人类感知和行动的身份，将

‘私人’发现过程视为独立于传递结果的‘公共’过程”,[①] 分析了资本主义的城市空间发展问题。1975～1976年，作为马克思的追随者，哈维来到巴黎，他发现自身薄弱的语言技能、共产党的教条主义以及法国左翼的傲慢都阻碍着马克思主义理论的传播和发展。哈维由此开始转变自己的核心兴趣点：将马克思对资本运动规律的理论探索，与历史-地理唯物主义及巴黎在1848年至1871年城市转变的研究联系起来，重新引导并推进这一探索。[②] 到了20世纪80～90年代，哈维已经形成了自己独具一格的马克思主义批判主张以及交叉着实证主义的人文地理学情怀，在空间政治哲学转向过程中掌握了重要的话语权。

与此同时，哈维还密切关注无产阶级政治解放运动。正如他自己所说：“我很早就对乌托邦社会主义的梦想有相当大的同情，应该说，我从未完全放弃这一梦想（这在‘希望的空间’这一乌托邦描绘中变得明确）。在追求马克思的事业的过程中，我成为一名反资本主义者。”[③] 这也使得哈维在之后的几十年之中始终坚定地从事着一项被称作“马克思计划”的工作。

其二，哈维研究和继承了马克思的资本积累理论、历史唯物主义理论以及经济危机形成理论等，并不断加强自身理论与马克思主义的内在联系。在对马克思的理论研究过程中，哈维着重分析并继承了马克思的资本积累理论，认识到资本主义的过度积累危机并没有消除，而是以一种特殊的形式、透过一种更为隐蔽的方式扩展到资本主义世界以外的更大空间，维护和证实了马克思的资本积累理论的生命力和权威性。他认为，按照马克思的定义，资本积累是把剩余价值当作资本使用，或者说，把剩余价值再转化为资本。资本积累和扩大再生产其实并不完全是资本家的天性使然，更是由资本主义生产方式下的竞争性和盲目性所导致的。一方面，迫于生存和竞争的压力，资本家为了维持自身的资本体量，会通过不间断的资本扩大再生产持续地增加资本的数量；另一方面，资本

① David Harvey, “Reflections on an Academic Life,” *Human Geography*, Vol. 15, No. 1 (2021): 14–24.

② David Harvey, “Reflections on an Academic Life,” *Human Geography*, Vol. 15, No. 1 (2021): 14–24.

③ David Harvey, “Reflections on an Academic Life,” *Human Geography*, Vol. 15, No. 1 (2021): 14–24.

家还会通过减少工人阶级收入的方式榨取工人的剩余价值，以追求利润的最大化。依照此种逻辑，马克思所说的资本家是“为了积累而积累，为了生产而生产”就是一种准确的分析。① 在此基础上，哈维分析了马克思理论视角下经济危机发生的基本过程，认为产品数量会随着资本总量的增加而不断增加，垄断随之形成。由于资本家对工人阶级的压迫造成了阶层固化，因此市场的有效需求不增反减，长此以往，便会形成供大于求的通货紧缩的商品市场，进而爆发经济危机。

历史上所有重大事件发生的根本原因是社会的经济变化，这种变化带来社会生产方式的改变，同时导致交换方式的改变，而生产方式和交换方式的改变对社会产生的影响是阶级的重新划分以及阶级斗争的产生。同时，在资本主义条件下，资本积累作为经济基础，又决定着生产方式、交换方式、阶级关系（基础关系）和维护这种关系的国家机器、社会意识形态以及相应政治法律制度、组织和设施等上层建筑。哈维受到历史唯物主义的启发，认为“空间的正确概念化问题是通过人类对空间的实践来解决的”，② 这也促使哈维下决心研究城市化的空间性和不平衡的地理发展，在探索一种对塑造资本主义的社会、经济和政治进程的批判性一般解释的同时，哈维以空间系统的视角对社会关系的演变展开了一种批判性的探索。在这种批判性的探索中，哈维对马克思“资本运动规律”等理论进行重建和阐述，并将城市化过程中的资本循环积累，以及空间和自然的生产等问题作为研究的重点。可以说，哈维对资本主义空间生产方式的论述和分析，始终是基于马克思政治经济学的一贯打开方式展开的。

哈维对马克思主义其他相关理论的理解和认可，还体现在哈维批驳“马克思主义过时论”的断言方面。在西方资本主义社会经历了多次经济危机之后，资产阶级体验了过度积累危机所带来的严重后果，所以伴随着近代资本主义国家自身高速的发展和快速的进化，资产阶级在资本主义内部不断地进行自我修复，以期克服过度积累所造成的不良影响，资本主义内部的过度积累危机着实得到了有效的缓解。这时，诸多西方

① 参见张佳《大卫·哈维的历史—地理唯物主义理论研究》，人民出版社，2014，第 84 页。

② David Harvey, “Reflections on an Academic Life,” *Human Geography*, Vol. 15, No. 1 (2021): 14-24.

学者都做出了“马克思主义过时论”的断言，他们认为马克思的资本积累理论在这个时代似乎已经丧失了生命力。对此，哈维没有随波逐流，他以坚定的马克思主义信仰捍卫马克思资本积累理论的权威性，针对马克思提出的资本积累过程必然导致资本过度积累危机的判断，哈维给予了高度肯定。他在著作中指出，马克思所说的资本过度积累危机并没有因为资本主义的发展和进化而得以消除，资本主义只是以一种特殊的形式对其进行了修复，哈维甚至明确指出，“放弃马克思关于资本运作的丰富而具有启发性的批判理论，是一种非常疯狂而荒诞的举动”。[①] 这种批驳的态度并未仅仅停留在口头，当哈维极力使自己关于空间、场所和环境的理论观点与马克思的理论保持一致时，后结构主义者们却经常援引空间性来批判马克思主义的普遍性，这使哈维感到异常愤怒，也由此推动了《正义、自然和差异地理学》的写作。

这种对马克思主义理论的继承与分析，无形中促使哈维的思想理论体系与马克思主义形成了更加紧密、自然的内在联系，就如哈维在《希望的空间》一书中所说的那样，“切断我们与马克思之间的联系，就是切掉我们敏锐的嗅觉以满足现代学术流行的肤浅外表”。[②]

其三，哈维坚定地把握住了马克思主义理论这个“中心命题”，对马克思的理论进行了批判性的空间填充。在理论方面，就如我们开篇所言，哈维的理论期待是将空间维度加入马克思资本积累理论的宝盒之中，以马克思的理论为基础来建构和完善自己的空间理论。一方面，哈维认为马克思在《共产党宣言》和《德意志意识形态》等早期著作中便已涉猎资本主义的空间扩张问题。当我们仔细检查马克思的著作，不难发现他很早就认识到资本积累发生于地理结构之中，并且会制造出特殊类型的地理结构。马克思还进一步发展出一种新颖的区位理论研究取向（将动态置于事物核心），并说明了在理论上有可能将经济成长的一般过程，与对浮现中的空间关系结构的明确理解相联系。[③] 另一方面，通过对马

① David Harvey, “Reflections on an Academic Life,” *Human Geography*, Vol. 15, No. 1 (2021): 14-24.

② 〔美〕大卫·哈维：《希望的空间》，胡大平译，南京大学出版社，2006，第 12 页。

③ 〔英〕大卫·哈维：《资本的空间》，王志弘、王玥民译，台北：群学出版社，2010，第 237 页。

克思资本积累理论的研究，哈维发现马克思的理论确实存在一种空间维度的欠缺："马克思关于资本主义生产方式下之积累的理论，其空间向度已经遭忽视太久了。这有部分是马克思的过错，因为他关于该课题的著述零星而片段，只有很粗略的发展。"① 同时，哈维认为，马克思的大部分著作都带有推测性、试探性和不完整性的特点。但这并不影响哈维对马克思主义理论的景仰与期待，如他自己所说，"在我自己的作品中，我就试图表明，虽然在这样一个整合过程中，确实会导致对理论和实践的各种修正，但是，有很多方式可以把空间整合到马克思主义的理论和实践之中，而并不一定要破坏中心命题"。②

哈维通过研究马克思探究和呈现资本秘密的过程（特别是通过《资本论》），坚定了马克思主义的立场。哈维同样认为固定资本的循环问题在理论上是很有问题的，特别是当它涉及嵌入土地的"一种独立的固定资本"时，问题就更大了，生息资本流动和土地市场之间的关系（特别是其中的投机行为）必须在马克思主义文献中进行更好的理论化。③ 不仅如此，哈维还对马克思关于这些相关问题的观点进行了全面的考察，认为马克思的资本积累理论原则上建立在一个阶级剥削另一个阶级的基础上，而帝国主义理论则建立在世界上一个地方的人剥削另一个地方的人的基础上，对此，哈维提出了"空间修复"理论，试图尽可能缩小这两大理论之间的差距。在对资本主义空间表征和实质进行阐述的过程中，哈维始终坚持马克思主义理论这个"中心命题"，对马克思的理论进行了批判性的空间填充，将空间的概念与马克思的资本积累理论相结合，进而形成了其独特的空间话语体系。哈维的代表性著作《资本的限度》之所以被看作一个特殊文本，是因为它超越了马克思政治经济学的标准表述，试图将固定资本、金融和信贷、生息资本的流通、地租、房地产市场等问题与自然和空间配置的生产结合起来。它还强调了资本循环和积累理论中缩短周转时间和渐进式"时间消灭空间"的重要性。④

① 〔英〕大卫·哈维：《资本的空间》，王志弘、王玥民译，台北：群学出版社，2010，第 345 页。

② 〔美〕大卫·哈维：《希望的空间》，胡大平译，南京大学出版社，2006，第 57 页。

③ 〔英〕大卫·哈维：《资本的限度》，张寅译，中信出版社，2017，第 366~367 页。

④ David Harvey, "Reflections on an Academic Life," *Human Geography*, Vol. 15, No. 1 (2021): 14-24.

同时，哈维同马克思一样，将劳动与资本的对立与两极分化看作空间不平衡发展的主要原因。在继承和吸收了马克思关于资本主义社会农业与工业、农村与城市、东方与西方之间不平衡发展思想的基础上，哈维认为资本与劳动在空间中的差异化流动，不断重组着空间资源，摧毁各种空间障碍，进而带来生产力在空间中的差异化分布，财富也将在这种资本空间化中向某些地区高度集中。哈维还特别指出，资本主义全球化的空间扩张势必会带动物质生产和精神生产同步的全球化，结构性的全球权利关系成为伴生品，这使得资本主义有机会将原本存在于其内部的资本过度积累危机，通过空间修复的手段转移到全球空间，必然让原本就存在严重不平衡发展问题的世界面对更大的危机。[①] 值得一提的是，哈维正是以此为分析基础，最终形成了不平衡发展理论。

总而言之，作为一名马克思主义地理学家，哈维始终坚持马克思主义的实践观点和辩证法思想，在深入时代、回应基本政治难题中对马克思的理论进行了一定的批判和重构，但哈维的空间理论从未偏离马克思的价值观基础与方法论基础，这种坚持让哈维复杂、多元的空间理论保持了一种理论特殊性，同时极大地丰富了马克思主义的相关思想。

二　列斐伏尔空间观的辩证审思

列斐伏尔是20世纪法国最具代表性的哲学家之一，早期主要进行日常生活批判的研究，是当代西方当之无愧的，甚至是唯一的“日常生活批判理论家”，代表性著作包括《辩证唯物主义》《日常生活批判》《资本主义的幸存》等。他后期主要从事空间研究，在20世纪60年代提出了对马克思历史唯物主义研究的一种新的范式，即空间转向，系统地阐释了其空间观及空间生产理论，主要代表作为专著《空间的生产》和学术论文《空间：社会产物与使用价值》。列斐伏尔的空间理论，特别是空间生产理论对哈维产生了极大的影响。

首先，哈维认可并赞赏列斐伏尔对日常生活批判的研究。在哈维看来，日常生活批判让我们找到了摆脱日常生活的束缚的可能性。所以，任何有关社会生活的批判都不能离开列斐伏尔所说的日常实践的范畴：

① 〔英〕大卫·哈维：《资本的限度》，张寅译，中信出版社，2017，第658页。

日常生活的不平衡发展，是我们借由转变性的行动，包括论述理解和日常实践，造就自己及我们世界的过程的产物。[①] 而日常生活批判理论恰恰支撑了列斐伏尔对现代资本主义社会的分析，表达了他对隐藏在社会问题背后的资本主义社会经济增长的质疑和批判。比如他在分析资本主义环境问题的时候，极力反对就环境问题本身谈环境问题，主张重视环境问题背后不受控制的技术发展：所谓的环境污染问题不过是一种思想伪装，环境污染和危机不过是更深刻现象的外部表现，更深刻的现象之一就是自由发展的不受控制的技术。资本主义社会在内部滋生出否定自身的因素，进而引发一种在外在因素（诸如国家干预或科技进步）作用下的经济增长和由内部因素（诸如物品和工业产品寿命的人为缩短）所引发的社会危机（如环境污染）之间的矛盾，即资本主义内部与外部之间的不平衡发展。不能朴素地将上述问题理解为不平衡发展问题，要从中看到更深层次的社会关系的逐步瓦解。这进一步说明了这种内部—外部的不平衡发展给资本主义生产关系带来了根本性灾难。同时，列斐伏尔强调要将对日常生活概念的理解加入马克思主义理论之中，并以此尝试解放马克思主义，让它脱离教条主义的限制。这就是列斐伏尔著名的“关于日常生活的批判”，其提议批判的主要对象包括：“（a）个体性（私人意识）；（b）神秘化（神秘化的意识）；（c）货币（拜物教和经济异化）；（d）需要（心理与道德的异化）；（e）工作（劳工的异化）；（f）自由（凌驾自然与人性的力量）。”[②] 可以说，哈维对批判重要性的很大一部分理解就源自列斐伏尔。

其次，哈维继承和发展了列斐伏尔对空间所进行的不同区分和辨析。列斐伏尔对经典马克思主义采取的是激进的批判式发展立场，他聚焦城市空间规模，试图对马克思主义政治经济学进行一种空间重构。在他看来，笛卡尔以来的传统的空间认知模式已经过于陈旧，太过于客观和物质，淡化了空间原有的社会性。列斐伏尔指出：“空间是一种社会关系吗？当然是，不过它内含于财产关系（特别是土地的拥有）之中，也关

① 〔英〕大卫·哈维：《新自由主义化的空间：迈向不均地理发展理论》，王志弘译，台北：群学出版社，2008，第 81 页。

② 〔英〕大卫·哈维：《新自由主义化的空间：迈向不均地理发展理论》，王志弘译，台北：群学出版社，2008，第 80 页。

联于形塑这块土地的生产力。空间里弥漫着社会关系；它不仅被社会关系支持，也生产社会关系和被社会关系所生产。”[①] 他由此对空间概念进行了相关界定，将空间从概念和内涵上区分为自然空间和社会空间，反对一些学者将空间视为“容器”或可有可无的“白板”，认为空间具有生命力，能够进行其自身的生产，即强调空间具有“主动性”，认为伴随着社会空间的生产，“自然空间（natural space）已经无可挽回地消逝了。虽然它当然仍是社会过程的起源，自然现在已经被降贬为社会的生产力在其上操弄的物质了”。[②] 与此同时，每个社会又都会创造出生产与再生产复杂交织的关系性的社会空间。生产方式的交替意味着新空间的诞生，空间的形式和样态取决于特定的社会性质和生产关系，每个社会都必须生产自己的空间，在考虑到“每个社会都处于既定的生产模式架构里，内含于这个架构的特殊性质则形塑了空间”的基础上，[③] 列斐伏尔还特别区分了两种特殊社会空间，分别是资本主义空间（以法国为代表）以及社会主义空间（以苏联为代表），前者“意味了私有财产，以及国家对空间之政治性支配的终结，这又意指从支配到取用的转变，以及使用优先于交换”。[④] 所以，他认为社会生产方式的转变必然会导致空间形式的转变。[⑤] 很明显，列斐伏尔理论的创造性价值在于他将人们传统思维中对空间单纯的物理和自然属性认知上升到了社会关系层面。关于上述论点，哈维给予了高度的评价。两人的分歧在于，列斐伏尔认为空间的生产形成于第三次科技革命之后，是伴随着工业化向都市化转型的过程而生发的。但哈维认为，资本初期的“原始积累”与后期的“剥夺性积累”本质是一样的，这说明空间的生产从资本主义产生之初就存在，而所谓的“自然空间”，也是一个在现实中几乎不存在的抽象能指，因为“空间与时间实践在社会事务中从来都不是中立的，他们始终都表

① 〔法〕亨利·列斐伏尔：《空间：社会产物与使用价值》，王志弘译，包亚明主编《现代性与空间的生产》，上海教育出版社，2003，第48页。

② 〔法〕亨利·列斐伏尔：《空间：社会产物与使用价值》，王志弘译，包亚明主编《现代性与空间的生产》，上海教育出版社，2003，第48页。

③ 〔法〕亨利·列斐伏尔：《空间：社会产物与使用价值》，王志弘译，包亚明主编《现代性与空间的生产》，上海教育出版社，2003，第48页。

④ 〔法〕亨利·列斐伏尔：《空间：社会产物与使用价值》，王志弘译，包亚明主编《现代性与空间的生产》，上海教育出版社，2003，第55页。

⑤ Henri Lefebvre, *The Production of Space*, Oxford: Basil Blackwell, 1991, pp. 30-46.

现了某种阶级的或者其他的社会内容，并且往往成为剧烈的社会斗争的焦点”。[①] 在此基础上，哈维还认为列斐伏尔尚未赋予“社会空间”概念以足够丰富的内涵，他认为还应该从广义上理解社会空间，并为此付出了诸多积极的努力。哈维的空间理论在形成过程中的确广泛地汲取了列斐伏尔的理论养料，二者也都是城市空间理论研究的集大成者，就如苏贾曾在著作中的评论：“特别关注列斐伏尔原创思想，以及大卫·哈维正在形成的更现代的概论重建，他是与列斐伏尔最接近的对手，是城市空间的领袖理论家。”[②]

最后，二者都肯定“空间生产”，但对“空间生产”的定性不同。资本主义作为一种社会形式存在，它势必会生产出符合资本逻辑的生产和再生产方式。在列斐伏尔看来，资本主义条件下的空间成为一种人们渴望去了解、规划和占有的社会产品，人们开始无止境地占有、规划和生产空间。统治阶级则把空间当成统治和维护其统治权力的工具。正如列斐伏尔所说：“当抽象空间开始存在时，统治阶级抓住了对它的控制，然后他们把空间作为权力的工具来运用，达到产生利润的目的。”[③] 他认为，资本主义这个抽象空间始终服从于资本的逻辑、受资本的支配，因而它是一个高度商业化的空间，[④]“对生产的分析显示我们已经由空间中事物的生产转向空间本身的生产”。[⑤] 由此提出了“空间生产”。列斐伏尔甚至在此基础上清醒地意识到，资本主义社会的主要矛盾是生产的社会化与“空间的割裂化”之间的矛盾，这种矛盾在资本主义条件下无法从根本上解决，这一点与哈维有着高度的共识。基于空间生产理论，列斐伏尔对所谓的科学的政治经济学进行了批判，说明了空间理论的缺失对该学科所造成的重大损失，指出现代化的世界性时代已经不能用陈旧的历史维度来解释了，当代的政治经济学开始甚至已经走向了一种空间政治经济学。概

① 〔美〕戴维·哈维：《后现代的状况：对文化变迁之缘起的探究》，阎嘉译，商务印书馆，2013，第299页。

② 〔美〕爱德华·W. 苏贾：《寻求空间正义》，高春花等译，社会科学文献出版社，2016，第7页。

③ Henri Lefebvre, *The Production of Space*, Oxford: Basil Blackwell, 1991, p. 341.

④ 唐旭昌：《大卫·哈维城市空间思想研究》，人民出版社，2014，第44页。

⑤ 〔法〕亨利·列斐伏尔：《空间：社会产物与使用价值》，王志弘译，包亚明主编《现代性与空间的生产》，上海教育出版社，2003，第47页。

括地说，在列斐伏尔眼中，“空间生产”是一个“中性”的学术概念，而在哈维那里，这个学术概念已经成为一个彻头彻尾的贬义词。列斐伏尔尝试用空间生产理论去回答“资本主义何以幸存”的问题，开辟了一条重要的理论进路。但列斐伏尔并未清楚解释空间生产究竟如何帮助资本主义躲过危机，从而得以实现“幸存”。哈维沿着列斐伏尔开辟的理论进路，通过对空间和社会关系的具体研究，进一步审视历史唯物主义的空间维度，从资本主义全球化时代的时空变化入手，对资本空间流动、新自由主义、新帝国主义等现象进行分析和研判，进一步深入研究了“空间生产如何使资本主义得以幸存”这个问题。

从整体上看，哈维继承和发展了列斐伏尔关于空间的理论，认为列斐伏尔“一直是努力将空间内容纳入马克思主义的最执着的作者”。① 在哈维的著名著作《后现代的状况：对文化变迁之缘起的探究》一书中，哈维表明了自己对空间与社会关系的肯定立场：“空间与时间实践在社会事务中从来都不是中立的，它们始终都表现了某种阶级的或者其他的社会内容，并且往往成为剧烈的社会斗争的焦点。”② 这无疑是对列斐伏尔空间与社会理论的高度肯定。但是，哈维所建构的历史-地理唯物主义思想跟列斐伏尔的空间社会化理论还是存在一些区别。列斐伏尔的空间政治经济学理论在一定程度上放弃了历史唯物主义辩证法，强调政治经济学的空间转向。与列斐伏尔不同，哈维并不强调时间与空间的对立，他旨在实现时间与空间的辩证统一，进而构建历史-地理唯物主义辩证法。相较之下，哈维的空间政治经济学理论距离马克思更近，也更具多元魅力。

三　福柯权力思想的应用与延展

福柯，法国哲学家、社会学家，“是将空间之维置于社会理论架构之中的关键人物之一”，③ 与列斐伏尔一样，福柯是开展空间批判研究无法绕开的学者。不同的是，列斐伏尔从空间生产的角度批判资本主义，福

---

① David Harvey, *The Limits to Capital*, Oxford: Basil Blackwell, 1982, p. 336.

② 〔美〕戴维·哈维：《后现代的状况：对文化变迁之缘起的探究》，阎嘉译，商务印书馆，2013，第 299 页。

③ 张梅、李厚羿：《空间、知识与权力：福柯社会批判的空间转向》，《马克思主义与现实》2013 年第 3 期。

柯则认为传统的宏观权力理论未能很好地解释权力的本质问题，需要借用后现代技术分析的手法，从微观现实社会空间的个体研究视角来实现一种权力话语职能，从研究空间与权力的关系切入资本主义现实，对哈维产生了巨大影响。

首先，哈维充分应用和延展了福柯的微观权力理论。“权力”作为政治学研究的核心议题，是古今中外众多学者研究的焦点。从古希腊柏拉图撰写的《理想国》对国家权力运行方式的初步阐释，到近现代诸多马克思主义经典作家建构的阶级统治范式，国家权力都被作为核心要义来思考。关于国家权力由谁掌握、如何进行国家统治与管理、如何维护自身统治权力等宏观权力理论的研判始终占据政治权力学研究的霸权地位。福柯的研究和理解独辟蹊径，在他看来，这种职能应该“扩展到政治领域的所有层面，它也被广泛纳入教育、医疗、生产和惩罚等职能领域中”。[①] 以此为出发点，福柯通过“规训”这一专指性概念，提出“全景敞视主义”来诠释空间与权力的关系。正如哈维所说：“自从付（福——笔者注，下同）柯教导我们知识/权力/机构在特定治理术模式里纠缠在一起，已经过了很多年了，却很少有人想要将这盏探照灯转向地理学本身。他们没有留意付柯的另一项重要观察，即规训、监控和惩罚对于一切机构（从监狱到工厂，到世界银行、大学，甚至是个别学科……）的运作深具重要性。”[②] 换言之，理解和把握福柯的微观权力理论是我们研究哈维的空间与权力理论的重要切入点之一。

具体来看，福柯微观权力理论的核心架构可以归纳为无主体性与无中心性。从 17 世纪起，权力的微观物理学不断地向更广的领域扩展，先是涉及修道院模式的学校，然后是医院，再是军队、工厂等，几乎涵盖整个社会。福柯详细地分析了这些规训人体的技术，认为权力范畴中并不存在施与权力的主体，即无绝对的权力掌控者。“每个人都被镶嵌在一个固定的位置，任何微小的活动都受到监视，任何情况都被记录下来，权力根据一种连续的等级体制统一地运作着，每个人都被不断地探找、检查和分类，划入活人、病人或死人的范畴。所有这一切构成了规训机

① 唐旭昌：《大卫·哈维城市空间思想研究》，人民出版社，2014，第 54 页。

② 〔英〕大卫·哈维：《资本的空间》，王志弘、王玥民译，台北：群学出版社，2010，第 318 页。

制的一种微缩模式。”[①]“人”作为所谓的主体也就消亡在了微观权力场域中。按照相对性的概念来理解，每一个人都不是掌握和操纵权力的主体，而是这张权力关系网络的一个节点。继无主体性之后，福柯又提出微观权力的无中心性特点。在福柯看来，传统的马克思主义权力学说与西方流行的法理法权学说都预置了一个权力产生的中心，即“在法律的、自由的政治权力的概念（建立在18世纪哲学的基础上）与马克思主义的概念（至少是目前流行的马克思主义概念）之间，存在着共同之处。我把这种共同点称之为权力理论中的经济主义”。[②]权力的本质在这两种理论内部都被还原为经济中心主义，哪里有经济运行，哪里就有权力。福柯则认为，“不要在它们中心，在可能是它们的普遍机制或整体效力的地方，分析权力的规则和合法形式。相反，重要的是在权力的极限，在它的最后一条线上抓住权力，那里它变成毛细血管的状态；也就是说，在权力最地区性的、最局部的形式和制度中，抓住它并对它进行研究”。[③]也就是要抛开中心主义的权力研究范式，去尝试考量权力的外部空间，实现权力的外围化、多元化和分散化。福柯“将权力纳入空间体系加以分析，希望通过地理学概念重新解读空间、权力与知识之间的关系。这一思想给大卫·哈维极大启示”。[④]哈维高度肯定了福柯对微观空间问题的阐释，在他看来，福柯关于空间与权力关系论述的特点之一在于，他从微观空间即人的规训的视角去展开，认为“空间是一个权力场所或权力容器的隐喻，它通常会抑制但有时也会解放‘形成’的过程”。[⑤]而这些对微观空间内部关于社会控制等权力施与问题的强调是城市地理学家本应该关注却长期忽略的问题。这也促使哈维不自觉地将空间与地缘政治战略联系在一起，将福柯的微观权力理论进行充分的应用和延展。

---

① 〔法〕米歇尔·福柯：《规训与惩罚：监狱的诞生》，刘北成、杨远婴译，三联书店，2003，第221页。

② 〔法〕米歇尔·福柯：《权力的眼睛——福柯访谈录》，严锋译，上海人民出版社，1997，第223页。

③ 〔法〕米歇尔·福柯：《必须保卫社会》，钱翰译，上海人民出版社，1999，第26页。

④ 赵海月、赫曦滢：《大卫·哈维“时空修复”理论的建构与考量》，《北京行政学院学报》2012年第5期。

⑤ 〔美〕戴维·哈维：《后现代的状况：对文化变迁之缘起的探究》，阎嘉译，商务印书馆，2013，第268页。

其次，哈维充分应用和延展了福柯的“身体话题”与“全球化话题”。福柯从权力关系的维度考察了资本主义空间生产的机制。《规训与惩罚：监狱的诞生》基于社会批判视角，剖析了当代资本主义空间对“身体”的压迫，认为这种压迫性来自极为隐蔽的文明与人道并存的规训制度，强调从身体和政治权力的视角考察空间生产的重要意义。在福柯那里，身体是社会空间结构的重要构成要素，在对社会空间进行分割的同时，身体也被分割，由此产生不同阶级间复杂的社会关系。其实质是权力运作的产物，而权力运作必然会渗透到空间生产当中。最典型的例子就是，作为空间生产重要场所的城市，必然成为各种权力博弈的焦点。但是，福柯更多地把批判的焦点落在现代资本主义空间重组的问题上，对空间本身却未予以充分批判。哈维十分赞同福柯所谓的时空的生产方式不可避免地与身体的生产相联系的说法，他认为：“人们很少或根本没有系统性地尝试整合‘身体话题’与‘全球化话题’。”[①] 应该将最宏观的“全球化”叙事和最微观的“身体”叙事结合起来，“对身体特殊性的理解不能独立于它所嵌入的社会—生态过程……如果没有对全球化的理解，身体就不能在理论上和经验上被理解。但是，相反地，把全球化归结为最简单的定义，它便是关于亿万个体之间的社会—空间的关系”。[②] 也正因为如此，“在这两个影响广泛的运动（指后结构主义与解构主义——笔者注）的共同作用下，人们开始重新关注身体，身体成为理解的基础，至少在某些领域中（尤其在受到福柯和朱迪斯·巴特勒鼓舞的那些领域中），成为政治抵抗和解放政治学里的特殊场所”。[③] 在《希望的空间》中，哈维将“身体”作为全球空间规模中普遍政治诉求的基础，“在本书中，我粗略地拟定了一个方式，把‘全球化’与‘身体’彼此更紧密地联系在一起，并探讨由此产生的政治—知识后果”。[④] 这不仅深化了哈维长期以来关于资本积累过程的研究，而且促使哈维的研究由个体上升到社会、国家。可以说，福柯对哈维空间理论的形成和发展，尤其是对哈维关于资本与权力的空间运作以及解放政治学与不平

① 〔美〕大卫·哈维：《希望的空间》，胡大平译，南京大学出版社，2006，第 14 页。
② 〔美〕大卫·哈维：《希望的空间》，胡大平译，南京大学出版社，2006，第 15 页。
③ 〔美〕大卫·哈维：《希望的空间》，胡大平译，南京大学出版社，2006，第 14 页。
④ 〔美〕大卫·哈维：《希望的空间》，胡大平译，南京大学出版社，2006，第 14~15 页。

衡发展等问题的论述产生了直接的、重要的影响。

最后，哈维对福柯“异托邦”思想的认可及批判。福柯在其空间分析的基础上，提出了“异托邦”的概念。与“乌托邦”概念不同的是，“乌托邦”与“空想”“乌有”等词挂钩，是一个假想的、虚有的空间符号，“乌托邦提供了安慰：尽管它们没有真正的所在地，但是，还是存在着一个它们可以在其中展露自身的奇异的、平静的区域；它们开发了拥有康庄大道和优美花园的城市，展现了生活轻松自如的国家，虽然通向这些城市和国家的道路是虚幻的”，“处在寓言（la fabula）的基本维度中”。[①]“异托邦”则是一个真实存在的现实有效的场所，有很多具体形态，如指代封闭空间的医院、兵营、监狱等，指代开放空间的学校、图书馆和展厅等，指代需求或欲望表达场所的赌场、社区等。与“乌托邦”相比较来看，“异托邦”表现为“异位移植（les hétérotopies）是扰乱人心的”，[②]这也是福柯第一次在知识考古学名著中使用“异位移植”概念来与“乌托邦”相区别，[③]并认为“异位移植解开了我们的神话，并使我们的语句的抒情性枯燥无味”，[④]由此界定了“异托邦”的概念：“文明中……确实存在并且在社会的建立中形成……一种的确实现了的乌托邦……这些场所与它们所反映的，所谈论的所有场所完全不同，所以与乌托邦对比，我称它们为异托邦。”[⑤]“这种空间是人们实际使用的（而且是由社会生产的）场址空间以及场址之间的诸种关系。”[⑥]福柯举例说，花园是“异托邦”最古老的例子，“花园作为距今已有千年历史的非凡创作，在东方有着极其深刻且可以说是多重的含义。波斯人的传统花园是一个神圣的空间……花园是一个地毯，在这个地毯中，整个世

---

① 〔法〕米歇尔·福柯：《词与物——人文科学考古学》，莫伟民译，上海三联书店，2001，第5页，前言。

② 〔法〕米歇尔·福柯：《词与物——人文科学考古学》，莫伟民译，上海三联书店，2001，第5页，前言。

③ 〔法〕米歇尔·福柯：《词与物——人文科学考古学》，莫伟民译，上海三联书店，2001，第5页，前言。

④ 〔法〕米歇尔·福柯：《词与物——人文科学考古学》，莫伟民译，上海三联书店，2001，第5页，前言。

⑤ 〔法〕米歇尔·福柯：《另类空间》，王喆译，《世界哲学》2006年第6期。

⑥ 〔美〕爱德华·W. 苏贾：《后现代地理学——重申批判社会理论中的空间》，王文斌译，商务印书馆，2004，第25页。

界臻于象征性的完善，而地毯又是一种穿越空间的运动的花园。花园是世界最小的一块，同时又是世界的全部。从最初的古代文化开始，花园就是一种幸福的、普遍的异托邦”。[①]

在福柯的理念中，“异托邦”代表不同历史时期的一个个相对稳定的社会状态，也就是说，“在一个社会的历史中，这个社会能够以一种迥然不同的方式使存在的和不断存在的异托邦发挥作用；因为在社会的内部，每个异托邦都有明确的、一定的作用，根据异托邦所处在的这个文化的同时性，同一个异托邦具有一个或另一个作用”。[②] 一个极端的例子就是福柯在《疯癫史》中提到的“疯人船”，在中世纪的欧洲，那些得了麻风病的人被放逐到远离陆地的水面上，集中待在船上自生自灭。福柯认为，在“疯人船”中，人们一直深深渴望的绝对平等得到了实现，来自面对死亡时的平等。[③] 福柯将“异托邦”看作一种真实存在的异质性空间，其目的是希望能够用那种与人们日常生活接近的“另类空间”来表达他“真实的”乌托邦诉求，不同于普遍存在的反乌托邦式绝望，“异托邦”更多的是秉持一种积极的态度探索更加美好的社会。

但是，“异托邦”仍然是缺少规范标准的概念。哈维认为，任何“不同的”事物都可能被定义为“异托邦”，但又没有一个规范的标准来区分好的意义上的和坏的意义上的“异托邦”，这样的多样性和开放性甚至是危险的，因为这会令所谓的另类空间在历史和地理转变中变得封闭和排他。[④] 同时，哈维认为“异托邦”概念只提出问题，“给人们以行动的自由，却否定人们有正确行动的可能性，就如同允许一艘船下海，却不告诉它要驶向何方一样”，[⑤] 如同自带“逃避”属性，[⑥] 对如何形成具体的替代方案不能提供一点线索。[⑦] 哈维认可“异托邦”的概念能够更好地理解空间的异质性，[⑧] 也赞赏“异托邦”始终是一种“走在探索更美好

---

① 〔法〕米歇尔·福柯：《另类空间》，王喆译，《世界哲学》2006 年第 6 期。

② 〔法〕米歇尔·福柯：《另类空间》，王喆译，《世界哲学》2006 年第 6 期。

③ 〔法〕米歇尔·福柯：《古典时代疯狂史》，林志明译，三联书店，2005，第 17 页。

④ 〔美〕大卫·哈维：《希望的空间》，胡大平译，南京大学出版社，2006，第 179~180 页。

⑤ 汪行福：《空间哲学与空间政治——福柯异托邦理论的阐释与批判》，《天津社会科学》2009 年第 3 期。

⑥ 〔美〕大卫·哈维：《希望的空间》，胡大平译，南京大学出版社，2006，第 178 页。

⑦ 〔美〕大卫·哈维：《希望的空间》，胡大平译，南京大学出版社，2006，第 180 页。

⑧ 〔美〕大卫·哈维：《希望的空间》，胡大平译，南京大学出版社，2006，第 180 页。

社会的路上”的设计。在福柯的研究基础上，哈维进一步塑造了在宏观与微观、社会与身体之间流动的唯物辩证法，在此基础上将乌托邦细分为空间和社会两种形式，并将其辩证地统一起来，形成了“辩证乌托邦”的马克思主义政治解决方案。

我们利用本章探讨了哈维空间政治经济学理论，这对我们进一步研究其不平衡发展理论是非常必要的。首先，哈维的不平衡发展理论形成于哈维空间政治哲学思想的形成过程之中，哈维的空间政治哲学思想无疑是不平衡发展理论的研究起点和重要平台，清晰地理解哈维空间政治哲学思想的基本脉络对我们进一步明确不平衡发展理论的研究起点和研究方向大有裨益。其次，就如哈维所讲，“不均地理发展这个词本身就奠基于有关空间性（spatiality）是什么的概念”。① 空间与空间性是建立任何一般不平衡发展理论的必要先行条件。②

任何思想体系的形成都不是单一化集合的偶然，而是多样化统一后的必然。哈维关于不平衡发展的空间政治经济学批判思想的形成，很难说是受到哪一家哪一派思想影响的结果。整体上看，其一方面受到西方哲学如亚里士多德的有限空间、康德的纯直观形式的空间、海德格尔的存在主义时空观等的影响；另一方面受到以马克思主义为代表的理论的影响，如卢森堡的资本积累理论、列宁的帝国主义理论等。从其空间思想的直接来源看，列斐伏尔的空间生产理论、福柯的权力空间理论、吉登斯的时空分延理论等也对哈维具有较大的影响。除此以外，在哈维的具体著作的写作过程中，由于是交叉学科的研究，又同时受到相关学科学者的影响，因此正如哈维自己在《我的学术生涯》中所说的，“当时，构成《社会公正与城市》核心内容的不同论文正准备发表（我的法语也不是很好）。我的大部分想法，主要是受到了比尔·加里森（Bill Garrison）、布赖恩·贝瑞（Brian Berry）、理查德·莫里尔（Richard Morrill）、比尔·邦吉（Bill Bunge）、托斯滕·哈格斯特兰德（Torsten Hagerstrand）、艾伦·普雷德（Alan Pred）、贡纳尔·奥尔森（Gunnar Olsson）

① 〔英〕大卫·哈维：《新自由主义化的空间：迈向不均地理发展理论》，王志弘译，台北：群学出版社，2008，第 71 页。

② Neil Smith, *Uneven Development: Nature Capital and the Production of Space*, Oxford: Basil Blackwell, 1990.

等地理学家关于空间性和城市化思想的影响。他们之间持续而尖锐的批判性对话，对我产生了很大的影响。另外，约翰·弗里德曼（John Friedmann）、梅尔·韦伯（Mel Webber）、杰克·戴克曼（Jack Dyckman）、布里特·哈里斯（Britt Harris）以及特立独行的评论家简·雅各布斯（Jane Jacobs）等一群杰出的实践家关于规划理论的讨论，也使我深受启发”。[①] 而诸如此类必然不在少数。显然，面面俱到既无必要也很难实现，故谨对其中的代表性思想加以说明，以期窥一斑而知全豹。

① David Harvey, "Reflections on an Academic Life," *Human Geography*, Vol. 15, No. 1 (2021): 14-24.

第二章　空间政治经济学批判的“元理论”：不平衡发展理论

不平衡发展理论是在对全球范围内不同空间规模中的不平衡发展问题进行系统分析和研判的基础上形成的理论体系。哈维强调，由于“横越世界经济体内部各空间（各种不同尺度）的当代政治经济命运极度多变，要求有更好的理论诠释。政治上的必要性也同等急迫，因为福利方面的齐一并未发生，反而在最近几十年里，资本主义世界中，地理和社会上的不平等似乎日益严重。透过更自由的贸易、开放市场，以及全球化的‘新自由主义’策略，承诺能减少贫穷的成果，并没有实现。环境恶化与社会混乱的分布，也不均衡”。[①] 事实上，不平衡发展是一种过程，而研究这种过程的理论也必然是一种不断发展的体系化建构过程。因此，对于不平衡发展的理论，哈维始终保持“有待进一步发展”的态度。正是基于此，哈维坚持了马克思主义的实践观点和辩证法思想，改变了不平衡发展理论过去拘泥于描述先天自然地理环境资源的原始多样性和空间差异的缺陷，勘破了资本逐利性，用自身的方式重新生产并揭示现代社会不平衡的真相，并在此基础上形成了一套开放的理论体系，这套理论体系的构建，本质上等同于完成了哈维所说的“建构一种对空间、地方和环境的批判的唯物主义理解，并且将这种理解作为文化和社会理论的彻底基础”。[②] 其中的“彻底基础”相对于哈维的空间政治经济学批判语境而言就具有了“元理论”的意味。

值得说明的是，有学者认为这种“彻底基础”似乎是指向历史-地理唯物主义的。但是，哈维在其著作中并未直接表达将历史-地理唯物主义作为“彻底基础”的明确意愿，反而是以一种开放的视野来表达这种

① 〔英〕大卫·哈维：《新自由主义化的空间：迈向不均地理发展理论》，王志弘译，台北：群学出版社，2008，第 65 页。

② 〔美〕戴维·哈维：《正义、自然和差异地理学》，胡大平译，上海人民出版社，2010，第 52 页。

指代，认为“结论并非不可能把空间、地方和环境并入社会和文化理论，而是理论化实践必须向这种结合所需要的可能性及其困境开放”。[①] 因此，我们就要确定一个理论化的领域，“这个领域远比许多重要的当代文化理论家们所想象的要丰富许多”，[②] 显然，历史-地理唯物主义作为一种方法论，还不足以等同“这个领域”。

我们将不平衡发展理论视为空间政治经济学批判的“元理论”，至少是出于三层意义表达的考虑，即“解释理论前提的理论”“作为理论基础的理论”“构建理论本体的理论”。一方面，不平衡发展理论的形成基于哈维早期的实证主义地理学的训练而延伸出的“三重空间”以及后期的人文主义地理学的转向而延伸出的历史-地理唯物主义的政治经济学批判，能够为研究和开释空间政治经济学批判的核心范畴提供可能。另一方面，哈维的不平衡发展理论建立在其对“空间规模的生产”和“地理差异的生产”分析和研究的基础之上，定义了资本主义空间生产是通过“时空压缩”与“时空修复”而进行的全球范围内的资本积累活动。如果将上述概念与横向领域相联系，结合历史与地理相互交织的多样性情境，那么便可以形成一个与空间政治经济学批判相联系的“概念群”，对此进行整体结构性分析，就能揭示出研究对象谱系的独特性与丰富性。同时，在不平衡发展理论的研究过程中，哈维以马克思历史唯物主义和辩证唯物主义为方法论，对关于不平衡发展的彼此重合但又相对独立的理论流派进行了系统性的分析和整合，提出了不平衡发展“统一场论”，开辟了通往空间政治经济学批判一般理论的理论通道。

必须强调的是，本书中提到的不平衡发展理论，在哈维那里经常被表述为不平衡地理（空间）发展理论，以表明其基于空间维度审视不平衡发展问题的理论基调和研究特色。当然，这也可能是哈维为了同其最有建树的学生尼尔·史密斯构建的不平衡发展理论进行区分而有意为之的。整体来看，本书提出的不平衡发展的空间政治经济学批判理论与哈

① 〔美〕戴维·哈维：《正义、自然和差异地理学》，胡大平译，上海人民出版社，2010，第52页。

② 〔美〕戴维·哈维：《正义、自然和差异地理学》，胡大平译，上海人民出版社，2010，第52页。

维提出的不平衡地理（空间）发展理论以及史密斯提出的不平衡发展理论并无本质上的不同，这种文字上的区别也不会对理论研究产生任何的影响。但有一件事情，必须引起我们足够的重视。当我们仔细考察哈维和史密斯的著作时就会发现，二者都不止一次地表达，不平衡发展理论作为一种“元理论”，有待进一步研究和深化。在笔者看来，其中最重要且最紧迫的工作就是对此种理论的研究对象、研究方法和学科归属进行明确界定，这也是我们建构“不平衡发展的空间政治经济学批判”理论范畴的最主要原因。在后文中，出于行文和理解的方便，我们依然采用不平衡发展理论这一更加简约的表述，而将空间政治经济学批判作为潜在内容贯穿始终。

第一节　基本范畴的界定

不平衡发展理论作为空间政治经济学批判的“元理论”，必然应该先对其基本范畴的界定做出回应，其中最重要的基本范畴就是“空间”。在哈维看来，“‘空间’规定了差异、他性、没有管束、不可预见、意外等等领域，因此也规定作用地点和解放政治支点”。[①] 空间为全部有关社会过程的元理论规定了不可驯服的残余，由此指明空间范畴的界定是进行空间政治经济学批判的必要场域确证。与其他学者不同的是，哈维在继承前人观点的基础上，发现大量历史地理证据已经表明了一个客观事实，那就是以经济、社会、政治组织和生态环境不同形式为特点的不同社会“生产”了完全不同的时空观念。在对相关基本范畴进行界定时，必须创新地对如下一系列问题进行思辨：如何才能使历史唯物主义具有更加明显的地理属性，如何提供一种唯物主义框架来分析空间、地方和环境，并将其整合到社会过程理论以及实际政治的研究中，如此等等。在此基础上，哈维又从逻辑实证主义的角度延伸出三重空间及其“辩证法”，并将其作为不平衡发展问题研究的基本场域，对处理空间性的历史-地理唯物主义进行了图式阐释，为不平衡发

---

① 〔美〕戴维·哈维：《正义、自然和差异地理学》，胡大平译，上海人民出版社，2010，第126页。

展理论的研究和发展提供了思维方法，由此构建出一套完整的有关空间性的理论话语，为空间政治经济学批判理论的构建奠定了思想基础。

一 三重空间及其辩证法

哈维对“空间”概念的确定并非一蹴而就。20 世纪 50~60 年代，数理学研究方法在地理学的研究中广泛兴起，这种方法被认为可以有效地弥补传统地理学研究方法的缺陷，因而受到一些研究者的追捧并逐渐成为地理学领域的主流研究方法。这引起了一些秉持传统研究方法的地理学家极大的不满，他们认为这种新的研究方法将地理学研究中的一些优良传统抛之脑后，一味地追求时尚，这对学科的发展无疑是毁灭性的。这种在研究方法方面的意见分歧引起了哈维的重视。1969 年，哈维出版了《地理学中的解释》一书，他试图在这部著作中将新兴的数理研究方法和传统地理学研究中的优良传统结合起来，进而建构一种逻辑实证主义研究方法。该书出版后立即在地理学界引起了强烈反响，一度被誉为地理学界的“圣经”，直到今天，该书仍是西方地理学科学方法论方面的权威著作。出于“逻辑”研究本身的需要，哈维在汲取前人关于空间研究的基础上进一步展开了对“空间”概念本身的哲学研究。他认为：“地理学的整个实践和哲学取决于掌握物体和事件在空间分布的概念框架的发展。用最简单的话来说，就是对物体和事件已知的绝对位置用某个坐标系统（例如纬度和经度）来规定。”① 因此，地理学史至少在部分上可以看成地理学空间概念的历史，因为空间在地理学方法论中是一个基本的组织概念。② 尽管彼时对“空间”的关注是为地理学寻求某种概念和语言上的研究方法，相关研究也带着深深的逻辑实证主义的印记，但仔细阅读年轻的哈维，依然可以察觉到他日后蜕变为人文主义地理学家的某种倾向。这种倾向在后来关于“空间”概念的研究中得以强化。特别是哈维迁居美国后，踏察和目睹了一些现实的城市问题，并逐渐认识到地理学逻辑实证主义研究的局限性，之后他彻底放弃了《地理学中的解释》中的逻辑实证主义方法，并逐渐投入了人文社会科学的怀抱。在

① 〔英〕大卫·哈维：《地理学中的解释》，高泳源等译，商务印书馆，1996，第 231 页。
② 〔英〕大卫·哈维：《地理学中的解释》，高泳源等译，商务印书馆，1996，第 249 页。

此基础上，哈维关于“空间”的理解方式也发生了方法上的转变，这种转变在随后出版的《社会正义与城市》和《资本的限度》中得到充分彰显，并在2006年出版的《新自由主义化的空间：迈向不均地理发展理论》中得以确定。在这些文献中，哈维明确强调要对“空间”进行深度的哲学阐析，并将其作为不平衡发展理论研究的关键范畴。

空间为我们提供了一种参照体系，借以定义我们自己与世界的关系。所以空间影响着我们理解世界的方式。然而，在哈维看来，“‘空间’经常引发修饰。复杂性有时候来自修饰（这经常在诉说或书写中省略了），而不是空间观念本身内蕴的错综复杂”。[①] 就如同我们在生活中经常用空间这个词组成相关短语，如游戏空间、密闭空间、宇宙空间等，这些短语的含义其实更多取决于空间前面的修饰语，我们很少去关注“空间”一词本身所具备的含义。因此，哈维在对空间概念本身的考察中，将关于不同空间规模中的不平衡发展问题的多种解释路径融合为一个整体，使之不再相互对立，并尝试从本体角度建构出一种新的极具辩证性的三重空间。所谓三重空间，也可被视为对空间本身的理解所划分出的三个维度，分别为绝对空间、相对空间和关系空间，不同的维度对应不同的理论标靶。关于这三个空间维度，哈维曾这样描述：“如果我们认为空间是绝对的，它就成了一个物自体，独立于物质之外存在。于是空间拥有一种结构，我们可以用来为现象分类归位或者赋予个性。相对空间则是指，空间应理解成物体之间的关系，其存在只是因为物体存在且彼此相关。还有另一种意义上的相对空间观，我们称为关系空间——依照莱布尼茨的方式，空间被认为包含在物体中，亦即一个物体只有在它自身之中包含且呈现了与其他物体的关系时，这个物体才存在。”[②] 当然，三重空间远不是概念陈述得这般简单，对其内涵、属性还需进一步展开分析并从具象角度来加以把握。

首先，绝对空间是固定的，我们可以在它的架构中记录或者筹谋事件。这种空间的建构是一种基于牛顿或者笛卡尔的理解方式。在此，绝对空间被描述为一种预先存在并且不会移动的网格，可以被标准化测量，

① 〔英〕大卫·哈维：《新自由主义化的空间：迈向不均地理发展理论》，王志弘译，台北：群学出版社，2008，第113页。

② David Harvey, *Social Justice and the City*, London: Edward Arnold, 1973, pp. 13-14.

也能被精密计算。在几何学意义上，绝对空间的代表就是欧几里得（Eucild）空间，这是一种个别化的空间，如同笛卡尔所说的外延物。绝对空间这一概念适用于一切分离并且有边界的现象，包括作为个体人类的你、我、他，我们彼此在绝对空间意义上是有边界的，被绝对空间分隔为一个个被命名为你、我、他的个体。而对社会层面而言，像私有财产以及国家、城市、社区、企业这一切有边界的事物都属于绝对空间的概念范畴。比如，美国和俄罗斯作为两个独立的绝对空间，它们之间有着明确的界线，这种界线首先表现为地理上的边界。微软公司和苹果公司在不同的固定空间中存在，它们的员工在空间中从事生产和商业活动，二者也处于两个绝对独立的空间之中。在绝对空间面前，一切都可以实证，一切的暧昧不清在原则上都能够得以消除，人类理性的计算可以自由地施展。①

其次，相对空间强调空间之间的某种比较关系。这种观念起源于19世纪，数学家高斯创立了非欧几里得球面几何，他认为曲面本身就是一个空间。② 我们之所以永远无法绘制出与现实世界完全相同的比例尺地图，是因为球面本身就是由不同的曲面（空间）组成，立体的空间是无法在平面中进行完美再现的，当我们试图在平面中复刻曲面空间时，空间及其参照物都会发生形态改变，而此时，我们对空间的描绘也会随之发生偏差。爱因斯坦则将这种相对空间观念推向了极致，他认为我们根本无法独立地看待任何空间，就连时间和空间这两个被普遍认为是对立的概念都密切相关，这种观点在相对论中得到了证明。这些观点给了哈维启发，他认为我们不能只对空间进行孤立的、固定的理解，空间概念本身就应该包含对彼此关系的理解。这种观点很早便蕴含于《地理学中的解释》，哈维在书中写道："距离不能独立于某种活动之外而确定。因此度量是为活动和物体的影响所决定的。这样的距离概念纯粹是相对性的。"③ 这里的距离其实就是对相对空间关系的表达。所谓的相对空间应

① 〔英〕大卫·哈维：《新自由主义化的空间：迈向不均地理发展理论》，王志弘译，台北：群学出版社，2008，第116页。

② 〔德〕高斯：《关于曲面的一般研究》，陈惠勇译，哈尔滨工业大学出版社，2016。

③ 〔英〕大卫·哈维：《地理学中的解释》，高泳源等译，商务印书馆，1996，第254~255页。

包括两重含义：一是被相对化的事物，二是以何种标准进行相对化。对相对空间的理解，实际上就是对内含于空间中的事物与事物之间的相对关系的理解。打个比方，当一个邮差同时派送不同区域的邮件时，他多半不会只考虑以绝对空间距离来确定派送路线，而是需要通过考察派送成本、交通情况、紧急程度并结合自己的运输方式来确定派送路线。在相对空间中，最短的距离并不是两个地点之间的那条直线，而是综合考虑多种因素得出的最短路线。

最后，所谓关系空间，是指在时空之中定位的某一点无法仅凭借自身来理解自身，它的理解取决于和这个点有关的一切。这种空间观得益于莱布尼茨。比如，我们在某次学术会议上遇到的某位学者，我们并不能只立足于当前的空间状况孤立地理解他（她）。他（她）过去曾在多个空间中存在和流动，在那些空间中学习、工作、交流，因此他（她）在当前空间中的行为及其对该空间产生的影响，也是他（她）在其他时空中的行为和其与其他物体的关系在当前时空节点上的凝结。再比如，此刻我在办公桌前打字，这个由时间和空间构成的点无法在关系时空中自我解释，它取决于围绕这个点的一切关系，我在之前生活中积累的经验，所受的学术训练，我打字所用电脑的来源、生产厂家，所遵循的学术规范的制定，这一切的一切都可被看作围绕该空间点的相关内容。因此，关系空间不只包括空间，还涵盖了时间。之所以提出关系空间的概念是因为要更加确切地描述复杂的世界。天安门广场，在中国具有特殊的历史和文化含义，是中国人集体记忆中的一个部分，我们无法把天安门广场的含义装入一个绝对时空中，在这个绝对时空中，天安门广场仅仅是一个占据空间的由木头、砖瓦、水泥构成的建筑物。我们也无法仅用相对空间来理解天安门广场，因为天安门广场本身除了具有位置上的特殊性，还具有来自群体记忆的特殊性，是历史和文化以及政治交替运作的产物，对于这种关系空间中的空间关系，人们难以将其作为确定性概念来衡量。

系统分析哈维建构的概念，我们必须再次强调“三重空间”概念在其现实意义上其实是理解一个问题的三重维度。之所以要强调是多维度的问题，是因为哈维认为空间性本身注定有个阈限（liminality），我们无可改变地同时置身于这三重空间当中，哪怕其中的状况不全然相同，但是“我们经常在不知不觉中，最后透过我们的实际行动而偏好其中某个定义”,[①] 以致“在绝对主义的模式里，我会做某个事情，得到某一组结论；在相对的模式中，我会建构出不一样的诠释，做出其他事情；如果每件事物透过关系性的滤镜，看起来都不一样，那么我的言行举止将会很不一样。我们如何认识，以及我们如何做，都整个取决于我们摆放自身的主要时空框架”。[②] 通俗地讲，就如同我们看待乡村文化传承馆，它既是一个建筑，又是一件艺术品，还凝结了村民情感关系、历史回忆。当我们去审视任意“空间”概念的时候，它一定既是绝对空间，又是相对空间，还是关系空间，后者中一定包含对前者的理解。同时，某种物体一定同时处在三种空间关系之中，就像天安门广场既是位于绝对空间中那个红色的建筑物，又是位于相对空间中的那个首都北京的城市地标，还是位于关系空间中的那个历史和文化回忆。绝对空间、相对空间和关系空间这三者中，关系空间是对空间概念的最高等级的理解，也是最抽象的理解，它同时包含对绝对空间和相对空间的理解。比如对天安门广场的关系空间理解也需要借助对它位于北京市中心的相对空间理解以及那个实际上占据绝对空间的红色建筑物理解。

三重空间及其辩证法为探讨空间和资本的关系提供了新的视角。在哈维看来，借由对这三种空间辩证关系的理解，我们能够更加清晰地理解和把握资本主义的生产方式。在他看来，马克思在《资本论》第 1 卷中使用了使用价值、交换价值和价值三个概念，这三个概念与三重空间又有对应与结合的关系，哈维将其丰富、填充、描绘为“马克思理论的空间性矩阵”（见表 2-1）。在这个矩阵中，三重空间的范畴关联得到了详尽体现：属于使用价值的每一件事物，都位于绝对空间的范围里，比如作为劳动力的工人，作为生产资料的机器、商品、厂房，以及实际的劳动过程、资源的耗费等；每件具有交换价值的事物，都位于相对空间中，“因为交换导向了商品、货币、资本、劳动力和人员跨越时间与空间

① 〔英〕大卫·哈维：《新自由主义化的空间：迈向不均地理发展理论》，王志弘译，台北：群学出版社，2008，第 123 页。

② 〔英〕大卫·哈维：《新自由主义化的空间：迈向不均地理发展理论》，王志弘译，台北：群学出版社，2008，第 123 页。

的移动”，[①] 打破了一切时间与空间的阻碍。然而，价值概念本身具有关系性特征，其是非物质的却是客观存在的，它指涉的对象是具有关系性特质的时空。“我们能够接触它的唯一路径，是经由那个人与人之间建立了物质关系（我们经由我们生产和交易的东西而彼此关联），以及事物之间建构了社会关系（我们生产和交易的东西标了价格）的特殊世界。”[②] 但是，要把握三重空间及其范畴关联，就必须认识到，“这三个时空架构必须彼此保持辩证的张力，就像使用价值、交换价值和价值，在马克思的理论中彼此辩证地纠结在一起一样”，[③] 不能任性或主观地赋予任何一种时空架构以优先性。

表 2-1　马克思理论的空间性矩阵

三重空间	物质空间 （经验的空间）	空间的再现 （概念化的空间）	再现的空间 （生活的空间）
绝对空间	有用的商品、具体劳动过程、纸币和硬币（地方货币？）、私有财产/国家疆界、固定资本、工厂、营造环境、消费空间、警戒线、占领空间（静坐）；猛攻巴士底狱或冬宫……	**使用价值与具体劳动** 劳动过程的剥削（马克思）vs. 工作是创造性的游戏（傅立叶）；私有财产地图与阶级排斥；不均地理发展的拼贴	异化 vs. 创造性的满足；孤立的个人主义 vs. 社会团结；忠于地方、阶级、认同等；相对剥夺；不公不义；缺乏尊严；愤怒 vs. 满足
相对空间	市场交换；贸易；商品、能量、劳动力、货币、信用或资本的循环与流动；通勤与迁移；贬值与降级；资讯流动与来自外界的扰动	**交换价值** **（运动中的价值）** 积累的框架；商品链；迁移与流离的模型；投入—产出模型。时空“修补”的理论、经由时间消灭空间、资本穿越营造环境的循环；世界市场的形成、网络；地缘政治关系与革命策略	货币与商品物神（永远无法满足的欲望）；时空压缩的焦虑/欢快；不稳定性、不安全、行动与运动的强度 vs. 静止（一切坚实的都烟消云散……）

① 〔英〕大卫·哈维：《新自由主义化的空间：迈向不均地理发展理论》，王志弘译，台北：群学出版社，2008，第 136 页。

② 〔英〕大卫·哈维：《新自由主义化的空间：迈向不均地理发展理论》，王志弘译，台北：群学出版社，2008，第 137 页。

③ 〔英〕大卫·哈维：《新自由主义化的空间：迈向不均地理发展理论》，王志弘译，台北：群学出版社，2008，第 137 页。

续表

三重空间	物质空间（经验的空间）	空间的再现（概念化的空间）	再现的空间（生活的空间）
关系空间	抽象劳动过程；虚拟资本；抵抗运动；政治运动的突发性展现与表现性爆发（反战、68′学运、西雅图……）；“革命精神扰乱……”	**货币价值** 价值之为社会必要劳动时间；相对于世界市场的凝结人类劳动；运动中的价值法则，以及货币的社会力量（全球化）；革命性的希望与恐惧；变革策略	**价值** 资本主义霸权（“没有其他出路”）；无产阶级意识；国际团结；普遍人权；乌托邦梦想；诸众；对他者的移情作用；“另一个世界是可能的”

资料来源：〔英〕大卫·哈维：《新自由主义化的空间：迈向不均地理发展理论》，王志弘译，台北：群学出版社，2008，第138页。

对于三重空间的论述，哈维一方面坚持在马克思主义的理论范畴中展开叙述，另一方面认为由于马克思的理论缺少对时空架构之间的作用的准确认知，因此其经常产生概念上的混淆，“大部分所谓‘全球在地关系’的讨论，都成为一个概念泥淖”。① 因此哈维在其著作中对“马克思理论的空间性矩阵”进行了更详细的阐释。

具体来看，使用价值是产生于绝对空间当中的。机械、厂房、工人、原料、能源的消耗，这一切都发生在牛顿所定义的那种绝对空间之中，上述物质在绝对空间中相互作用，形成了一个新的产物，即劳动产品。这种劳动产品带有实实在在的使用价值，可以被度量，可以满足人们的某种需求。比如美国通用集团的汽车工人在他们的工厂中通过具体劳动创造出汽车这一劳动产品。交换价值在相对空间中得以体现，当然，这并不固定。交换导致商品、货币、资本、劳动力和人员跨越时间和空间的流动，这种交换循环打破了资本流动的空间。比如，全球化就是这种循环的典型特征和突出表现。美国工人生产的汽车可以突破绝对空间的限制被卖到中国，中国工人制造的丝绸也可以跨越千山万水销往美国。在某种意义上说，如果没有绝对空间的区分，就不会存在差异化的生产，就难以形成商品交换的前提。当然，交换也必须跨越空间，交换价值必须将空间作为要素计算在内。最后说说价值，在某一确定的范畴之中，

① 〔英〕大卫·哈维：《新自由主义化的空间：迈向不均地理发展理论》，王志弘译，台北：群学出版社，2008，第139页。

价值是最容易理解的东西。如果跳出了特定的范畴，对价值的理解就会出现极大的争议。要素价值理论、效用价值理论和劳动价值理论的争论到今天也未停止。但不论价值为何物，它确定无疑是在关系空间里得以实现的。因此，马克思认为价值是非物质的却是客观的，没有任何一个物质原子能够进入价值商品的客观性。因为价值并不是贴个说明标签，然后高视阔步，而是将它的关系性掩藏在商品拜物教里面。[①] 这种极富辩证法精髓的观点给了我们极大的启发，价值不可能被一个客观的物理量测量以指出这个商品里含有多少价值，那个商品里含有多少价值，因为这种价值会随着绝对空间的变化而变化，一旦我们进入相对空间场域进行讨论的时候，就会将其证伪。因此，我们去研究价值问题的时候，只能从人们在关系空间里发觉的那些在商品里凝结的某些极为复杂的关系中去理解，并且这种理解只能用抽象力来代替。如同中国人购买了一辆生产自美国的特斯拉牌电动汽车，实际上是中国消费者和美国的汽车生产者产生了联系，也就是说美国的汽车生产者为中国消费者付出了劳动，当然，汽车的生产过程本身也包含复杂的劳动力关系。因此，价值应该被理解为一种在关系空间中产生的抽象人类劳动的凝结，而价值通常需要通过使用价值和交换价值并借由绝对空间和相对空间得以实现。比如货币其实是在关系空间里的一种价值的象征，如果这个象征想拥有意义，则必须通过在相对空间中的交换价值来表现并最终落实到绝对空间里通过纸币或者黄金等交换媒介实现。

哈维最独特的研究方法就是将资本流动置于三重空间维度下进行辩证思考。不平衡发展理论从一个侧面来说，就是研究资本如何嵌套在绝对不平衡的空间之上，并进一步形塑和创造了后天的相对不平衡空间以及相应的空间关系。哈维的不平衡发展理论本就是依赖空间概念而产生的范畴，因此一旦脱离了差异性、非均衡性的空间场域，不平衡发展理论便脱离了它赖以存在的母体。所以哈维认为关于不平衡发展的一般理论建构有两点基础。第一点是强调内部关系的辩证法：不断持续协商特殊与普遍、抽象与具体之间的关系。第二点便是有待铺陈的空间概念，

① 〔英〕大卫·哈维：《新自由主义化的空间：迈向不均地理发展理论》，王志弘译，台北：群学出版社，2008，第137页。

哈维认为这非常关键，因为不平衡发展这个词本身就奠基于有关空间性是什么的问题。在全球化快速发展的今天，各个规模的空间联系越来越密切，加之新自由主义的传播和不平衡发展的加剧，空间的流动性和被流动性日益加强。哈维从关系性和相对性的角度来考察空间而不是将空间视为一种绝对的社会行动框架或容器的这一想法，为我们研究不同形式的不平衡发展——绝对的不平衡发展、相对的不平衡发展、关系的不平衡发展——创造了重要场域，就像史密斯很久以前就评价过的："这是建立任何一般不均发展理论的必要先行条件。"①

二　历史-地理唯物主义

如果说"绝对空间"、"相对空间"和"关系空间"凝结成的"空间"范畴是哈维建构其不平衡发展理论所需要的重要场域，那么"历史-地理唯物主义"则是作为其方法论基石而存在的。就如美国著名学者爱德华·苏贾所指出的，对隐藏于资本主义的地理不平衡发展背后的各种更一般和更多层次的过程进行概念化并在经验上加以检视。苏贾的分析结构类似于马克思在《资本论》中所阐释的"抽象力"结构，既是一种理论范畴，也是一种思维方法。马克思的"抽象力"当然是历史唯物主义，而哈维的"地理学想象"则是"历史-地理唯物主义"，二者都是为了在各自理论视域中叙述社会事实所建构出的理论范畴。从此种意义上讲，"历史-地理唯物主义"是具有空间哲学的"元理论"姿态的，其规定着空间政治经济学批判的价值观和方法论。"历史-地理唯物主义"的构建也标志着哈维同逻辑实证主义研究方法的彻底"决裂"，彰显其马克思主义人文地理学家的新身份。

哈维向来重视表达"历史-地理唯物主义"的重要价值，但他同时强调："历史-地理唯物主义是一种开放的和辩证的探究模式，而不是封闭的和固定的理解体系。元理论不是关于总体真理的表达，而是处理刻画资本主义一般和当前阶段特征的历史地理真理的一种努力"。② 因而哈维并未对"历史-地理唯物主义"展开专门性、系统性的"长篇大论"，

① 〔英〕大卫·哈维：《新自由主义化的空间：迈向不均地理发展理论》，王志弘译，台北：群学出版社，2008，第72页。

② David Harvey, *The Condition of Postmodernity*, Oxford: Basil Blackwell, 1989, p. 355.

而是将其作为价值观和方法论潜在地应用于对各类不平衡发展问题的分析之中。笔者认为这种“散落式”和“隐晦式”的表述方法既有优点也有缺点，优点是可以在一定程度上避免出现西方马克思主义理论界“元理论”压倒具象分析的习惯性倾向；缺点则是给相关内容造成了理解上的困难，使其缺少可供检视的清晰理论架构。

所谓“历史-地理唯物主义”，顾名思义，就是要在历史唯物主义哲学方法论中扩充地理向度，即强调在运用唯物主义哲学方法论考察现实问题时，不能只从历史的单一维度进行，而要基于历史和地理的双重维度展开。对于该理论的内涵，哈维曾如此界定：①大众的、摆脱了偏见的、促进平等交流的地理学；②民主的、人民的地理学；③接受科学性和价值性双重方法论原则的地理学；④被社会普遍接受的、注入了理论敏感性的、带有历史唯物主义性质的地理学；⑤提供替代资本主义政治方案的地理学。[①] 显而易见，哈维建构“历史-地理唯物主义”的首要目的是将马克思历史唯物主义的基本立场、观点和方法引入地理学的研究之中，以期为摆脱了逻辑实证主义的地理学理论寻求价值观和方法论的支撑。正是基于对历史唯物主义理论养分的汲取，哈维的地理学才逐步具备了政治“立场”、理论“武器”和价值“旨归”。当然，这种融入并不是单向度的，反过来看，哈维也在极力推动地理学重拾其在社会批判理论尤其是在马克思主义理论体系内部的话语权，同时不断推动“地理学知识在全部形式的政治行动和斗争中占据中心位置”。[②]

“历史-地理唯物主义”建构具有特定的历史背景和认知前提。哈维从人文主义地理学的视角考察了当代资本主义生产方式的变化，认为资本主义生产方式的变化从某种意义上讲是一次革命性的和历史性的“空间实践”。此种空间性变革主要包括六个方面：①对航海和领土权界定的关切，推动了制图和地籍调查技术的发展；②世界市场的确立和发展推动了各个地方商品的交换；③生活方式、经济形势和社会再生产的地理变化的细密观察成为地理学的重要任务；④把世界划分为几个资本主义

① 〔英〕大卫·哈维：《论地理学的历史和现状：一个历史唯物主义宣言》，蔡运龙译，《地理译报》1990年第3期。

② David Harvey, *Spaces of Capital: Towards a Critical Geography*, Edinburgh: Edinburgh University Press, 2001, p. 233.

强权势力的范围引发了严重的地缘政治问题；⑤地理学家越来越关切资源的利用和人口、产业、交通等空间分布合理化问题；⑥资产阶级时代的地理知识越发具有浓烈的意识形态色彩。① 哈维认为，资本主义生产方式已然进化到空间生产阶段。从实践反观理论，哈维认为今天我们对资本主义生产方式的现代性批判和社会历史问题的考察绝对不能允许空间理论的缺场，对资本主义生产方式的现代性批判和政治理论解放更应如此。否则，我们根本无法析出横跨全球各空间中的不平衡发展问题的根源和实质，以此为前提，“全世界无产阶级联合起来”的经典宣言也便无法在日益隐蔽和流动化的资本主义全球空间布局中得到实现。就如苏贾所强调的：任何社会批判理论离开了空间的控制与地理学的分析，只能是抽象的、大而无当的“屠龙之术”。②

既然地理空间维度如此重要，那最应该得到弘扬和凸显的理论便是地理学。如前所述，当哈维尝试用自己所掌握的逻辑实证主义地理学理论对现实的社会问题展开考察时，却遭遇了前所未有的困境。当代的空间已经不能纯粹被看作自然地理环境的产物，应看作受到各种基本的生产关系等级性构建的社会过程的影响的空间，资本主义越发展，这种影响就越突出。传统地理学多是将空间视为某种范围的界定——“一个被动和可以丈量的世界，而不是具有行动和意义的世界”，③ 这就造成了理论在还原度和解析力方面的缺失。由此必须对地理学的叙事逻辑和知识结构进行与时俱进的调整，使其能够适应持续变化的社会形态和需求。对学科历史的认识，无法摆脱社会的历史，地理学实践正镶嵌于社会的历史中，④ 因而必须关注地理学研究的历史向度和社会属性。这时的哈维急需一个更具包容性、批判性的理论来为自己的地理学理论“注资”。几经辗转，哈维将目光落在了最具代表性和现实解释力的批判理论——

① 〔英〕大卫·哈维：《资本的空间》，王志弘、王玥民译，台北：群学出版社，2010，第161~163页。

② 刘怀玉：《索亚：后现代地理景观的空间本体论批判》，《南京大学学报》（哲学·人文科学·社会科学版）2004年第5期。

③ 〔美〕爱德华·W. 苏贾：《后现代地理学——重申批判社会理论中的空间》，王文斌译，商务印书馆，2004，第57页。

④ 〔英〕大卫·哈维：《资本的空间》，王志弘、王玥民译，台北：群学出版社，2010，第159页。

马克思主义理论之上。

哈维系统地考察了马克思主义政治经济学研究方法，并希望从中寻找一些空间元素，与自己的地理学理论融合。但哈维认为马克思的理论在一定程度上存在“空间失语”，因而对马克思关于空间的“隐性表达”以及由此产生的历史唯物主义体系内部“反空间主义传统”产生了“不满”。这种对经典理论的“不满”，使得哈维在汲取马克思主义理论养分的过程中常常表现出一种“叛逆”，他认为政治经济学批判和其他很多理论一样，只是在绝对空间意义上谈论空间，时而把空间当作一个事物发生的“背景”和“容器”，时而又把空间当成一块可有可无的白板，空间存在的意义似乎只是为了承载历史在白板上进行的各种绘画演绎。因此，哈维接受了列斐伏尔的观点，从政治经济学走向了“空间政治经济学”话语，即将地理学和政治经济学批判理论进行了整合，拓展了马克思主义政治经济学的空间向度。

当然，如同马克思的政治经济学批判需要历史唯物主义的方法论作为支撑一样，空间政治经济学批判同样需要一种哲学方法论的支持。因此，哈维认为有必要“拣选一些非常基本的地理概念——空间、地方、时间、环境——并证明他们是任何历史唯物论的世界认识的核心。换句话说，我们必须考量历史地理唯物论，还需要具有一些辩证法的概念”。[①] 基于此，哈维尝试把空间概念融入历史唯物主义方法论，即把绝对空间、相对空间和关系空间概念同时代入，将地理学的空间概念与马克思历史唯物主义相结合，对资本主义条件下复杂而多变的地理与历史状况进行分析和讨论，以期弥补历史唯物主义的“空间失语”。在这种理论视角下，空间在社会批判的过程中就不再只作为可有可无的“白板”和“容器”存在，还是理论建构不可缺少的核心“范畴”。

从理论性上看，哈维的“历史-地理唯物主义”旨在强调（历史）时间理论与（地理）空间理论的辩证结合，既要弥补历史唯物主义的“空间失语”，也要为人文主义地理学的发展寻求“历史机遇”，是一种“理论汲取”和“理论改造”的结合。通过考察哈维的著作，我们可以将“历史-

① 〔英〕大卫·哈维：《资本的空间》，王志弘、王玥民译，台北：群学出版社，2010，第26页。

地理唯物主义”的建构过程概括为三个主要环节：首先，哈维在汲取马克思历史唯物主义方法论和列斐伏尔抽象空间理论的基础上确立了其“社会过程决定空间形式”的空间观，为历史-地理唯物主义奠定了学理基础；其次，哈维利用马克思历史唯物主义理论中关于资本主义生产的论述来实现其空间批判诉求，阐明资本积累是形成当代全球范围内不平衡发展问题的根源，确立资本主义全球空间生产同不平衡发展景观之间的矛盾关系，表明空间维度缺失对历史唯物主义理论的巨大影响，在此基础上形成了历史-地理唯物主义的时空批判理路；最后，哈维在对资本主义历史地理问题进行研判的基础之上，批判了过程乌托邦的片面性，呼吁建构一种融合空间形式乌托邦和社会过程乌托邦的辩证乌托邦方案，进而形成一种新型社会主义解放政治理论，进一步明确了历史-地理唯物主义的理论旨归。

从现实性上来看，“历史-地理唯物主义”因为有了空间性的插入，“甚至更加特殊地作为物质和社会过程产物的动态和流动的空间性构造观点的插入，典型地破坏了许多社会理论”，[①] 由此带来了更为广阔的范畴关切，为“历史-地理唯物主义”从现实视角关注和解决不平衡发展问题提供了问题指向（见表 2-2）。

表 2-2 “历史-地理唯物主义”的范畴关切

关键词	范畴关切	基本内容	问题指向
绘制空间	空间与话语	建构任何种类的知识，“绘制空间”的话语行为都是先决条件	话语体系
话语生产	空间与权力	围绕绘制的权力斗争是话语生产的基本环节	权力争斗
关系生产	空间与社会	社会关系总是空间的，并且存在于某种空间性框架中	社会关系
物质实践	空间与实践	通过物质实践创造出来的空间性（如果它们是生活、交往、工作、象征活动和仪式以及享乐的框架）也构成物质框架，在其中，社会关系、权力结构和话语实践得以展开	
制度	空间与秩序	在最显见的意义上，它们是领土化—控制和监禁的领地、管辖的地形、组织和管理的领域。但是，它们亦带来了象征空间的组织化（纪念碑、圣地、围墙、大门、房屋的内部空间）和符号体系的空间控制，这些东西支撑和指导着各种形式的制度实践和忠诚	秩序构建

① 〔美〕戴维·哈维：《正义、自然和差异地理学》，胡大平译，上海人民出版社，2010，第 128 页。

续表

关键词	范畴关切	基本内容	问题指向
想象	空间与意识	想象（思想、幻想和欲望）是各种可能的空间世界的肥沃资源，那些世界能够预示——尽管没有条理——形形色色的话语、权力关系、社会关系、制度结构和物质实践	意识形态

资料来源：〔美〕戴维·哈维：《正义、自然和差异地理学》，胡大平译，上海人民出版社，2010，第129~130页。

通过表2-2，我们不难看出，“历史-地理唯物主义”有了一个极具开放性的范畴关切。①绘制空间：建构叙述场域，也就是在什么样的空间场景中叙述、阐释和解决问题。比如在某个空间场域里，这个问题是对的，在另一个空间场域里可能就是错的，问题的对与错，取决于叙述场域和空间情境。②话语生产：是一种绘制的权力斗争，即谁来绘制能够叙述问题的空间。谁来“绘制”，谁就拥有了话语权，所以围绕“绘制”的权力斗争不可避免。③关系生产：不同的权力在不同的空间中绘制话语，构建出不同的空间—社会之网。空间关系承载并反映着社会关系。关于这点，地缘政治就是最好的例子。④物质实践，人类的客观物质实践会不断地改造这些被“建构”出来的空间（建构过程本身也是实践过程），空间会随着实践的过程而发生变化，空间的变化在一定程度上反映着实践的轨迹。⑤制度：空间是制度制定和施行的首要载体，制度的制定和施行皆依赖空间，空间支撑制度实践和制度信仰。⑥想象：想象（意识）依托空间（物质）而产生，受空间影响，表达着关于制度、权力和社会关系的好恶。

正是基于以上这种范畴与问题的同步关切，“历史-地理唯物主义”理论体现出基本原理与方法论的统一，关于不平衡发展的空间政治经济学批判也得以顺利开展。在将“历史-地理唯物主义”投向不平衡发展的现实世界时，哈维更为清晰地认识到，“如果我相信我们必须面对的基本矛盾是资本的破坏性逻辑，那么就必须把历史-地理唯物主义视为与那种政治目标有关的一种话语环节”，[①] 而脱离这一批判性“时间-空间”话语，会使得任何有关“情境性”、“区位”和“位置性”的谈论都毫无

① 〔美〕戴维·哈维：《正义、自然和差异地理学》，胡大平译，上海人民出版社，2010，第130页。

意义。因此，在历史-地理唯物主义的视域中，不平衡发展最开始是作为一种现象来被描述的，这种不平衡发展现象存在于自然和社会两方面，但最终都被认为是源自资本在地理历史中的作用和形塑。于是，不平衡发展理论的建构原理和分析方法便全部基于资本在时空中积累的分子化过程（笔者将在后文对其进行详尽阐述）。这种范畴与问题的同步关切，极为典型地表现在哈维对现实世界的不平衡发展问题的关注上，比如对“全球化”问题的关注。1996 年 1 月 30 日，墨西哥恰帕斯的萨帕塔国民解放军发出呼吁，号召“全世界团结起来反对新自由主义，支持人道主义”。原因在于人们认为货币权力到处“贬低尊严、危害诚实并扼杀希望”，即便更名为新自由主义，新自由主义“给我们提供股票市场价值指数而不是人道主义、全球性的苦难而不是尊严、空虚而不是希望、国际恐怖而不是生活”，特别是那些“集中于特权、财富和免除惩罚的历史罪行把不幸和无望都民主化了”。[①] 在他们看来，新自由主义的全球化不再是一种经济的更好发展，更不意味着一种普惠式的空间生产，反而意味着“诋毁和忘却的”“现代资本战争”。在哈维看来，资本主义全球结构到处充满着对抗——从资源的占有到消费资料的分配再到劳动力的剥削，无一例外。最终，哈维认定，这种不平衡发展的实质还是源自资产阶级对无产阶级，或者说资本主义对非资本主义的掠夺和压迫，在某种程度上讲，当前资本主义全球范围内的不平衡发展仍然是阶级斗争的表现。[②] 整体来看，哈维对不平衡发展理论的构建和探赜始终没有离开历史-地理唯物主义理论的视野，这为哈维开展空间政治经济学批判提供了方法论基础。

第二节　核心概念的生成

核心概念如同一个学科或一种理论的“地基”，其决定着理论发展的特征、潜力，也决定着人们从何种角度和前提去把握理论。不平衡发展理论建基于两对彼此联系却又相对独立的核心概念之上。第一对至关

① 〔美〕大卫·哈维：《希望的空间》，胡大平译，南京大学出版社，2006，第 70 页。
② 〔美〕大卫·哈维：《希望的空间》，胡大平译，南京大学出版社，2006，第 77 页。

重要的便是“空间规模的生产”与“地理差异的生产”，哈维将这两个具有异质性特征的生产模式视为不平衡发展产生的重要诱因；另一对是“时空压缩”与“时空修复”，哈维用这两个概念表述空间生产过程中资本积累的现实危机及修复策略，以“问题→概念”为结构表达着不平衡发展理论体系的核心概念及其生成过程。

一　空间规模的生产与地理差异的生产

哈维关于空间规模和地理差异问题的讨论贯穿其不平衡发展理论研究的全过程，相关的表述极为零散。在此，我们尝试摘选其中比较具有代表性的内容详加考察。

《资本的限度》被认为是哈维在马克思主义政治经济学视域中开展不平衡发展问题研究的起点。在该书中，哈维试图将空间生产和空间定位理论嵌入马克思主义的理论体系之中，并首次讨论不平衡发展理论的概念和方法问题。在哈维看来，资本主义空间经济的发展受制于彼此对峙、互相矛盾的两个要素。空间壁垒必须被消除，而达成此目的所用的方法又会产生地理差异，进而成为需要被克服的新的空间障碍。资本主义的空间生产方式已然把这一矛盾内化到其生产方式之中。这正是资本主义不可避免地催生不平衡发展的根本原因。

在《正义、自然和差异地理学》中，哈维提出“不平衡的地理发展是最值得大力研究和关注的概念”，[①] 并将其作为考察和实现社会正义的重要切入点。一方面，“公正的地理差异的公正生产”问题是全部争论焦点，需要批判地理解生态、文化、经济和社会条件上的差异是如何生产出来的，也需要批判地评价这样生产出来的差异之正义或非正义性质。[②] 另一方面，“资本主义不仅已经控制了谈判，而且经常通过它的阶级斗争形式积极地操纵这种规模困境。这特别符合它对不平衡的部门和地理发展的偏爱，以至于推行在不同规模上定义的地方之间的分裂式竞争”。[③] 不平衡发展

① 〔美〕戴维·哈维：《正义、自然和差异地理学》，胡大平译，上海人民出版社，2010，第6页。

② 〔美〕戴维·哈维：《正义、自然和差异地理学》，胡大平译，上海人民出版社，2010，第6页。

③ 〔美〕戴维·哈维：《正义、自然和差异地理学》，胡大平译，上海人民出版社，2010，第49页。

理论必须在差异性的空间中胜任关于任何特定空间规模的分析任务，以便解决在对抗资本主义方面所遭遇的理论难题。因此，必须在不平衡发展理论建构的过程中加强有关空间规模和地理差异问题的研究。

在《希望的空间》这部颇具批判精神和反抗意识的著作的开篇，哈维便在呼唤“归来的马克思”的同时，从经济全球化的角度探讨资本与权力如何利用不平衡发展来制造更多的差异及瓦解工人阶级联盟。他试图通过对现代工业社会的批判来彰显一种乌托邦传统，进而尝试探索并回答解决不平衡发展问题的现实可能性。哈维强调，不平衡地理发展的一般概念需要把不断变化的规模和地理差异的生产这两个因素结合起来，因此我们需要考虑各种规模内外的差异、交互作用和关系。[①] 在此书中，哈维首次将二者作为独立的概念进行专门的介绍。

整体来看，对于什么是“空间规模的生产”，哈维并未直接给出概念，而是进行了开放性的考察、例证与说明。在哈维的语境中，“空间规模的生产”就是在某个特定规模的空间中进行生产。之所以是“规模”空间，是因为强调空间所具有的超越本质属性的组织能力的表达，比如，“人类很典型地创造了一个嵌套的空间规模的等级制度，在其中去组织他们的行为、理解他们的世界”。[②] 基于此，家庭、社区以及国家都是在不同规模等级上存在的特定空间组织形式，其不同往往可以从规模角度进行观察，“在一种规模上似乎很重大或有意义的东西却不会在另一种规模上自发地表现出来”，[③] 人们往往在诸如个体、家庭、城市、区域、国家等不同等级的空间中从事符合自身规模及空间特点的生产及生活活动。这种规模意义上的空间差异也使空间具有了情境或者专属性的意义，而不再是纯粹的“空间”概念本身。

不同空间规模具有各不相同的自然禀赋和结构特点，进而导致空间生产模式的非齐一性。人类的劳动分工最初是建立在自然分化的基础上的，人类的价值创造“要以一定的劳动力为条件”，而它首先表现为“自然的赐予，自然的生产力”。[④] 由于自然条件在生产过程中的决定性

---

① 〔美〕大卫·哈维：《希望的空间》，胡大平译，南京大学出版社，2006，第75页。

② 〔美〕大卫·哈维：《希望的空间》，胡大平译，南京大学出版社，2006，第72页。

③ 〔美〕大卫·哈维：《希望的空间》，胡大平译，南京大学出版社，2006，第72页。

④ 《马克思恩格斯全集》（第33卷），人民出版社，2004，第22页。

作用，人们长期被固定在由小到大的特定规模中，以致“在一种规模上发生的事情如果超出了贯穿于各种规模等级而存在的嵌套关系，那就不能够被理解”，[①] 由此导致生产要素囿于生产力的发展水平很难进行跨空间流动，特定空间中的生产水平取决于本空间规模中生产要素的水平，并在此基础上形塑特有的政治组织形式和意识形态。这一度使规模看起来是永恒不变的，甚至是完全自然的，而无法认识到规模实质上是变化着的科技、人类组织的模式和政治斗争的系统产物。在相当长的一段时间里，不同的共同体之间依靠空间来进行划分，不同空间规模相对固定，其主体也相对独立，主体行为很难产生跨空间的影响。与之相恰，人们通常难以形成超出自己所处规模的空间意识。

直至20世纪70～80年代，在“空间转向”思潮的影响下，人们才开始围绕“空间规模”问题进行较为广泛的讨论，这种讨论带有明显的后现代主义倾向。斯温格多夫（Swyngedouw）认为，空间规模并不是固定的，空间的规模确定无疑是一种可以变化的物质，但它们可以按照固定的规律被定义和瓦解，甚至是重建；赫洛德（Herod）认为，人类行为会在什么样的规模上得以调控深刻地依赖于科技创新和变化着的政治经济条件，因此，它们规定阶级斗争必然发生的那种规模，也是阶级斗争及其他政治/社会斗争形势的必然结果。[②] 史密斯（Smith）认为，“地理规模的生产理论是很不发达的”，我们还必须学会如何在不同的空间规模之间进行“仲裁和转换”，特别是在全球工人阶级形态和身体政治学方面。[③] 这些讨论，尤其是对空间规模生产固定性的批判和质疑吸引了哈维的注意，他广泛汲取了上述学者的观点，认为人们固有的思维方式带来的错误的直觉分类会产生一个严重的后果：我们经常把自己固定在一个而且是唯一的一个思考规模上，所以就产生了分析理解上和政治行动上的共同错误。[④] 哈维认为，这种错误的本质是我们将空间规模看成永恒不变的或者是完全自然的，尽管哈维承认规模不能超越所谓“自然

① 〔美〕大卫·哈维：《希望的空间》，胡大平译，南京大学出版社，2006，第72页。

② 转引自〔美〕大卫·哈维《希望的空间》，胡大平译，南京大学出版社，2006，第73页。

③ 转引自〔美〕大卫·哈维《希望的空间》，胡大平译，南京大学出版社，2006，第48页。

④ 〔美〕大卫·哈维：《希望的空间》，胡大平译，南京大学出版社，2006，第75页。

的”组成部分或影响，但是它的运作必须建立在变化的空间等级上，而当代资本主义的生产正是一种跨越空间规模等级的、变化的、社会性的空间规模生产，也是变化的科技、人类组织和政治斗争的系统产物。因此，在一个空间规模中的生产势必会对另一个空间规模产生影响，也就是说，生产首先带有空间性，其次带有流动性。抽象地看，这种观点类似于我们熟悉的“蝴蝶效应”原理，一只在亚马逊热带雨林中的蝴蝶偶然间扇动几下翅膀（主体在一个空间规模的行为）可能在几周后引起南美洲的一场龙卷风（主体行为在另一个空间规模发生的演变）；具体地看，如同日本福岛核电站泄漏（一个区域性空间规模的偶然性事件）的污染物，会传播到俄罗斯、美国、中国等地（另一个区域性或全球性空间规模）并对这些不同空间规模产生差异性的、较为深远的负面影响。通俗地讲，主体的行为在不同空间规模的表现形式会发生变化，这种变化的特点可以用不平衡概括，这种不平衡会产生不同的结果并对主体行为方式进行重新评价。这是一种空间政治哲学辩证法，在这种辩证法的引领下，我们可以认为，资本主义的存在和发展正是通过资本与权力逻辑持续的内在要求并通过空间规模的内在分异和外在转换才得以实现。反过来说，在一个资本主义空间规模内部存在的资本与权力的混乱交织会在空间转换的过程中催生不平衡发展并成为——资本主义存在的势能动力——一种可以让资本流动的力。不平衡发展理论站在哪种高度和角度去审视空间规模生产决定了该理论的思考方向和最终结论。

哈维以“变化着的领土”这个例子清楚地表达了这一观点的细致内容，他认为并不存在所谓的自然形成的政治边界，虽然自然形式在空间组织的过程中经常会发挥某种特殊作用，但领土归根结底还是政治斗争及科技发展所决定的。[①] 哈维认为欧盟的形成，开始于 1948 年的莫内计划，而具体形成却是一个长期的过程，这个长期的例子恰恰表明了领土性质从一种规模向另一种规模转变的历史过程，但是在这种规模上发生的变化在其他地方会有暗示。

哈维认为，我们习惯将空间规模看成完全独立和封闭的。然而现实

① 〔美〕大卫·哈维：《希望的空间》，胡大平译，南京大学出版社，2006，第 72 页。

却是，任何空间规模的存在至少不可能超出“自然”本身，土地、河流、空间等自然物质原本就以跨空间的形式存在。① 因此，不同的空间规模不可能是完全孤立的，它们之间必然会存在某种联系。由于人们的生产、生活以及政治活动必须嵌套在不同等级的空间规模上开展，并且所谓的不平衡发展也必须建立在空间规模的基础上进行考察，因此哈维和史密斯都将空间规模生产视为“任何不平衡地理发展理论的一个生死攸关的方面”。② 这种“生死攸关”的比较直观的一种表现就是哈维引用斯温格多夫的观点进行阐释，“相关社会权力的地位将根据谁会在什么规模上控制什么而有很大的不同”。③

有了前述“空间规模的生产”的阐释，再来思考什么是“地理差异的生产”就容易得多了。由于“空间规模的生产”是变动不居的，具有非齐一性，因此“差异”必然出现。“地理差异的生产”正是在这个意义上的表达，是对不同规模的空间的彼此关系的描述。当我们去考察任意一个特定规模的空间生产时，都能够发现与这个特定规模的空间生产相伴随的过程与结果。正是有了人类在地球上不同地方所开展的地理差异的生产，才有了关于语言、政治机构、宗教价值和信仰等社会形式的非凡进化，“这一长期的历史地理创造了特别的社会生态环境和生活方式的地理拼嵌图”。④ 进言之，如果我们将不同的空间规模“平面化”并进行一体化的考量，就会抽象出历史与地理的“拼嵌图”，这个“拼嵌图”是人类多种行为随着时间而不断深化的产物，哈维称其为“重写本”，这个“拼嵌图”由多种独立空间规模组成，并且一定会呈现各个板块间的显著差异，从而强调“地理差异的生产”所具有的空间结构的社会后天的非对称性。

为什么说这幅空间规模的“拼嵌图”一定会呈现显著的差异？如前所述，不同空间规模内部的自然先天因素存在巨大差异，这种差异会直接外化为各个空间规模之间的多元性差异。个体、家庭、城市、区域、国家……不管何种空间规模，彼此都不可能存在完全同一的样态。“地理

① 〔美〕大卫·哈维：《希望的空间》，胡大平译，南京大学出版社，2006，第72页。
② 〔美〕大卫·哈维：《希望的空间》，胡大平译，南京大学出版社，2006，第74页。
③ 〔美〕大卫·哈维：《希望的空间》，胡大平译，南京大学出版社，2006，第73页。
④ 〔美〕大卫·哈维：《希望的空间》，胡大平译，南京大学出版社，2006，第74页。

差异远远大于纯历史地理的遗产。它们总是不断地被当前发生的政治—经济和社会—生态过程所再生、维持、破坏及重构。”① 比如，那些拥有巨大国际金融支持的投机商们，会试图从地租增长中获得最大化收益，这种对利益的追求使得投机商们对级差地租展开普遍性的追逐，并由此产生了资本投资力度上的空间差异，资本青睐的地方变得越来越富裕，而资本匮乏的地方会越来越贫困。这一过程的产生既是纯经济的，又是生态的和社会的，一方面这种过程会从根本上重塑上海、莫斯科、伦敦和纽约等大都市的环境；另一方面在特定规模上会带来自发生态的变化，如在河道淤积、飓风和洪水灾害、全球气候变暖中发生的情况等。所以不同空间规模本身也在不断地发生结构性变化，始终受到空间规模本身和外部环境持续变化的影响，就如哈维所说：“即使当我们把一个特定规模——比如说某个城市规模——看作是固定不变的，结果仍然证明它还是会随着时间变化而发生显著转变。像巴尔的摩这样的城市/地方所确定的规模，现今已完全不同于 200 年前的情况。”② 其原因就在于，“政治经济的含意、社会性的含意和有可能被置于城市观念之上的意义的含意多得不计其数”。③

然而，需要看到的是，在前资本主义时代，各个规模之间的差异更多是由空间内部因素及其变化决定的。在资本主义全球化条件下，情况发生了变化。生产力的高速发展为生产要素的跨空间流动提供了可能，当代地理形态的易变性和流动性突出地显现了出来。从 1965 年开始，席卷全世界的非工业化和制造行业再定位的强大浪潮，标志着制造业和就业方面的地理划分正在以超高速进行重构。经济力量同样从资本主义世界的一个地方转移到另一个地方，比如从美国流向环太平洋地带及东南亚，然后又回到原处，像首尔或者巴塞罗那那样古老的城市，甚至“所有的城市和大都市地区都在一代人的时期内被重构并在地理上发生了转型”。④ “文化变迁（特别是那些由跨国通讯体系所促进的变迁）同样也呈现出一种异常的风化和挥发状态”，使地理变更在与物质、历史、文化

① 〔美〕大卫·哈维：《希望的空间》，胡大平译，南京大学出版社，2006，第 74 页。

② 〔美〕大卫·哈维：《希望的空间》，胡大平译，南京大学出版社，2006，第 73 页。

③ 〔美〕大卫·哈维：《希望的空间》，胡大平译，南京大学出版社，2006，第 73~74 页。

④ 〔美〕大卫·哈维：《希望的空间》，胡大平译，南京大学出版社，2006，第 75 页。

和政治的遗产的密切互动中发生。原有的相对固定的空间规模被打破。资本作为生产要素嵌套在不同空间规模上进行生产，日渐成为维持空间生产的决定力量。

资本的本性决定其具有突破空间限制和持续性地创造空间差异的固有逻辑，我们可将其概括为三大原则：一是流动性原则，即资本具有打破资本积累的地域限制的原则；二是选择性原则，即生产要素必须在适当的时间和地点才能创造剩余价值和利润的原则；三是集中性原则，即资本向最易获得剩余价值和利润的地域集中的原则。如前所述，人类存在的任何的特定空间本就存在显著的自然先天差异，而资本在地理空间中游走的“三大原则”又决定了原本就存在的空间差异势必会被资本的跨空间规模流动催化，进而产生更加复杂多样的地理差异。在这一过程中，资本以及人格化的资本甚至会刻意在不同规模的空间之间持续性地制造差异，进而为资本的流动提供潜在的“势能动力”。

地理差异的生产作为一种“势能动力”，一方面内嵌着自然与生态、种族与阶级、文化与价值等先天差异，另一方面包含着资本逻辑制造和生产出来的更加复杂多变的后天差异，由其促成的“拼嵌图”在所有规模上总是处于变动当中，“势能动力”也因这种“变动性”而得以发挥其动力作用。同时，“拼嵌图”的当代变动性留下的普遍而表面的印象是全球的无政府状态，而不是不平衡地理发展的系统生产力的耗尽。① 全球化过程中的诸多表现就是例证，资本主义的全球化模式将已有的具有差异性的政治和观念上层建筑以及生活方式放置在开放的体系之中，这在一定程度上增加了系统性风险发生的可能性。在不同空间规模中引发了制度瓦解、货币贬值和破产危机，也包括一系列民生及环境失序问题。这种情况在各种空间规模上都有发生，但在不同的空间规模上形成了各有差异的样态，这种样态也被描述为“新自由主义全球化形式的不平衡地理的后果”。② 对资本主义主导的全球化的诸多负面声音也恰好是在那些地方化的空间规模中形成的，这些反对意见迫切需要依托某种方式结合为一种反对资本主义全球化的集体意志。这就“要求我们强调跨

① 〔美〕大卫·哈维：《希望的空间》，胡大平译，南京大学出版社，2006，第75页。

② 〔美〕大卫·哈维：《希望的空间》，胡大平译，南京大学出版社，2006，第77页。

越地理规模和差异而形成的那种灾害性样态和系统特性”，也就是要跨越“新自由主义全球化形式的不平衡地理的后果”。[①]

这意味着空间规模的生产和地理差异的生产是不平衡发展理论的“双翼”。唯有将“双翼”结合起来研究，才能持续地考量资本主义条件下不断变化的各种空间规模内外差异的辩证交互和彼此关系。哈维希望通过研究这些存在于差异环境之中的复杂因素，从而实现对不平衡发展问题的阐释和矫治。他在2004年的亨特纳讲座上指出，不平衡发展理论要胜任对所有空间规模的分析和协调，以打破特定规模（固定规模）对理论出路和社会实践的封锁。[②] 这就提出了新的理论化任务，即在建构不平衡发展理论的过程中加强对空间规模的生产和地理差异的生产的研究。

二　时空压缩与时空修复

“时空压缩”是一个被用来描绘当代资本主义空间表征及其内在演进机制的空间政治经济学概念。在《后现代的状况：对文化变迁之缘起的探究》中，哈维对“时空压缩”进行了相对直观的定义：“资本主义的历史具有在生活步伐方面加速的特征，而同时又克服了空间上的各种障碍，以至世界有时显得是内在地朝着我们崩溃了。”[③] 哈维试图通过“时空压缩”概念来表达资本在流动和增殖过程中对时间和空间关系的影响。资本不断将先进技术作为生产力的要素纳入资本积累过程，这在客观上一方面加快了人们的生活节奏，使得日常生活呈现一种加速状态；另一方面生产、交换、流通、分配的整个过程效率大大提高，人们的空间距离在感官上也被不断缩短。

哈维的“时空压缩”概念与马克思所提出的“用时间消灭空间”具有相当高的一致性，可以说是对马克思关于资本积累内在逻辑观点的一种继承和延展。所以，要尝试深入理解“时空压缩”概念，我们不妨先

---

① 〔美〕大卫·哈维：《希望的空间》，胡大平译，南京大学出版社，2006，第77页。

② 讲座内容于2005年由德国弗朗茨·施泰纳出版社（Franz Steiner Verlag）以 *Spaces of Neoliberalization: Towards a Theory of Uneven Geographical Development*（《新自由主义化的空间：迈向不均地理发展理论》）为名出版。

③ 〔美〕戴维·哈维：《后现代的状况：对文化变迁之缘起的探究》，阎嘉译，商务印书馆，2013，第300页。

回到马克思。马克思认为：“资本一方面要力求摧毁交往即交换的一切地方限制，征服整个地球作为它的市场，另一方面，它又力求用时间去消灭空间，就是说，把商品从一个地方转移到另一个地方所花费的时间缩减到最低限度。资本越发展，从而资本借以流通的市场，构成资本流通空间道路的市场越扩大，资本同时也就越是力求在空间上更加扩大市场，力求用时间去更多地消灭空间。”① 哈维认真地理解了马克思，他认为“地方和空间之间、长期和短期视野之间的辩证对立，存在于一个更深的时空维度转变的框架中，这种转变是周转时间加速和通过时间消灭空间这两个资本主义根本需要的产物”。② 因此，马克思强调的——通过交通和通信的创新和投资来减少空间障碍对维护资产阶级权力是必不可少的——观点极有远见。在哈维看来，交通和通信等工具不仅速度越来越快（这意味着相同时间里资本所能影响的空间领域越来越大），而且更新的间隔越来越短（这意味着空间接受变革的时间越来越少）。资本内在逻辑及其外在强制性的辩证法所引发的这种对时间和空间的根本性改变会造成资本周转时间的减少与资本流通空间刷新频率的提高。就像马克思后来所描述的：“‘通过时间消灭空间’深深地嵌入在资本积累的逻辑中，并伴随着空间关系中虽然常显粗糙但却持续的转型，这些转型刻画了资产阶级时代（从收费公路到铁路、公路、空中旅行，直至赛伯空间）的历史地理特征。”③ 这种历史地理特征其实就是哈维所指的“时空压缩”，其具体表现形式为空间被时间极度压缩、生活节奏异常加快、各种形式的不稳定和不平衡随之而来，他认为这种时空客观性质的快速变化尽管给人带来一种短期的、刺激的感官体验，但细思极恐。

“时空压缩”所引发的高速时空变化内在地存在一种不稳定性，并会带来一系列社会情感结构、道德和意识形态的改变甚至异化，人们仿佛都变成了经济动物，表现在经济基础层面，则如前文所说：资本主义的积累形式从“福特主义”向“灵活积累”开始转变。由于灵活积累“依靠同劳动过程、劳动力市场、产品和消费模式有关的灵活性”，所以灵活积累具

① 《马克思恩格斯全集》（第30卷），人民出版社，1995，第538页。

② 〔美〕戴维·哈维：《正义、自然和差异地理学》，胡大平译，上海人民出版社，2010，第281页。

③ 〔美〕大卫·哈维：《希望的空间》，胡大平译，南京大学出版社，2006，第33页。

有“全新的生产部门、提供金融服务的各种新方式、新的市场，首要的商业、技术和组织创新得到了极大强化的比率”的特征。① 因此，灵活积累反过来进一步推动了新一轮的“时空压缩”——“个人与公共决策的时间维度已经缩小了，而卫星通信和正在下降的运输成本使得日益有可能把各种决策很快传送到更为广阔和多样化的空间里去”，② 从而引发了不平衡发展格局中一系列快速变化，既包括各部门之间的变化，也包括各个空间之间的变化，进而引发了社会、政治、经济、文化上的一系列不平衡的发展。在某种程度上来看，“时空压缩”表现为一种后现代的空间辩证法。就如哈维所说：“空间障碍越不重要，资本对空间内部场所的多样性就越敏感……结果就是造成了在一个高度一体化的全球资本流动的空间经济内部的分裂、不稳定、短暂而不平衡的发展。”③ 因此，我们必须学会如何应对我们的空间和时间世界“压缩”的一种势不可挡的感受，④ 这也是不平衡发展理论的效用的具体体现。

剖析“时空压缩”概念为我们理解和把握资本主义的“时空修复”奠定了基础。历史上的各种社会形态都会有意识地构建其时空概念，以满足一种创造财富和组织社会再生产的基本需要，并在此基础上根据空间与时间概念来确定生产方式。资本驱使下的“时空压缩”也不例外。它既是资本积累的一种外在表现，也是理解资本积累分子化过程的内在因素。因为“资本积累向来就是一个深刻的地理事件。如果没有内在于地理扩张、空间重组和不平衡地理发展的多种可能性，资本主义很早以前就不能发挥其政治经济系统的功能了”。⑤ 因此，资本主义进行的“时空压缩”其实也可以定义为一种“修复”，其产生的根本原因是资本积累的内在逻辑与缓解由此产生的资本循环危机。这种修复的含义可以从两个维度进行阐释。一方面，个别资本的组成部分在相当长的时间里会

---

① 〔美〕戴维·哈维：《后现代的状况：对文化变迁之缘起的探究》，阎嘉译，商务印书馆，2013，第 191 页。

② 〔美〕戴维·哈维：《后现代的状况：对文化变迁之缘起的探究》，阎嘉译，商务印书馆，2013，第 192~193 页。

③ 〔美〕戴维·哈维：《后现代的状况：对文化变迁之缘起的探究》，阎嘉译，商务印书馆，2013，第 370 页。

④ 〔美〕戴维·哈维：《后现代的状况：对文化变迁之缘起的探究》，阎嘉译，商务印书馆，2013，第 300 页。

⑤ 〔美〕大卫·哈维：《希望的空间》，胡大平译，南京大学出版社，2006，第 23 页。

被固定在一定的国土之中。同时，某些社会支出（比如公共教育或医疗保健体系）也通过国家投入而变得地域化，在地理上被固定下来。另一方面，“时空修复”喻指一种通过时间延迟和地理扩张解决资本主义危机的特殊方法。[①] 简单来说，所谓的“时间修复”就是以固定资产投资、消费基金投资、社会支出投资的方式来拖延资本重新进入流通领域，进而缓解由资本在工业投资领域的过剩而导致的资本主义危机。但是哈维认为这种时间修复并不能有效解决资本积累过剩问题，因为在这一阶段中同样会存在投资过度问题，当“时间修复”失效后，资本主义便开启了“空间修复”策略。“空间修复”是指“通过开辟新的市场、新的生产能力和新的资源，以及其他地方的社会和劳动可能性”来进行转移，[②] 即资本要通过地理的扩张来为过剩的资本和劳动力寻找新的生存空间。有了“时空压缩”这个先决条件，资本主义的“空间修复”必然不只是局限于资本主义内部，而是出于资本流动的盲目性和迫切性向全球范围内扩展。因此，资本主义全球化的最根本驱动力在于资本的空间修复。不过，这种对新空间的开发和使用也存在一定的问题，它会威胁到旧空间中已经投资但还未完全实现的价值，也会同旧空间中固有的空间规模生产产生冲突。这一矛盾显然不可避免，并且在进行“空间修复”的过程中同样会出现“时间修复”中尚未解决的关于固定资产方面的投资过剩危机，因为资本在寻找到新的空间生产场所后同样要进行基础设施等方面的固定资本投入，这无疑会加剧“空间修复”的危机。长此以往，无论是“时间修复”还是“空间修复”，都无法从根本上缓解哈维所说的资本主义主导下的全球范围内独特的地理状况和不平衡发展状况。甚至在某种程度上来看，横跨全球不同空间规模的不平衡发展正是在资本主义的时空修复过程中形塑和演变的。

应该说，对上述概念的解析为我们系统展开对不平衡发展理论的研究奠定了基础。我们的理论诉求是在哈维打开的空间视野下同其一道探索和理解不平衡发展理论的实质和效用，在此基础上建构和完善一个具有空间元理论价值的不平衡发展一般理论。对于建构不平衡发展理论，

---

① 〔美〕戴维·哈维：《新帝国主义》，付克新译，中国人民大学出版社，2019，第67页。

② 〔美〕戴维·哈维：《新帝国主义》，付克新译，中国人民大学出版社，2019，第64页。

我们始终坚持从现象到过程，从过程到实质这样一个逻辑顺序，这得益于哈维的启发："我把在不平衡地理发展一般理论的类别下创造并维持这些特殊多样性的力量联系了起来。"①

第三节 "统一场论"的确立

哈维结合了包括历史主义/扩散主义、建构主义、环境主义、地缘政治在内的不平衡发展的观点，尝试形成一种带有集合性的"统一场论"。

第一，历史主义/扩散主义的观点。这种来自自由主义和保守主义的观点带有典型的西方中心主义色彩，他们将资本积累逻辑看作减轻先前时代落后（自然的、历史的、宗教的）"负担"的先进方法。这种观点认为，西方资本主义国家乃至帝国主义国家都是历史发展的应然之物，是积极的和进步的。落后国家根本无力创造自己的历史，只能在"历史的候车室"里等待，祈祷搭上发达资本主义国家行驶在进步之路上的列车。在这种观点的支撑下，不平衡发展被解释为一个源于中心的差异化扩散过程的产物，会将先前时代的残余抛到脑后，或是去抗拒资本主义推动之进步或现代化的角落。②

第二，建构主义的观点。这是依附理论、不平等交换理论以及空间生产理论的代表性观点，认为不平衡发展是由实力最强的帝国主义国家凭借政治、军事和地缘政治手段剥削不发达国家的人口、资源和土地所造成的差异性景观。这种剥削是一种新型的帝国主义（殖民主义）行径，世界因此形成了"中心—外围"的不平衡发展结构，外围国家只能依附在发达资本主义国家身上进行所谓的"低程度发展"。

第三，环境主义的观点。这种观点在近年来全球环境问题突出的态势下越发受到关注，多数源自生物区域论者以及生态学马克思主义者，他们认为发展的不平衡首先源自自然先天的环境条件的差异，同时受到人类为适应不同环境条件所做出的生活和生产方式改变的影响。

第四，地缘政治的观点。这种观点在自由主义和马克思主义内部广泛

① 〔美〕大卫·哈维：《希望的空间》，胡大平译，南京大学出版社，2006，第71页。

② 〔英〕大卫·哈维：《新自由主义化的空间：迈向不均地理发展理论》，王志弘译，台北：群学出版社，2008，第66页。

地流行，在一定程度上带有权力中心主义色彩，在这种观点看来：不平衡发展是在不同尺度上运作、于疆域上组织起来的强权之间以及政治与社会斗争的不可预测的产物。① 这种强权可以透过不同规模的空间起作用，因而对类似于帝国主义这样的权力体的探讨是个纯粹的政治学话题。

哈维充分运用马克思的辩证法对上述观点进行了深入的分析，他认为上述观点皆不能独立地揭示不平衡发展问题的实质。于是，他将以上四种彼此重叠又大相径庭的观点进行了高度的概括和升华，建构了由自然和社会过程中的资本镶嵌，夺取式积累与贬值，资本积累于时空中的规律特质，各种地理尺度上的政治、社会与阶级斗争四项理论共同构成的具有元理论性质的不平衡地理发展“统一场论”。哈维期待在理论层面不断探赜历史与地理、资本与权力之间的那种时而清晰、时而混乱的特殊与普遍、抽象与具体的关系；在实践层面极力考察权力资本逻辑和领土逻辑如何在预先设定的不平衡时空条件下进一步塑造出新的全球范围内的不平衡发展，并深入研究在这一过程中形成的复杂权力形式（诸如新帝国主义）的生成逻辑及其运行机制。“统一场论”是到目前为止，哈维在通往不平衡发展一般理论道路上所搭建的最完整、最详尽的理论框架。

一　自然和社会过程中的资本镶嵌

“不均地理发展反映了不同社会群体将其社会性（sociality）模式，于物质上镶嵌到生活网络中的不同方式，这种生活网络就是不断演变的社会—生态系统。”② 在此，哈维说明了不平衡发展的理论效用与建构方式。哈维认为，尽管针对社会—生态系统的变异如何去阐释社会性模式作用于其中的不同方式的研究多如牛毛，“地理学家、人类学家、社会学家、经济学家，各种史学家、政治评论者，以及其他许多人，实际上已经产出了理解这种过程及其结果的庞大著作”，③ 但是，哈维同时认为他们仅仅关注那些产生了意料之外后果的社会行动以及人性对新奇的永恒

① 〔英〕大卫·哈维：《新自由主义化的空间：迈向不均地理发展理论》，王志弘译，台北：群学出版社，2008，第67页。

② 〔英〕大卫·哈维：《新自由主义化的空间：迈向不均地理发展理论》，王志弘译，台北：群学出版社，2008，第72页。

③ 〔英〕大卫·哈维：《新自由主义化的空间：迈向不均地理发展理论》，王志弘译，台北：群学出版社，2008，第72页。

追求而引起的社会变迁，忽视了物质对日常生活的重要影响。于是哈维进一步说：问题在于找出一种办法，以便联结较为一般性的资本积累、社会斗争和环境转变的过程来理解这些多样、特殊且经常独具一格的地理变异。[①] 这个办法便是通过建构不平衡发展的一般理论来实现对资本作用于社会过程的研究。

不平衡发展一般理论的建构必须应对两个问题：首先，必须说明资本循环和资本积累的法则；其次，必须建立一种方法论，来追溯这些法则如何透过社会—生态过程而得以具体表现出来，并积极地被重新塑造。[②] 其实，这两个问题可以归纳到一个维度去思考。在方法论的建构方面，传统的理论建构方法是个案研究必须建立在固有理论基础之上，但哈维认为，不平衡发展理论应该被理解为一种在不断变化中形成的论证结构，以便在遭遇复杂的社会—生态现象时能够给予充分的解释。因此，哈维的目标是要透过一个不平衡发展一般理论的问题意识来说话，它既对一般理论如何运作的概念进行松绑，也促进了理论著作与历史-地理唯物主义的具体实践之间的辩证结合。[③] 这就是说，哈维在建构不平衡发展一般理论的时候采取的是以问题意识为导向、以问题批判为手段的方法，以诠释资本循环和资本积累在社会—生态系统之中的重要作用，这对哈维来讲是十分必要的，因为在他看来，抛弃了资本逻辑，不平衡发展的一般理论就不可能被建构出来了。

哈维应用了马克思抽象与具体相统一、一般与特殊相融合的辩证法，批判了那些将日常生活独立于资本循环以外的理论观点。哈维用大量的案例来批判布劳岱的设想——1800 年以前的日常物质生活，是在地方层次度过的，只受到资本主义的较小影响，甚至在今日，世界上确实有些地区，可以很合理地说，资本主义的宏观过程只在日常生活上投下一抹阴影——对我们目前的世界来讲是不合时宜的；以马克思所谓的资本在追求剩余价值之上的“弹性力量”为论据来批判博兰尼所谓的市场经济

① 〔英〕大卫·哈维：《新自由主义化的空间：迈向不均地理发展理论》，王志弘译，台北：群学出版社，2008，第 72 页。

② 〔英〕大卫·哈维：《新自由主义化的空间：迈向不均地理发展理论》，王志弘译，台北：群学出版社，2008，第 73 页。

③ 〔英〕大卫·哈维：《新自由主义化的空间：迈向不均地理发展理论》，王志弘译，台北：群学出版社，2008，第 73 页。

逐步脱离了社会系统；用马克思历史唯物主义的方法论来批判福柯的异质空间、哈贝马斯和胡塞尔的生活世界概念，认为他们错误地假设了某种脱离了资本主义社会关系和概念的异质地方或生活世界的真实存在。在哈维看来，目前关乎我们日常生活的每一件事都已经以某种特定的方式陷入了资本积累和循环的体系之中：我们现在的吃喝穿戴以及收听、观看和学习的几乎每件东西，都以商品形式来到我们面前，而且由分工、产品利益的追求以及体现资本主义信条的论述与意识形态的一般演化塑造，在这种情况下，身体变成了积累的策略，而且我们全都得在这种条件的符号底下过活。①

当然，资本积累关联自然生态系统的论述也不可或缺。哈维同样利用马克思的历史唯物主义方法论批判了那种将自然的新陈代谢同资本积累区分开来的理论构建方式。马克思和恩格斯认为，唯有当人和自然的关系被排除于历史之外时，才造就了自然和历史的反命题。② 所以，尽管自然应该被视为强烈的内部变化——无可比拟的差异场域，③ 就连资本的地理循环都会明显地受到自然环境的影响，但是哈维认为，这种影响至少应该是相互的，就像马克思和恩格斯的观点那样，我们在改变环境的同时，必然改变了自己。自然生态系统内部同样无法摆脱来自资本的影响：科技、组织形式、分工及常识等都会对人们动员和利用自然剩余的方式造成非常大的影响，并且这种影响随着时间的推移逐渐加大。所以，哈维总结，在生态这一方面，我们必须理解资本积累如何透过生态系统的过程而运作，重塑这些过程，并扰乱它们。④

总之，哈维的目的在于尝试探讨资本循环和资本积累法则如何作用于社会—生态系统之中，以探讨构建不平衡发展理论的一般前提和基本方法，脱离了资本于自然社会生活之网中的物质镶嵌，任何对不平衡发展的研究

① 〔英〕大卫·哈维：《新自由主义化的空间：迈向不均地理发展理论》，王志弘译，台北：群学出版社，2008，第 77 页。

② 〔英〕大卫·哈维：《新自由主义化的空间：迈向不均地理发展理论》，王志弘译，台北：群学出版社，2008，第 83 页。

③ 〔英〕大卫·哈维：《新自由主义化的空间：迈向不均地理发展理论》，王志弘译，台北：群学出版社，2008，第 82 页。

④ 〔英〕大卫·哈维：《新自由主义化的空间：迈向不均地理发展理论》，王志弘译，台北：群学出版社，2008，第 83 页。

都是脱离实际和没有意义的。所以哈维认为：探究资本如何、为何及于何处嵌入日常生活之中，是建构不平衡发展一般理论的任何尝试必须考量的一环。当然，这种资本积累作用于社会过程的探讨，还需要进一步展开。

二 夺取式积累与贬值

夺取式积累顾名思义就是通过掠夺、剥夺来实现资本的积累和增殖。夺取式积累是哈维不平衡发展理论的核心概念，这个概念其实也可以追溯到马克思关于资本积累的一般理论。马克思的资本积累理论基于对原始积累——一种依靠贪婪、欺诈和暴力的血腥积累——的分析和批判，成功地解释了资本主义发展第一推动力的问题，这是马克思主义政治经济学区别于古典政治经济学的根本之处和进步之处。在当代，新兴的资产阶级经济学家在考察资本主义积累问题的时候，巧妙地绕开了马克思主义政治经济学而直接对古典政治经济学进行“复辟”。他们习惯性地进行一种理论的预设，即资本的原始积累已经完成，积累的形式早已改变，变为在“和平与平等”条件下进行的社会范围内的扩大再生产，那种依靠贪婪、欺诈和暴力的血腥积累已经不属于当代“资本主义”了。哈维对这种观点进行了批判，他认为：如果从长期历史地理角度看资本主义积累过程，就会发现这种原始或初期积累时期的掠夺行为仍然存在，根本没有退出。[①] 因此，哈维认为在进行当代资本主义积累的研究时，要重新评价资本积累中的“原始”或“初期”积累对资本主义过去所产生的作用和影响，并且积极地证明这种“原始积累”行径依然存在于当代资本主义生产当中，只是形式上发生了改变。而“原始”和“初期”这种过去式的表述形式对理解和阐释当代资本主义的积累形式来说已经不合时宜，那么不妨就用“夺取式积累”来替代“原始积累”并持续地表达资本主义积累逻辑的那种扩张性和掠夺性，这就是“夺取式积累”概念的由来。哈维在“夺取式积累”概念基础上将当代资本主义形象地比喻为资本帝国主义，并通过研究资本帝国主义的空间扩张表征和实质，对不平衡发展一般理论进行了铺陈。因此，深入探讨“夺取式积累”概念对不平衡地理发展理论研究的意义十分重大，而按照哈维的索引，我

① 〔美〕大卫·哈维：《世界的逻辑》，周大昕译，中信出版社，2017，第311页。

们还需要对这个关键性概念进行几个步骤的拆分。

关注的问题是作为夺取式积累争夺对象的“剩余”。如哈维所言，所有的社会（除了早期的原始社会）都会产生剩余（其定义为超出立即消费所需部分的使用价值），以求取生存。社会系统越精密，剩余就越重要且必要。在哈维看来，剩余的被占用和集中化完全取决于政治的需要和阶级的形成，而这种对剩余的占有是存在许久的人类行为，占有剩余的表现形式多种多样。第一，自然资源及其他自然条件提供了快速生产剩余的可能性，因此方便通往及控制资源丰富的位置，成为一种通过占有而积累的幽暗形式。① 第二，土地、可以商品化的使用价值、货币商品（黄金）、劳动力（包括技能）、文化产物和地方习俗、社会网络等提供了占有活动的更直接目标。② 哈维认为，这些占有剩余的表现形式显而易见地存在地理上的差别，本身就蕴藏着某种类型的不平衡发展，剩余如何被占有和使用决定于接近和掌控它们的空间策略，而这种空间策略的外在表现就是资产阶级的掠夺手段和方式。③

资产阶级为何要控制剩余呢？在哈维看来，资本家的崛起，在最开始可能并不取决于资本家制造剩余的能力，而更多地取决于其占有和控制他人剩余的能力。因为资产阶级的存在必须依靠不断地积累，进而完成累进式的积累以达到存活的目的，而快速完成积累的最有效手段就是占用他人的剩余。他们会将已控制的剩余视为自己的私有财产并将其重新投入流通领域，以实现私有财产的增值，这是资产阶级的阶级本质所决定的。正是在这个过程中逐渐形成了无产阶级以及薪资劳动和雇佣，资本主义社会系统也得以形成，当然这是一个长期的并充满斗争的过程。就如哈维所说，在每种情况中，资产阶级霸权地位的崛起，都遭受其他阶级力量（通常是以宗教和国家为基础）的阻挠。④ 于是，资本主义要

---

① 〔英〕大卫·哈维：《新自由主义化的空间：迈向不均地理发展理论》，王志弘译，台北：群学出版社，2008，第 86 页。

② 〔英〕大卫·哈维：《新自由主义化的空间：迈向不均地理发展理论》，王志弘译，台北：群学出版社，2008，第 86~87 页。

③ 〔英〕大卫·哈维：《新自由主义化的空间：迈向不均地理发展理论》，王志弘译，台北：群学出版社，2008，第 87 页。

④ 〔英〕大卫·哈维：《新自由主义化的空间：迈向不均地理发展理论》，王志弘译，台北：群学出版社，2008，第 85 页。

成为一个主导性的社会系统，需要资产阶级兴起并超越其他阶级成为占有剩余的权力掌控者。这种资本主义系统一旦形成，出于阶级统治的必要性和资本循环的迫切性，对剩余的占有、控制和使用就永远不会停止，并且资本主义会将这种对剩余的无止境追寻延伸到尚未纳入资本循环领域的自然、生态、生活方面。由此推断，通过夺取而积累必须被解释为资本主义存活的必要条件。

夺取式积累可以宏观地概括成三种不同的方式，其一是优势力量的外部强制。就如卢森堡所讲："资本主义为了维持稳定就必须永远占有'外在于自身'的东西。"[①] 资本主义内部具备一定阶级力量的优势团体，比如国家、财团、多国公司、殖民势力，通过强制手段突破地理限制和全球范围内的社会秩序为本团体谋求剩余价值。"商业资本主义，以及殖民、新殖民和帝国主义事业的长远历史，基本上就是这种情形。盗取世界的使用价值，这种行径在资产阶级狼藉劣性的万神殿中可谓历史悠久。"[②] 其二是当资本主义的外部强制充分展现了其优势力量和资本诱惑之后，深受资本蹂躏之苦的整个社会可能会决定，如果他们无法击败资本主义，那么最好加入它。[③] 于是，非资本主义体系的国家和集团等外部势力出于利益的需要便开始在资本主义掌控之外的地理范围内展开对剩余的买办活动。他们通过各种手段（一般是强制性手段）来动员和调动内部剩余，从而将其投入资本循环，以迎合资产阶级的需要。其三是除了单纯的外部强制和内部动员，还有一种比较复杂的形式，比如二战后的韩国和日本则是通过外部影响和内部势力的结合，积累了供资本主义发展所需的剩余。[④] 在世界范围内资本主义洪流的诱惑之下，为了能够将自己融入世界市场以获得更为广阔的发展空间和获取更大的利益格局，一些具备一定实力的地方性集团开始不断地榨取本区域内部（主要是同胞）的剩余，并将其作为资本进军世界市场。实践的确证明了，如

---

① 〔美〕戴维·哈维：《新帝国主义》，付克新译，中国人民大学出版社，2019，第 83 页。

② 〔英〕大卫·哈维：《新自由主义化的空间：迈向不均地理发展理论》，王志弘译，台北：群学出版社，2008，第 87 页。

③ 〔英〕大卫·哈维：《新自由主义化的空间：迈向不均地理发展理论》，王志弘译，台北：群学出版社，2008，第 88 页。

④ 〔英〕大卫·哈维：《新自由主义化的空间：迈向不均地理发展理论》，王志弘译，台北：群学出版社，2008，第 88 页。

此庞大的资本空间掠夺机器一旦开始运转，出于各阶级维护其自身利益的迫切需要和整个社会形势的运转压力，它就永远不可能主动停止。在风云变幻的国际竞争中，夺取式积累由于时间、地点、方式、主体、对象的不断变化会存在很大的偶然性，进而导致各个利益主体和区域国家间在主观上形成巨大分歧并在客观上形成差异化的发展。针对这种分歧和差异，哈维进行了进一步的说明，分歧和差异的形式肯定是多种多样的，不同阵营、不同制度国家间的分歧和差异最为明显。但值得一提的是，我们经常忽略的一个十分重要的选项是来自资本主义内部的分歧和差异，这也是夺取式积累的一个重要方面。资本主义内部从来都不是铁板一块，用弱肉强食来形容显然更为贴切。哈维在《新自由主义化的空间：迈向不均地理发展理论》中这样说道：“某些集团（像是金融资本）掌握机会来占用其他人（例如农民或工业家）的资产，或是疆域或资本的区域配置（城市、区域、国家）试图透过商业竞争和（或）地缘政治操纵（包括军事干预和瓦解）来获取或摧毁敌手的资产，经由合并和资产掠夺来夺取，也是寻常无奇的资本主义行径。”①

贬值是这种行径的一个重要手段。资本主义常常面临贬值的危机，这当然也包括剩余的贬值。哈维认为，贬值会让很多资产被廉价夺取，那些掌握权力和资本的人如果能够顺利度过危机，将变得更富裕。② 在这种背景下，博弈的重点已经不是单纯的以拉拢和强制扩充资本体量，而是如何保全自己并将贬值所带来的冲击和风险控制在他人的地盘上。这个目的一旦达成，获胜一方将进一步通过债务来实行金融控制，以达到让他人剩余贬值和强大自己的目的。

夺取式积累所产生的区域及其内部甚至国家等不同空间规模中的不平等效果，正是不平衡发展理论所要研究的核心问题。因此，就如哈维所讲：“任何资本主义下的不均地理发展理论，如果要有任何一般性的效度和用处，就必须将夺取式积累/贬值纳入，视之为一种基本力量。”③

---

① 〔英〕大卫·哈维：《新自由主义化的空间：迈向不均地理发展理论》，王志弘译，台北：群学出版社，2008，第88~89页。

② 〔英〕大卫·哈维：《新自由主义化的空间：迈向不均地理发展理论》，王志弘译，台北：群学出版社，2008，第89页。

③ 〔英〕大卫·哈维：《新自由主义化的空间：迈向不均地理发展理论》，王志弘译，台北：群学出版社，2008，第89页。

三 资本积累于时空中的规律特质

我们已经详细探讨了资本于空间和时间中的存在基础及积累特征，可以说，从马克思时间维度的资本积累理论到哈维空间维度的资本积累理论，我们对资本积累于空间和时间中的运行规律的理解已经趋于成熟。总体来看，对当代资本主义积累在空间和时间中运转的研究必须建立在我们已经探讨过的几个基础性前提之上：首先，夺取式积累已经在资产阶级的控制之下得以发生；其次，建立在合法性条件之上的资本主义秩序与规则已经形成；最后，资本已经控制了时间和空间场域内绝大多数资源并企图进一步控制一切。具体来说，我们可以借用哈维对资本积累一般性特征的概括来说明：①活动是扩张性的，成长被认为不可避免，而且是件好事；②成长是通过在生产中剥削活劳动来维持的；③阶级斗争是特有的病态，但不构成威胁；④技术变迁（或者进步）不可避免，同时本身被视为好事；⑤系统充满矛盾，内蕴了不稳定；⑥危机无法避免，其特征是过度积累；⑦如果无法以某种方式来吸收剩余，那么其将会贬值。过度积累危机可以暂时被缓解，办法是时间转移（将资本和劳动剩余吸收到长期计划中）或空间修复。[①] 阐明了这些，哈维进一步提出了理论期待，在这种对资本积累的一般理解中，要如何建构一个比较清楚详尽的不平衡发展理论呢？

哈维在对资本积累及循环特质进行概括的基础上也对关乎不平衡发展一般理论建构的时空要素逐一进行了分析。

市场交换。哈维认为，劳动力和生产资料集中到产地，然后制造出商品并运送到消费者手中，这是一个用时间消灭空间的过程，这个过程会塑造出千变万化的行销方法和谋利手段，进而形成一种很特殊的资本积累时空结构。[②] 尤其是在近代，人们注意力都专注于商品链、市场系统内部的社会关系与结构、商业资本家的力量，以及这些中介如何不仅促进了商品交易，还设置了抽取价值和剩余价值的无数地点。在哈维看

① 〔英〕大卫·哈维：《新自由主义化的空间：迈向不均地理发展理论》，王志弘译，台北：群学出版社，2008，第90页。

② 〔英〕大卫·哈维：《新自由主义化的空间：迈向不均地理发展理论》，王志弘译，台北：群学出版社，2008，第91页。

来，不平衡发展是通过这种手段生产出来的。

空间竞争的强制法则。正如我们前文分析的资本主义世界内部的竞争那样，出于对更高利润的追求，资本家往往会用尽手段在竞争中奋力地取得优势。但哈维认为这种优势并不持久：第一，相对于取得了一定优势的资本家，其他资本家可以找到具有同样优势的区位，或者如果超额利润相对稳定，就可能会被征收，即超额利润会被地主阶级吸走；第二，对超额利润的追求，在生产中引发了一种区位动态，平行于技术和组织的动态。这两种获得竞争优势的方法，彼此间会权衡得失。[①] 这种强制性空间竞争的过程产生了资本主义地理景观中的不稳定因素。

地理分工。哈维认为，原本较小的先天的地理优势会因为空间竞争的强制法则而被放大和巩固。经济体内部的循环和积累因果关系，确保了资本丰富的区域成长得比较快，而资本贫乏地区成长得比较慢，也就是会逐渐产生地理差异和空间集聚，因此加剧不平衡发展。

垄断式竞争。哈维认为，在资本主义条件下，垄断是必然要发生的：首先，对作为私有财产安排之生产资料的垄断控制，乃是资本主义的基础；其次，竞争的最终结果很可能是垄断（我们目击了垄断与寡头势力在近期的新自由主义支配中令人难以置信地崛起）；最后，资本家寻求垄断势力，因为这能提供更高的安全性、可计算性，并容许理性的剥削结构存在。[②] 垄断无疑为资本家控制和积累更多的利润提供了强有力的支持，但是，由于竞争的强制法则和地理分工等诸多因素的影响，垄断的形成和瓦解在资本主义空间生产中不停地重复，于是，资本家也在不停地寻找维持垄断的方法，主要包括集中资本和提升核心技术的竞争力。哈维认为，在这两种情况中，效果都是在关键地址集结资本积累的强大力量。位于其他空间的活动，则可能成为这些集中化势力的附属。因此，多国公司看得见的手，在资本主义的不平衡发展上，具有相当程度的重要性。[③]

---

① 〔英〕大卫·哈维：《新自由主义化的空间：迈向不均地理发展理论》，王志弘译，台北：群学出版社，2008，第92页。

② 〔英〕大卫·哈维：《新自由主义化的空间：迈向不均地理发展理论》，王志弘译，台北：群学出版社，2008，第94页。

③ 〔英〕大卫·哈维：《新自由主义化的空间：迈向不均地理发展理论》，王志弘译，台北：群学出版社，2008，第95页。

加速与用时间消灭空间。资产阶级有强烈的缩短资本周转时间的动机和欲望。运输方式和通信技术等的创新在多数情况下是为了加速资本的周转以达到最高的利润率，这正是马克思所说的“用时间消灭空间”。这种现象在资本主义的历史地理中明显存在，而且在许多方面支持了不平衡发展的生产。①

生产与消费的实质基础设施。为了达到用时间消灭空间的目的，建立实质的运输和通信的空间基础设施是必要的，这样才更有利于资本和劳动的空间移动。但是，运输投资和通信投资通常会集中于某个具有优势的区域内，形成一股强大的向心力，这从客观上加剧不平衡发展。

区域体的生产。资本积累循环所营造的资本流通环境会形塑出一种具有特定模式的生产、分配、交换、消费、劳动力供应与需求、阶级斗争、文化生活的区域空间。消费模式在这里根据财富和权力的集中而在地理上分化，文化分化则可以被加以转变或积极生产出来，以便形成利基市场（小众市场）。消费者力量和消费者偏好的分化世界，在此成了一个不平衡发展的主要决定因素。②

尺度的生产。在资本主义的时空压缩过程中，资本积累势必导致时空结构的尺度变化。哈维将其具体描述为：它扩大了货品、金融流动以及咨询可得性（availability）的典型空间范围；它转变了劳动市场的地理形势；资本集中化和分散化之间的张力、活动的地理聚集和分散的紧张，明显可见；劳动的疆域分工、技术和组织形式以及类似的经济体，都会有所影响。③ 就是说，资本循环在作用于不同区域的同时，会不断地形塑出具有独特尺度的组织模式，而这种模式往往是充满变数的，是不稳定的和不平衡的。于是，“区域结构必须理解为内蕴了不稳定，在它们之间穿越的资本与劳动流动的反复无常，成为资本主义不均地理发展的特有疾患”。④

① 〔英〕大卫·哈维：《新自由主义化的空间：迈向不均地理发展理论》，王志弘译，台北：群学出版社，2008，第95页。

② 〔英〕大卫·哈维：《新自由主义化的空间：迈向不均地理发展理论》，王志弘译，台北：群学出版社，2008，第97~98页。

③ 〔英〕大卫·哈维：《新自由主义化的空间：迈向不均地理发展理论》，王志弘译，台北：群学出版社，2008，第99页。

④ 参见〔英〕大卫·哈维《新自由主义化的空间：迈向不均地理发展理论》，王志弘译，台北：群学出版社，2008，第100页。本处只针对哈维著作中关于资本逻辑的部分进行探讨，关于干预国家及地缘政治的部分（权力逻辑）将在本书第四章进行分析。

四 各种地理尺度上的政治、社会与阶级斗争

哈维在建构不平衡发展理论的“统一场论”的过程中，特别提到了一种特殊的地理尺度上的斗争形势，并将其作为不平衡发展理论最后一项需要探讨的元素：“争取国族解放，争取国族做为凝聚的国家形式，反映族裔认同或宗教关联而存在的权利，这种斗争不能被扫到一边，当成只是资本主义历史地理的小病痛。”[①] 哈维将此定义为社会斗争的政治。其实，这种特殊的斗争是内化于地缘政治斗争之中的，这也是我们将其放入本章讨论的一个重要原因。不过，哈维的理论诉求在于如何将这种地缘斗争的特殊形式与时空中的资本积累相联系，从而整合进不平衡发展理论之中，针对此，哈维进行了三个方面的理论拆解。

第一，社会运动与夺取式积累。在哈维看来，社会运动涉及的是争夺土地和生活空间以及水源、森林、能源等基本资源，或者争取尊严、认可、自我表现、某种权利（传统、文化和习俗）的斗争。[②] 这些方面其实都可以被内化进夺取式积累的一般定义之中。这种地理尺度上的争斗早已超越单纯的暴力冲突，而统统都可以内化成关于资本积累和通过积累所集聚的其他形式力量的夺取式的政治行为。夺取什么、谁来夺取和怎么夺取的斗争无处不在并且变幻无穷、无法预测，正因为这种不可预测的特性，哈维认为十分有必要在不平衡发展一般理论中关注这一问题。

第二，围绕着资本扩大再生产的冲突。哈维认为，除去马克思主义者所关注的有关资本与劳动涉及剩余价值生产的斗争，还应该有一种斗争理应受到充分的重视，即直接围绕区域体而产生的斗争，包括基础设施投资的地理形势、行政和集体行动的疆域化、阶级联盟以及争取地缘政治优势的斗争。[③] 这些有关扩大再生产的斗争直接联系着不平衡发展，

① 〔英〕大卫·哈维：《新自由主义化的空间：迈向不均地理发展理论》，王志弘译，台北：群学出版社，2008，第105页。

② 〔英〕大卫·哈维：《新自由主义化的空间：迈向不均地理发展理论》，王志弘译，台北：群学出版社，2008，第106页。

③ 〔英〕大卫·哈维：《新自由主义化的空间：迈向不均地理发展理论》，王志弘译，台北：群学出版社，2008，第108页。

更联系着资本积累动态的发展，斗争的形式取决于区域联盟的形式以及变化多端的全球资本、劳动和信息等问题，是不平衡发展一般理论需要详细探讨的内容。

第三，有关生活网络中社会过程之物质镶嵌的冲突。新帝国主义在扩张中会将生活网络中的一些基本元素异化为产品，主要包括我们称为“自然”的东西以及我们社会存在的特殊形式（最明显的是货币，但是也包含像文化、传统、智慧、记忆以及物种的物质再生产等特性）。[①] 在这种情况下，个人和集体就必定存在文化传统、自然环境、社会关系、历史记忆等方面的自我防卫，而这种自我防卫绝大多数出于反资本主义倾向，进而产生社会—生态系统的关于物质生活的斗争。哈维认为，这种斗争不应该被忽视，忽视了这种斗争的复杂特性，无异于放弃了能够遏制资本主义、帝国主义的现实可能。

总体来讲，无论是对哈维不平衡发展理论核心问题的解析，还是对其学理基础的探赜，抑或对“统一场论”的详细剖解，都可以看成探索哈维不平衡发展理论内涵的一般过程，不平衡发展一般理论就彰显于理论挖掘的过程之中。其实，我们永远无法具体而直接地定义哈维的不平衡发展理论，原因在于：首先，这是一个永远处于发展中的理论，它的理论域永远都不会被固定；其次，这是一种抽象的理论，我们不能也不应该对其进行明确定义，就像我们可以从多种维度去理解哲学，却无法给哲学下一个确切的定义。比定义理论更重要的工作是理解理论。就如哈维写道：“如果理论是建构为一种干净的逻辑结构，以直接的命题式术语来叙述，有干净利落地导引自基本抽象范畴的法则般陈述，那么，我在这里组合的材料（不平衡发展统一场论——笔者注），就不可能被理论化。”[②] 承袭哈维的理论建构逻辑，对不平衡发展理论研究的最终方法还是弄清楚物质生活网络、夺取式积累与贬值、扩大再生产积累以及阶级斗争如何在资本主义不平衡发展的动态场域中持续变化。

① 〔英〕大卫·哈维：《新自由主义化的空间：迈向不均地理发展理论》，王志弘译，台北：群学出版社，2008，第109页。

② 〔英〕大卫·哈维：《新自由主义化的空间：迈向不均地理发展理论》，王志弘译，台北：群学出版社，2008，第70页。

第三章　不平衡发展理论的资本逻辑论

通过对不平衡发展“统一场论”的整体把握和分解研究，不难发现“统一场论”中包含两条基本的逻辑主线，即资本逻辑与权力逻辑。其中，资本逻辑是作为基础而存在的，它是资本主义地理扩张的始作俑者，正是由于资本积累固有的矛盾与危机并未在地理扩张过程中得到根本解决，因此不平衡发展现象被进一步制造出来，在全球化空间生产时代，这主要表现为城市规模空间与全球化规模空间中的不平衡发展。通过研究，我们进一步发现，对不平衡发展与资本主义发展的分析并不能建立在单向的历史轨道之上，既不能朴素地认为不平衡发展创造了资本主义，也不能单纯地认为资本主义催生了不平衡发展，要将二者理解为交替存在、互相催生、彼此影响的辩证的资本逻辑演化过程。

第一节　背景与基础

——资本积累的空间向度

当代的资本主义政治、经济、文化、信息等领域的独特地理景观无一不源于资本逻辑的创造和形塑。哈维强调，资本积累的原子化过程在空间和时间中运转，在资本积累的地理模式方面产生了消极的变革。[①]资本主义在该过程中通过控制和利用资本来取得领先地位后，就能够通过日常的生产实践、贸易、商业、资本流动、资金转移、劳动力迁移、技术转让、货币投机、信息流通和文化冲击等，打破原有的空间约束，比如流入或流出领土实体（例如国家或区域权力集团），逐渐形成了资本积累的空间向度。所以，从20世纪70年代开始，哈维就一直致力于研究阐释空间与资本积累的内在联系和相互作用，逐渐形成了历史-地理

① 〔美〕戴维·哈维：《新帝国主义》，付克新译，中国人民大学出版社，2019，第59~60页。

唯物主义的资本积累理论，以此批判由资本主义的夺取式积累所造成的全球范围内的不平衡发展现象，并据此提出了不平衡发展理论的一种研究方法："全世界的日常生活如何在生活网络中度过，相关的研究档案，可说是汗牛充栋。问题在于找出一种办法，以便连结上较为一般性的资本积累、社会斗争和环境转变的过程，来理解这些多样、特殊且经常独具一格的地理变异。这意味了，要将特殊研究整合到某个比较一般性的资本主义不均地理发展理论中。"① 哈维从为剩余资本难题寻求"时空修复"这一背景出发，论证资本是如何在时间和空间中创造出它自身的独特历史地理的，为深刻理解资本逻辑提供了可能。

一 资本积累循环的矛盾与危机

我们在前文已经简要介绍过哈维与马克思在理论上的内在联系，哈维的资本积累理论源自马克思关于资本主义生产方式下的积累理论，这一点似乎也已经得到了学界的公认。尽管我们在前文已经从概念内涵的角度涉猎了资本积累与空间的关系问题，并对基本概念进行了阐释，但是要进一步厘清资本与空间的关系并将其作为不平衡发展理论的建构基础和背景，就必须对哈维构建的空间向度的资本积累理论展开进一步探赜。

资本积累的周期一般包括四个阶段，即危机、萧条、复苏和高涨，其中危机阶段是必经阶段，因为没有危机阶段就不存在资本主义再生产的周期性。资本积累必然导致矛盾与危机的出现，我们也正是在危机之中才得以正视资本主义的不稳定之处，而资本主义也正是在一次次危机和矛盾中得到了重新的设计和塑造，由此创造出资本主义的新形态。正如马克思所说："世界市场危机必须看作资产阶级经济一切矛盾的现实综合和强制平衡。因此，在这些危机中综合起来的各个因素，必然在资产阶级经济的每一个领域中出现并得到阐明。我们越是深入地研究这种经济，一方面，这个矛盾的越来越新的规定就必然被阐明，另一方面，这个矛盾的比较抽象的形式会再现并包含在它的比较具体的形式中这一点，也必然被说明。"② 马克思的资本积累理论和经济危机理论是哈维不平衡

① 〔英〕大卫·哈维：《新自由主义化的空间：迈向不均地理发展理论》，王志弘译，台北：群学出版社，2008，第72页。

② 《马克思恩格斯全集》（第26卷），人民出版社，1973，第582页。

发展理论的理论基础和逻辑基底，哈维正是在拓展上述理论的空间向度的过程中，逐步构建了其不平衡发展理论。因此，深入理解资本积累及其矛盾与危机，是我们洞悉不平衡发展理论的核心步骤和关键环节。

早在中世纪末期，伴随着西方社会生产力的发展和科学技术的进步，传统宗教的根基发生了动摇，新教伦理的推广使得宗教文化不断世俗化，社会价值由“神性”主导向“理性”主导转换，“价值理性”全面萎缩，“工具理性”在资产阶级的推崇下大行其道。人们不再执着于关注“意义”本身，转而更加关注“目的”，那些充斥着理性计算、精密设计和世俗功利的“工具理性”被当作整个社会的行为准则。资本主义社会所具有的目的上的单一性，使一切社会活动都成为实现资本增殖的手段，利润成为现代社会所追求的唯一目标。如此就导致了一个极端化的结果，一切社会关系都简化为物与物之间的关系、等价交换的关系，即卢卡奇在《历史与阶级意识》中所指出的那样，在现代社会中，物化是人们普遍的命运，不仅是处于被剥削地位的工人，就连在惯常情况下人们认为处于剥削者地位的资本家也难以逃脱这个物化的命运，追逐利润被认为是一种天职般的道德，资本本位日益上升为社会主流，资本的内涵也在这个过程中日渐得到丰富。①

何谓资本？按照马克思经济学的观点，资本不仅是一种物，更是对他人劳动产品的私有权，即对劳动及其产品的支配权力，② 它体现了资本家与无产阶级之间的那种剥削与被剥削的关系。正是基于这样一种认知，哈维认为，马克思关于资本积累的整个理论始终建立在若干初始设定的基础上，“这些设定是：自由运作的竞争性市场与私有财产的制度性安排、法理个人主义、契约自由，以及由‘便利型’国家所保证的理性法律结构与统治结构，这种国家也保证了货币作为价值储存手段和流通中介的完整性”。③ 在这种设定中，资本家作为商品生产者和交换者的角色得到了清晰的确立，“买和卖，是货币关系，但这种买和卖的前提是：买者是资本家，卖者是雇佣工人。而这种关系所以会发生，是因为劳动

① 参见〔匈〕卢卡奇《历史与阶级意识——关于马克思主义辩证法的研究》，杜章智等译，商务印书馆，1992，第151~157页。

② 《1844年经济学哲学手稿》，人民出版社，2000，第21页。

③ 〔美〕戴维·哈维：《新帝国主义》，付克新译，中国人民大学出版社，2019，第85页。

力实现的条件——生活资料和生产资料——已经作为他人的财产而和劳动力的所有者相分离了”,[①] 这使得货币转化为资本。与此同时，“资本主义生产一经确立，就会在它的发展中不仅使这种分离再生产出来，而且使之以越来越大的规模扩大，以至成为普遍占统治地位的社会状态”。[②] 资本主义制度所具有的驱动生产资料和生活资料同劳动力所有者相分离的内在机制也随之呈现：“个人的分散的生产资料转化为社会的积聚的生产资料，从而多数人的小财产转化为少数人的大财产，广大人民群众被剥夺土地、生活资料、劳动工具，——人民群众遭受的这种可怕的残酷的剥夺，形成资本的前史。”[③] 资本主义这种内在机制又促使劳动力转化为商品。这就好比“有了奴隶制，货币才能用来购买奴隶。相反，买者手中的货币无论怎样充足，也不会使奴隶制成为可能”。[④] 因此，如果没有资本主义制度提供的秩序性前提，就不会产生大量可供买卖的自由的“劳动贫民”,[⑤] 资本家对“活劳动”的剥削也就丧失了可能。

伴随着货币转化为资本、劳动力成为商品，剩余价值的榨取如影随形。“作为资本家，他只是人格化的资本。他的灵魂就是资本的灵魂。而资本只有一种生活本能，这就是增殖自身，创造剩余价值，用自己的不变部分即生产资料吮吸尽可能多的剩余劳动。资本是死劳动，它像吸血鬼一样，只有吮吸活劳动才有生命，吮吸的活劳动越多，它的生命就越旺盛。”[⑥] 于是，把剩余价值当作资本使用，或者说把剩余价值再转为资本就形成了资本积累。在马克思所处的时代，资本积累主要在时间维度上进行，人类生产实践活动的成果及其存续主要来自“历时性”的积累。按照马克思的资本主义成长理论，资本积累在时间轴上会表现出“永无休止”的特征，这会导致资本增殖开放性与价值分配闭合性的悖论。同时，无限制地追求发财致富的资本的过度积累，引起劳动的大规模集中，从而引起资本有机构成的提高，加速利润率的下降。“在资本主义生产方式内发展着的、与人口相比惊人巨大的生产力，以及虽然不是

① 《马克思恩格斯全集》(第45卷),人民出版社，2003，第38页。
② 《马克思恩格斯全集》(第45卷),人民出版社，2003，第40页。
③ 《马克思恩格斯全集》(第42卷),人民出版社，2016，第778页。
④ 《马克思恩格斯全集》(第45卷),人民出版社，2003，第39页。
⑤ 《马克思恩格斯全集》(第42卷),人民出版社，2016，第776~777页。
⑥ 《马克思恩格斯全集》(第42卷),人民出版社，2016，第228页。

与此按同一比例的、比人口增加快得多的资本价值（不仅是它的物质实体）的增加，同这个惊人巨大的生产力为之服务的、与财富的增长相比变得越来越狭小的基础相矛盾，同这个不断膨胀的资本的价值增殖的条件相矛盾。危机就是这样发生的。"[①] "危机永远只是现有矛盾的暂时的暴力的解决。"[②] 在马克思看来，资本主义的内在危机正是由资本积累所蕴含的内在逻辑所引发的。

一方面，在资本本能的驱使下，资本家必然会不断地进行资本积累，不断地提高扩大再生产水平以寻求资本增殖，资本主义社会化大生产的趋势随之不断增强。生产资料资本主义私人占有将资本家的命运同他们所拥有的产品的命运紧紧绑定在一起，商品转换为货币是"惊险的跳跃"。这个跳跃如果不成功，摔坏的不是商品，但一定是商品占有者。[③] 出于主观上的逐利本性和资本主义客观上的竞争的强制性要求，资本家必然会竭尽所能地榨取工人的剩余价值以获取超额利润，进而维持自己在本部门生产中的优势地位。另一方面，就像马克思在《资本论》里论述的那样，竞争迫使资本家必须不断扩大自己的资本，他扩大资本靠的正是累进的资本积累，[④] 累进的资本积累需要不断地进行扩大再生产，不断地榨取剩余价值，不断地扩展积累要素和扩大产品销路。尽管整个资本主义社会都在不顾一切地追求累进的资本积累，但这并不是资本家个人意志所主导的，而是"导源于全然独立于资本家个人意志的力量"。[⑤] 这种力量就是马克思所讲的资本主义社会机制的外在强制规律，资本家不过是这种机制中的一个齿轮，竞争性的资本积累环境迫使资本家不断地扩大其资本以保护其资本，而达成这个目的的唯一手段就只有累进的资本积累。这势必会造成资本的过剩，而由于资本主义生产关系的限制，资本主义体系内部并没有能够完全消化这种以几何级数增加的资本与劳动盈余，资本的过度积累危机在所难免。这也就使得资本主义政治经济体系由此呈现一种"体制性危机"和"结构性危机"。就如哈

① 《马克思恩格斯文集》（第7卷），人民出版社，2009，第296页。

② 《马克思恩格斯文集》（第7卷），人民出版社，2009，第277页。

③ 《马克思恩格斯全集》（第42卷），人民出版社，2016，第87页。

④ 《马克思恩格斯全集》（第23卷），人民出版社，1972，第650页。

⑤ 〔英〕大卫·哈维：《资本的空间》，王志弘、王玥民译，台北：群学出版社，2010，第346页。

维所讲，资本主义的经济成长，诚如马克思常见的说法，是个经常爆发而形成危机的内在矛盾过程。[①] 而“一切现实的危机的最终原因始终是：群众贫穷和群众的消费受到限制，而与此相对立，资本主义生产却竭力发展生产力，好像只有社会的绝对的消费能力才是生产力发展的界限”。[②] 马克思还一针见血地指出，“资本的发展程度越高，它就越成为生产的界限，从而也越是成为消费的界限”，“资本不可遏止地追求的普遍性，在资本本身的性质上遇到了限制，这些限制在资本发展到一定阶段时，会使人们认识到资本本身就是这种趋势的最大限制”。[③] 也就是说资本主义越发展，就越不可避免地达到自己为自己设置的界限。

在《希望的空间》这一资本主义的“判决书”中，哈维讲过印度的一个古老传说。舍罕王打算奖赏国际象棋的发明人——宰相西萨·班·达依尔。国王问他想要什么，他对国王说：“陛下，请您在这张棋盘的第1个小格里，赏给我 1 粒麦子，在第 2 个小格里给 2 粒，第 3 小格给 4 粒，以后每一小格都比前一小格加一倍。请您把这样摆满棋盘上所有的64 格的麦粒，都赏给您的仆人吧！”国王觉得这要求太容易满足了，就命令给他这些麦粒。当人们把一袋一袋的麦子搬来开始计数时，国王才发现，就是把全印度甚至全世界的麦粒全拿来，也满足不了那位宰相的要求。哈维借用这个脍炙人口的故事向人们阐释何为“指数爆炸”，而资本主义所追求的无限制的扩张就类似于这种“指数爆炸”。资本扩张的无限性和空间的有限性之间的矛盾决定了资本主义必然灭亡的历史趋势，因此从严谨的科学意义上来说，资本主义的持久存在只能是一种虚幻的想象。事实上，今天全球化进程中的诸多现象已经表明，资本空间扩张的边界已经显现，人们再次“革命性”地为资本开辟增殖空间的希望渺茫。这就使得当代资本主义在有限空间内的无限积累不断酿造祸端。

当代资本主义的发展史其实就是一部经济危机史，19 世纪资本主义分别于 1825 年、1837 年、1847 年、1857 年、1867 年、1873 年、1882

① 〔英〕大卫·哈维：《资本的空间》，王志弘、王玥民译，台北：群学出版社，2010，第 347 页。

② 《马克思恩格斯选集》（第 2 卷），人民出版社，2012，第 586 页。

③ 《马克思恩格斯文集》（第 8 卷），人民出版社，2009，第 91、97 页。

年、1890年爆发严重的经济危机，20世纪又分别爆发了诸如1900年、1907年、1929年、1948年、1957年、1969年、1979年、1990年、1997年经济危机等，21世纪最具代表性的经济危机则是于2008年爆发并迅速席卷全球的国际金融危机。可以说，从1825年第一次世界性的资本主义经济危机以来，形形色色的危机此起彼伏，已经成为一种周期性重演的经济现象。资本主义经济危机可概括为古典经济危机和现代金融危机两种形式，古典经济危机主要发生在实体经济领域，其直接表现为由生产相对过剩所导致的有效需求不足，进而引发产品滞销、破产失业等问题，我们熟知的资本家将牛奶倒入密西西比河就是古典经济危机中的“怪象”。为了缓解资本主义短期生产过剩，资本主义国家一方面通过金融手段为濒临破产的企业提供金融贷款，以期快速恢复社会生产能力；另一方面为缺乏消费能力的人群甚至是最没有偿还能力但占人口绝大多数的人提供金融贷款，以期提高其消费能力。金融业及金融衍生品在短期内迅速扩张，营造出有效需求“旺盛”的假象，在一定程度上掩盖了生产相对过剩的实质。但这不过是在透支消费、寅吃卯粮，它只是把矛盾的皮球由生产方踢给了消费方，把内在矛盾的爆发从当下推向了未来。生产资料资本主义私人占有决定了最广大劳动人民的偿还能力极为有限，当消费方大量出现信贷违约时，生产过剩的危机便会立刻显现，进而导致生产方的信贷违约。大量金融机构的贷款无法收回，破产在所难免，这时现代金融危机便发生了。金融危机反过来引发更为严重的实体经济危机，进而使资本主义经济重新回到产品滞销、破产失业的循环之中。现代金融危机产生的表面原因是金融机构将贷款发放给了信用不佳、偿还能力低的次级人群，导致违约率不断上升，但其根本原因仍然是资本主义基本矛盾所引发的生产相对过剩。综上，现代金融危机作为经济危机的新形式、新表现，虽在生成路径和最终结果上表现出新的特点，但没有从根本上改变资本主义危机生成和演变的基本逻辑。

所以，尽管资本积累在很大程度上推动了生产力的革命，但绝非一劳永逸。资本主义的历史已经向我们表明，资本积累越发展，经济危机就越严重，甚至几度将资本主义逼到崩溃的边缘。从理论层面来看，经济危机预示着经济理论的危机。那些富有洞察力和创造力的经济学家们一直在探究资本主义为何、如何以及于何处产生危机，而历史也在不断地检验这些理论的正确性。1929 年爆发的经济危机证伪了古典经济学家萨伊——供给能够创造其本身需求（supply creates its own demand）——的经济学“定律”。凯恩斯主义宣称找到了缓解经济萧条的办法，但长期来看，其宣扬的有效需求理论不过是饮鸩止渴，20 世纪 70 年代发生的“滞涨”打破了凯恩斯经济学的“神话”。新自由主义经济理论（诸如哈耶克的理论）试图取代凯恩斯主义登上神坛，但其登顶之路十分坎坷，2008 年席卷全球的经济危机早已揭示出新自由主义经济理论的内在矛盾。历史告诉我们，那些试图基于“成熟”的资本主义生产关系，单纯致力于生产力范畴研究的经济学理论都不能真正解释和解决资本主义经济危机。这也是为什么在 2008 年之后，以资本主义生产方式以及与它相适应的生产关系和交换关系为研究对象的马克思主义政治经济学重新受到人们的关注。①

整体来看，在马克思主义政治经济学视域中，资本积累应包含三重逻辑。一是“剥削活劳动”的逻辑，这是资本积累的基本逻辑，即不断榨取剩余价值并将其纳入资本循环。二是“累进式积累”的逻辑，这是资本积累的核心逻辑，即不间断地进行扩大再生产以寻求资本增殖。三是“扩张渗透”的逻辑，这是资本积累的必要逻辑，包含资本的两种外在能力：一种是扩张的能力，这种能力使资本能把它的积累的要素扩展到超出似乎是由它本身的大小所确定的范围；② 另一种是渗透的能力，不断扩大产品销路的需要驱使资产阶级奔走于全球各地，它必须到处落户，到处开发，到处建立联系。③ 当然，资本积累的逻辑也是对资本控制日益集中和集权的逻辑。④ 资本积累的过程必然伴随着激烈的争斗，它将资本家乃至整个资本主义政治权力系统都拉入了高度竞争的时空环境当中，而它们不过是资本积累大车间中的一个个齿轮，必须接受资本积累内在逻辑的驱使并不自觉地成为资本的傀儡。在这个过程中，资本本身并无意识，其积累过程本应是杂乱无章的，但资本主义为何

---

① 《资本论》（第 1 卷），人民出版社，2004，第 8 页。

② 《资本论》（第 1 卷），人民出版社，2004，第 697 页。

③ 《马克思恩格斯选集》（第 1 卷），人民出版社，2012，第 404 页。

④ 〔埃〕萨米尔·阿明：《不平等的发展——论外围资本主义的社会形态》，高铦译，社会科学文献出版社，2017，第 4 页。

能实现井然有序的高效率生产呢？资本虽然是冰冷的，但是资本流动的每端都有资本家把守，因为这里可以获取利润。资本家的意识最初附着在资本上，他们赋予了资本以“灵魂”，资本成为资本家意识的物质承担者。原本无意识的资本开始有意识地形塑和创造有助于自身积累的时空环境，并驱使资产阶级建立一个带有控制性的政治权力系统来为资本积累保驾护航。资本积累的过程也是资本主义政治方案的实施过程，在资本主义政治权力的庇护下，资本如同西班牙流感病毒一样以摧枯拉朽之势进行扩张和增殖。当全部生产和生活都被写入资本积累计划书之时，再也没有一个资本家或者资本家联盟可以完全控制或阻碍资本的扩张（尽管自认为聪明的资本家们对此一无所知）。资本在积累过程中实现了主体身份的转化，资本有了自我意识。自我意识催生了自我逻辑，资本主义政治权力系统和资本家都成为资本的附庸并在资本逻辑下忙得不亦乐乎。

二　资本积累何以关联地理扩张

哈维深入地研究了马克思，他一方面接受了马克思关于工业资本生产和再生产周期性的原理，即关于资本积累的一般规律的绝大部分观点；另一方面并不满足于单纯的时间维度的资本积累描述，他试图借用马克思创造的关于资本积累的一般理论来建构自己的历史-地理唯物主义的资本积累理论，从而更好地诠释资本地理扩张的本质和趋势，并在此基础上阐述资本的积累如何形成了当代的空间生产与独特的不平衡发展景观。对于资本积累何以关联地理扩张，哈维在《资本的限度》《新帝国主义》等著作中都有阐述，一个根本态度就是，这种关联不是单一的或偶然的，而是复合因素层层作用并愈演愈烈的必然结果。但是，要理解地理扩张为何伴随着历史发展而日益加剧，就必须在层次性上去理解资本积累与地理扩张之间具体的关联。

资本主义生产活动及其结果本质性地促进了这种关联的形成。一方面，每当新的生产力形成时，类似迁移的成本和时间的减少以及运输服务等的改善都属于“资本对生产力的发展”，[①] 这种生产力的发展，促使

① 《马克思恩格斯全集》（第30卷），人民出版社，1995，第532页。

大量的资本与劳动在复杂得难以置信的都市地区走到了一起，推动信息、观念、物质产品乃至劳动力相对轻易地四处迁移。然而，这种迁移并不是以均衡的方式进行的，而是从其发生开始就陷入了一种地理景观上的不平衡，因为“工厂和矿场、学校、教堂、购物中心和公园、公路和铁路到处散落——整个景观是不可磨灭地、不可逆转地按照资本主义的命令来创建的”，[①] 这里的资本主义命令实质上就是资本逐利的本性。资本总是会趋向于有利可图或更容易进行资本积累的地方，比如受到竞争的驱动，单个的资本家在空间结构中寻求竞争的优势，总是趋向于或被逼迫着向那些耗费更少或利润率更高的地区转移，而一个地区的剩余资本也会在那些盈利机会还没有被耗尽的其他地区雇佣劳动力。对个体资本家来说，区位优势所发挥的作用和技术优势相似，在特定情况下，一种优势甚至可能取代另一种优势。于是地理景观必然呈现为一处是紧密的集聚，而另一处是“四处蔓延的、相隔遥远的”。

另一方面，货物和服务（包括劳动力）的交换从来都涉及地点的改变，使货物到处迁移的能力表明商品形式的资本具有机动性。“一旦与大工业相适应的一般生产条件形成起来，这种生产方式就获得一种弹性，一种突然地跳跃式地扩展的能力，只有原料和销售市场才是它的限制。”[②] “从最开始，它们就明确描绘出一系列相互交叉的空间运动，后者创造出了一种不同寻常的人类交往的地理学。”[③] 空间整合的充分条件也正是由资本和劳动力在地理上的机动性所给定的，具体则是通过资本本身的、具体的、物质性的流通过程来建立的，而空间格局的生产就可以被当作积累和社会再生产总体上的时间动态中的一个“活跃环节”。[④] 因此，生产地点不能被简单地视为自然条件，而应该被看成对自然、位置优势和劳动过程进行改造后的结果。空间和资源禀赋限制应被视为资本主义发展逻辑的内部影响因素，而不应依赖某些外在自然条件的因素。这些跨越空间的相互交换，产生了劳动的地域和空间分割，这种分割最为显著的早期形式就体现在城市和乡村之间存在的区别上。所以，就像

① 〔英〕大卫·哈维：《资本的限度》，张寅译，中信出版社，2017，第 576 页。
② 《资本论》（第 1 卷），人民出版社，2004，第 519 页。
③ 〔美〕戴维·哈维：《新帝国主义》，付克新译，中国人民大学出版社，2019，第 56 页。
④ 〔英〕大卫·哈维：《资本的限度》，张寅译，中信出版社，2017，第 577 页。

马克思所说的那样，资本必须“摧毁……交换的一切地方限制，征服整个地球作为它的市场”，必须“用时间去消灭空间”，[①] 以便把资本的周转时间缩短为“转瞬之间”，[②] 这就使得创造世界市场的趋势已经直接被包含在资本的概念中，而这一切的根本目的就是实现资本积累。

然而，这样一种资本主义生产活动的开展，以及与地理空间之间的关联表现，都在不断印证一个现实，即资本主义总是在试图创造一种地理景观去促进它在某一时刻的活动，却又不得不在另一时刻通过刻意地破坏这种地理景观来构建一种完全不同的内容，从而实现其对无限资本积累的永恒渴求。因此，创造性地破坏被载入了资本积累的真实历史地理学的景观之中。[③] 我们可以从迄今为止的叙述中明确地观察到，资本主义活动的地理景观始终充满了矛盾与紧张，在面对运作于其上的各种形式的技术和经济压力时，该地理景观一直处于变动状态，比如“竞争与垄断、集中与分散、中心化与去中心化、固定与变动、动力与惰性以及活动的不同范围之间所存在的紧张关系，无一例外地从时间和空间中无休止的资本积累的分子化过程之中产生出来。并且这些紧张关系又卷入资本主义体系的普遍扩张逻辑之中，其中资本的无限积累和对利润的无止境寻求占据主导地位”。[④] 那些日益叠加的“结构性危机”“体制性危机”，又将这种创造性的破坏推向越来越广阔的地理空间，以“时间修复”为救赎的方式在这种生产活动中日益失效。

资本积累危机的矫治必然地选择了地理扩张。受马克思主义理论的影响，哈维认为资本积累（或者说资本主义存在和发展）有三个前提条件：一是劳动力供应，即剩余劳工的存在；二是必要数量的生产资料，即机器、原料、实质基础设施等；三是有效的市场需求，即可以吸收生产出来的数量日益增加的商品。这三个前提条件都有可能因其缺失或变动而使积累的进展遇到严重阻碍，一旦遇到了，很可能会促成某种危机。[⑤] 这种危机可能表现为长期的失业和低程度就业、资本剩余和缺乏

① 《马克思恩格斯全集》（第30卷），人民出版社，1995，第538页。

② 《马克思恩格斯全集》（第44卷），人民出版社，2001，第724页。

③ 〔美〕戴维·哈维：《新帝国主义》，付克新译，社会科学文献出版社，2009，第59页。

④ 〔美〕戴维·哈维：《新帝国主义》，付克新译，社会科学文献出版社，2009，第59页。

⑤ 〔英〕大卫·哈维：《资本的空间》，王志弘、王玥民译，台北：群学出版社，2010，第347页。

投资机会、利润率下降、市场上缺乏有效需求等。[①] 这恰好可以回溯到资本积累所需要的前提条件上，在这个循环中形成的是前提条件（劳动力、生产资料、有效市场需求）—资本积累—积累危机—不良后果这样一个特定的模式，每完成这样一个循环之后，作为资本积累前提条件的劳动力、生产资料、有效市场需求都遭受了不同程度的破坏。这给资本的再度积累造成了阻碍，于是资本主义必须对其进行周期性的修复和矫治。然而，按照哈维的说法，对资本积累历程的强迫周期性矫治，可以轻易地失控，并酿成阶级斗争、革命运动，以及通常会提供法西斯主义温床的混乱。[②] 也就是说，资本主义经济系统下的这种对危机的矫治通常是没有固定的实质性结果的，况且矫治的过程本身就会产生诸多类似于破产、金融崩溃、货币贬值等后果。于是，资本主义必须在创造恢复积累的前提条件上下功夫，以维持资本主义系统的正常运转。那么如何创造可以恢复积累的合适条件呢？

一般来说，危机会在资本剩余达到一定存量的时候爆发，也就是生产能量和更新的巅峰时刻。如果从资本积累和积累危机的源头出发，就如哈维认为的那样，在这个过程中，作为资本积累前提条件的某些要素会发生一些特殊的变化：①劳动生产力会因采用更精密的机器和设备而大幅提升，而旧有的固定资产在危机期间则会因为强迫贬值而变得更便宜；②劳动成本将会因为危机期间的广泛失业而大幅降低，资本家因此可以获得更多剩余，以供进一步积累；③危机中缺乏投资机会的剩余资本，会被吸引到新的高利润生产部门；④产品——起初是资本财工业，但随后是最终消费——的有效需求扩张，将轻易扫空市场上的所有产品。[③] 按照马克思的资本积累理论和经济危机理论，在前三项的特殊变化过程中是很难创造和寻找恢复积累的合适条件的。一般而言，提高生产力水平和不断更新积累条件是周期性危机带来的典型效果。所以在资本积累—积累危机的循环中，贬值、失业、剩余资本的转移是难以避免的。

---

① 〔英〕大卫·哈维：《资本的空间》，王志弘、王玥民译，台北：群学出版社，2010，第 348 页。

② 〔英〕大卫·哈维：《资本的空间》，王志弘、王玥民译，台北：群学出版社，2010，第 350 页。

③ 〔英〕大卫·哈维：《资本的空间》，王志弘、王玥民译，台北：群学出版社，2010，第 351 页。

这也就意味着，机会只能出现在第四项，即促进有效需求扩张以消灭市场上的剩余积累。哈维认为，这可以从四个彼此重叠元素的复杂混合中建构资本穿透到新的活动领域的方式：①沿着资本主义路线组织既有的活动形式或在生产系统里增加交换点以及让分工多样化；②创造新的社会需求，发展全新产品线，以及将消费组织成“合理的”且能对应的积累过程；③促进和鼓励人口以某种跟长期积累一致的速率扩张；④在地理上扩张至新的区域、增加对外贸易、出口资本，并且普遍地朝向创造马克思所谓的“世界市场”扩展。[①] 也就是说，资本主义可以通过上述四个有效手段的单个或组合来创造能够扩张有效需求的新空间。

不过，即便这四种手段有时显得密不可分，但是还必须一分为二来看。首先，从发生场所来看，前三项对社会活动、市场及人口的强化（intensification）发生在抽象的空间结构里，或者我们可以认为，这是始终存在于积累循环内部的一种扁平化的解决方式；最后一项带领我们到将空间组织和地理扩张作为积累过程之必要产物的问题，[②] 即将发生场所设置于现实地理空间之中，或者我们可以认为，这是跳出积累循环固有模式的一种立体化的解决方式。

其次，从发生节奏来看，社会活动、市场和人口的强化往往同地理扩张相悖。就如哈维所讲：在强化和地理扩张之间，实际上有着各种权衡存在——某个国度里的高人口增长率，以及新社会需求的轻易创造，可能会使资本出口与外贸扩张对于积累的扩张而言，变得不重要。强化越是困难，地理扩张对于维持资本积累而言就越重要。[③] 值得强调的是，在自由主义的灵活积累条件下，内生力量的严重匮乏会导致被强加合理性与合法性光环的资本主义经济秩序越来越难对社会活动、市场及人口给予有效的强化。这种现象越突出，资本积累与地理扩张的联系越紧密。这就是哈维空间向度的资本积累理论建构的逻辑前提。

最后，地理扩张使资本主义的时空修复再次成为可能。哈维论证了

① 〔英〕大卫·哈维：《资本的空间》，王志弘、王玥民译，台北：群学出版社，2010，第352页。

② 〔英〕大卫·哈维：《资本的空间》，王志弘、王玥民译，台北：群学出版社，2010，第352页。

③ 〔英〕大卫·哈维：《资本的空间》，王志弘、王玥民译，台北：群学出版社，2010，第352页。

地理扩张之于资本积累—积累危机过程的实践意义和发生必然性，不过这种论证尚不完整，还需要进行进一步的理论分解和阐释。因此，哈维在马克思资本积累理论的基础上形成了“时空修复”理论，并以资本的“三级循环模型”（见图 3-1）来对这种理论进行具体描述。

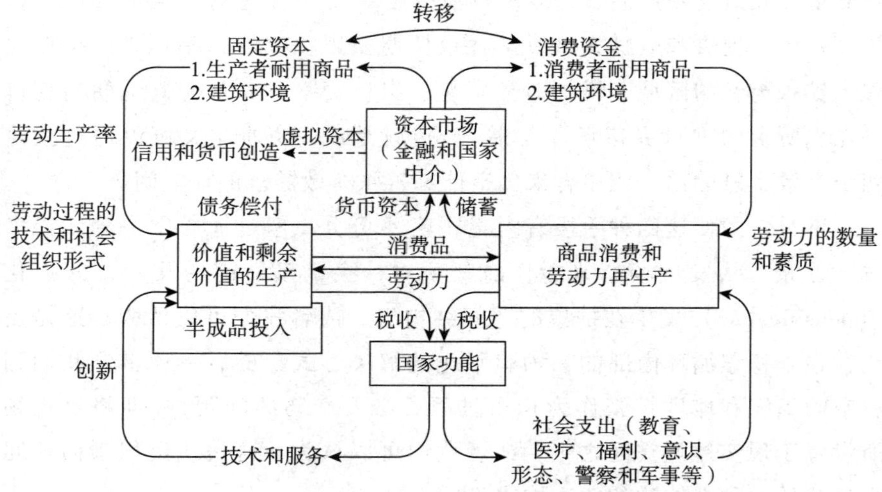

图 3-1 大卫·哈维的资本三级循环模型

资料来源：韩雷等：《畅通国内大循环的内在逻辑与实践路径——基于马克思主义资本三级循环理论》，《经济纵横》2022 年第 6 期。

哈维认为，资本积累的过程就是剩余价值形成的过程，也是资本利润形成的过程，这种通过资本积累过程获得的剩余价值和利润又不断地投入更大范围的资本积累过程中，以求获得更多的剩余价值和利润，这一过程如此循环往复地推动资本主义的发展。① 如前文所述，资本主义的结构性危机无法抑制竞争的自由和盲目，破坏了资本积累的平衡发展，平均利润率下降，资本追求超额利润的动机造成生产相对过剩，最终导致过度积累危机，哈维将之称为资本的初级循环。当危机发生后，资本主义“秩序”便会不自觉地修复资本在初级循环中形成的过度积累危机。

此时，资本往往会被引向固定资产及消费基金领域以延长资本重新进入流通领域的周期，于是资本进入了次级循环。为了有效地解决初级

① 唐旭昌：《大卫·哈维城市空间思想研究》，人民出版社，2014，第 105 页。

循环中的资本积累危机，在次级循环中资本将投资触角延伸至一些规模大且周期长的领域——固定资产及消费基金领域。在这一级循环当中，汽船和铁路、海港和港口建设以及运河和道路都有明显的发展。电报的发明使得布宜诺斯艾利斯、芝加哥和格但斯克的小麦收盘价格在第二天开始交易之前就能送到利物浦和伦敦的商品交易所。这都得益于对物理基础设施的庞大注资，这些基础设施改变了地球的面貌并推动了商品和货币资本的空间流动。这些领域往往能够吸纳大量的剩余劳动力和剩余资本，资本在初级循环中的过度积累为其进入次级循环创造了前提条件。固定资产及消费基金领域的投资为资本积累提供了强有力的杠杆，二者本身是一个联系密切的资本循环体系，具有体量大、周期长的特点，可以延长资本重新进入流通领域的周期，进而缓解资本过剩的危机。尤其是当过剩资本和劳动找不到有利可图的机会时，固定资产及消费基金领域的投资可以减轻危机阶段的压力。① 但是，资本流向固定资产及消费基金领域并不能完全解决初级循环产生的资本过度积累问题，因为既然资本在初级循环中存在过度积累，那么在次级循环中同样会存在过度积累，虽然资本进入次级循环能够在短时期内适度地缓解资本积累危机，但危机并没有完全消除，过度积累的隐患依然存在。由于固定资本投资与基础设施的空间有很大的不同，在时间上也不吻合，一旦资本投资于特定的空间和地域，资本就必须继续在这些空间中流动而无法转移到其他地方，直到固定资本的价值通过使用被赎回，否则，整个区域经济都将经受贬值之苦。② 所以，资本在次级循环中形成的积累危机往往更难消除。20 世纪 80~90 年代，欧美地区传统的工业区普遍遭遇了这种贬值危机。根植于土地的固定资本的投资和撤资节奏各不相同，由此造就了世界资本主义地域发展不均衡的震荡模式。③

为了解决次级循环中的固定资本积累危机，资本家会组成阶级联盟以完成资本的第三级循环，即将资本的触角延伸至医疗、社会保障、军事及国家机器等与劳动力再生产过程相关的社会支出类的投资领域。由于上述领域耗资巨大，投资回收周期过长，因而只能由国家进行投资，

① 〔美〕大卫·哈维：《马克思与〈资本论〉》，周大昕译，中信出版社，2018，第 230 页。
② 〔美〕大卫·哈维：《马克思与〈资本论〉》，周大昕译，中信出版社，2018，第 231 页。
③ 〔美〕大卫·哈维：《马克思与〈资本论〉》，周大昕译，中信出版社，2018，第 231 页。

此外，在大型基础设施建设、国防科工领域的投资也只能由政府主导。但是，资本在第三级循环中同样会面临生产性投资机会枯竭等问题，进而再次发生与次级循环中类似的过度积累危机。因此，尽管资本转入积累规模更大、周期更长的第三级循环，在一定程度上缓解了资本过度积累所带来的危害，从而保证了资本主义的相对稳定，但资本主义体系的剩余资本只是被暂时性地吸收。这种试图利用资本转移解决资本主义危机的方法，至多只是在时间上延缓了危机的爆发，无益于解决资本主义的内在矛盾，反而加剧了资本在范围内的过度积累，而资本主义则要不断地对固定资本进行破坏和重建以求缓解上述危机，这就让资本主义生产走入了破坏—重建—再破坏—再重建的危险循环，由此形塑出资本主义独特的不平衡发展样态。当资本主义的内部修复达到极限时，“资本主义的内部辩证法迫使其在自身之外寻求解决之道”，[①] 这是其得以存续的“救命稻草”。得益于已然存在的不平衡发展所提供的势能动力，加之资本主义国家力量的介入和自由主义经济理论的造势，资本以摧枯拉朽之势向资本主义以外的空间扩张。世界虽大但终有其限，资本空间扩张的直接后果便是资本主义内部的资本积累危机会逐步上升为全球性的资本积累危机，由此形塑出更加复杂的全球不平衡发展景观和状况。

哈维的资本积累理论是其开展空间政治经济学批判的有效武器，也是其不平衡发展理论的重要组成部分，更是剖析资本主义条件下不平衡发展问题的最有效法宝。总体来说，在全球化的自由主义主导的积累体系下，资本积累出于自身的特殊矛盾和特定属性势必要和地理空间产生密切的联系，这种联系主要表现在资本在地理空间上的扩散、移植与演化。但是在哈维看来，不论是“历时性”的资本积累还是“空间性”的资本积累都难以挣脱资本积累自身矛盾和危机的束缚，这是哈维得以在资本逻辑下进一步研究不同规模等级中的不平衡发展具体问题的基础和前提。

第二节　形塑与影响

——资本空间化的不平衡表征

对资本主义社会过程的研究实际上就是对资本积累过程的研究，资本

① 〔美〕戴维·哈维：《新帝国主义》，付克新译，中国人民大学出版社，2019，第 83 页。

主义的存在和发展依赖资本的循环往复积累而产生的内生动力，资本主义的矛盾与危机实际上就是资本积累过程中产生的矛盾与危机的外在表现，其中，任何关乎空间资本异化的一般性矛盾与危机的现象都可以被整合进不平衡发展理论之中。但是，就如我们始终坚持的研究方法一样，现象不能够完全代替理论，现象只能描述和论证理论。哈维在其最新的著作《资本社会的 17 个矛盾》中谈道："危机最惊人之处，不在于物质景观大幅改变，而是在于其他方面的戏剧性变化，包括思维方式和理解方式、制度和占主导地位的意识形态、政治倾向和政治过程、政治主体性、科技和组织形式、社会关系，以及影响日常生活的文化习俗和品位。危机彻底动摇我们的世界观，包括我们对自身在世界上地位的看法。"① 所以，从客观角度看，我们应该按照哈维的资本逻辑脉络去尝试挖掘作为不平衡发展理论之双翼的"空间规模的生产"与"地理差异的生产"，这主要体现为资本如何在"城市空间"和"全球化空间"这两个既定规模之中造成了不平衡发展。从主观角度讲，对这种地理不平衡现象的描述并不是最终目的，而是通过对资本积累的空间批判找寻防止空间过度资本化的有效解决途径。在这之后，我们希望找到已经控制了生产与交换的异化资本在自然和社会空间中的藏身之处，并对其进行伦理解读。

一　资本积累与城市化

不平衡发展蕴含于资本主义城市化发展的始终。在哈维的资本积累理论视角下，资本的次级、第三级循环都是以缓解资本积累危机为目的、以"时空修复"为手段的资本在固定资产及消费基金领域的流动形式，当代资本主义城市形成和发展的主要基础正在于此。但是，正如前文所述，作为一种使用价值存在的固定资本，具有投资规模大、投资周期长、资金周转慢等特征，其偿还周期相对漫长的特性导致资本家无法将其快速地变现和转移，如果资本不能积极地创造利润，那就意味着资本的贬值。由于城市空间的有限性，建筑环境一旦形成，就固定在城市空间之中，因此这种用来缓解初级循环危机的固定资产投资方案很快会成为制约资本积累发展

① 〔美〕大卫·哈维：《资本社会的 17 个矛盾》，许瑞宋译，中信出版社，2016，第 16 页，前言。

的新障碍。于是“资本主义发展不得不在保存建筑环境中原有资本投资的交换价值与破坏这些投资的价值以开辟更大积累空间之间进行两难选择”。[①] 最终，出于资产阶级的阶级本性，资本家势必会选择后者而为之。哈维这样描述：“资本主义一直试图创造一种地理景观去促进它在某一时刻的活动，然后在另一时刻不得不破坏这种地理景观，构建一种完全不同内容，以容纳它对无限资本积累的永恒渴求。因此，创造性的破坏被载入了资本积累的真实历史地理学的景观之中。”[②] 城市建筑环境的辩证法是与资本积累的辩证法密切联系在一起的。生产—摧毁—再生产—再摧毁，永无止境的城市建设实践说明城市的发展节奏本身就是根据资本积累的节奏而变化的，对大城市空间的拆毁与重建实际上是资本积累的结果，也是资本积累的真实意图。正如马克思所说，“如果没有相反的趋势总是在向心力之旁又起离心作用，这个过程很快就会使资本主义生产崩溃”。[③] 这种创造性破坏造就了资本主义城市空间独特的不平衡发展。

在哈维看来，城市化作为吸收剩余资本和剩余劳动力的关键手段，始终贯穿于整个资本主义历史当中。[④] 其至少在两个方面形塑着城市及城市化进程。一方面，城市化本身就是一个特殊的空间化过程。这种特殊性体现在城市化不仅要通过推动商品的空间流动来实现积累，而且要不断形塑能够促进积累的空间样态。城市本身就是一个空间性平台，这一平台由诸多空间要素组成，比如街道、河流、码头、厂房、地下设施、写字楼、学校和医院，每一个空间都是在不同的时空条件下、按照不同规则被形塑和生产出来的。这些空间要素又作为与商品流通过程相关的整体来起作用。城市从建立起，就是通过剩余产品的地理和社会聚集来维持发展的，城市为空间生产和空间垄断提供了最集中的实现条件。然而，剩余又总是来自某些地方和某些人群，所以城市化一直是一种阶级现象，打上了阶级意识形态的烙印。在当代日常生活和政治实践中，资本主义城市本身往往被当作一件艺术品建造，不同的城市总是有着自己

---

① David Harvey, *The Urbanization of Capital* (Oxford: Basil Blackwell, 1985), p. 15.

② 〔美〕戴维·哈维：《新帝国主义》，付克新译，中国人民大学出版社，2019，第 59 页。

③ 《马克思恩格斯文集》(第 7 卷)，人民出版社，2009，第 275 页。

④ 〔美〕戴维·哈维：《叛逆的城市——从城市权利到城市革命》，叶齐茂、倪晓晖译，商务印书馆，2014，第 43 页。

独特的建筑和颇具竞争意义的标志性景观，这些标志性景观是资本积累的结果，也是人格化的资本企图显得文明的意识形态表达。但是，透过这些资本景观，我们能够发现，资本景观的繁华作为城市化的典型象征，掩盖了产生它的过程和劳动，那些与其截然相反的贫穷景观就是一种无声的证明。哈维就曾描述说："'宇宙的主人'如今在全球金融中心闪亮的摩天大楼里宫殿般的办公室工作，住在高楼大厦与豪宅里，这些建筑与传统工厂较老旧的工业建筑形成鲜明对比。消费主义的壮丽宫殿，以及不断被创造出来的后现代都市奇观，与无序扩张的市郊住宅区和设有门禁的小区形成鲜明对比，后者又与廉价公寓、劳动阶级和移民小区，以及世界各地许多城市中大量的自建房屋形成鲜明对比。"① 所以，哈维认为城市景观是一种转移注意力的形象，其不过是资产阶级意识的形象工程，就像威尼斯、罗马、伊斯坦布尔、旧金山、巴西利亚、开罗或拉各斯等城市，或许有着令人赞叹的美景，但必须看到这种美景当中既饱含人类奋斗的希望和成就，也孕育着一种慢性失败，因为这种资本景观实质上是由大量的各种利益塑造出来的，就连人类的奋斗也在越来越大的程度上是资本动员（尽管绝非只是资本）起来用以服务资本的。"不论起因如何不同，结果到处总是一样：最不成样子的小街小巷没有了，资产阶级就因为这种巨大成功而大肆自我吹嘘，但是，这种小街小巷立刻又在别处，并且往往就在紧邻的地方出现"，② 这注定了在城市化进程中，城市内部必然地存在一种不平衡发展。

另一方面，从长期角度来看，创造和生产空间场所的活动却是投机的。如前文所述，城市景观实质是资本景观，这已然决定了城市的阶级性以及由此而具有的阶级利益实现的投机性。关于这一点，我们可以回归资本家的本性来观察，资本家总是从一定数目的货币开始，以获得更多的货币结束。就像哈维所说的那样，资本家面临浮士德式的两难境地：要么重新投入这笔利润以获得更大的收益，要么消费掉这笔利润以获得愉悦。③ 后者

---

① 〔美〕大卫·哈维：《资本社会的 17 个矛盾》，许瑞宋译，中信出版社，2016，第 174 页。

② 《马克思恩格斯选集》（第 3 卷），人民出版社，2012，第 243 页。

③ 〔美〕戴维·哈维：《叛逆的城市——从城市权利到城市革命》，叶齐茂、倪晓晖译，商务印书馆，2014，第 6 页。

在资本家这里显然是行不通的，逐利本性以及竞争的强制性都迫使他们重新投资，否则就难以维持其资本家的地位。这就使得资本家必然地需要永远寻找对资本剩余生产和吸收有利可图的领地，从特定意义上讲，必须找到新的自然资源。因此资本创造和生产空间的活动是充满投机性的，它总是与资本积累实现的可能性如影随形。但是资本家持续且不受干扰地扩张并不是没有障碍。比如，一旦市场没有了购买力，就必须寻找新的市场，这意味着必须开启新的城市空间。例如从 20 世纪 60 年代末起，硅谷逐渐取代底特律，成为美国资本主义经济的中心。类似情况也发生在其他国家，例如德国的巴伐利亚取代鲁尔，意大利的托斯卡纳取代都灵。若资本投入不能获得相应的利润，资本也会逐步退出这一市场，所以资本对它所剥削的群体的需求怀有某种程度的敏感，总是不断通过推动资本主义的城市化发展来避开这些可能的障碍。这也就意味着当资本积累不能实现时，城市也必然走向衰竭，被资本抛弃，像底特律、匹兹堡、谢菲尔德、曼彻斯特和孟买等地被抛弃，正是城市在城市化进程中所具有的一种风险性。

然而，无论是以上哪一方面，都带来一个共同的隐性问题，那就是在城市被形塑的过程中，人们往往忽视了资本的支配性作用。因为不平衡发展轻松地掩饰了资本的真实本质。这也就是说，当 A 城市走向衰竭时，我们却仍然能从 B 城市、C 城市等更多其他城市找到一个新兴的兴旺城市，这就使得 A 城市的居民不会将城市的危机看作资本逐利下的“离场”，而是理解为贪婪的工会、挥霍的政客以及拙劣的经理人等逼走了资本。如此一来，总体危机被分解为局部事件，系统问题被无形中忽略。其他地方的人更加不关心，甚至根本不了解真相。比如印度尼西亚或阿根廷发生重大危机，其他地方的人多数只会说“太糟了”或“那又如何”，在这种观念影响下，人们会认为，阿根廷、希腊应该厉行改革，资本没有责任。[①] 尽管从 A 城市到 B 城市、C 城市的建设，最初的目的是消除过度积累，但其实当这种受资本驱动而建成的城市越来越多时，也就意味着今后会出现更大规模的过度积累的风险。与城市被形塑同时

① 〔美〕大卫·哈维：《资本社会的 17 个矛盾》，许瑞宋译，中信出版社，2016，第 174 页。

发生的是，城市和其他形式的基础设施投资（横跨大陆的铁路和高速公路、大坝等）都具有易发生危机的特征。[①] 这是城市形成过程中必然出现的伴生塑造，而这些具体的塑造同样伴随着城市的衰竭而陷入无力维护或破败的状态，这也意味着一种更大的风险被埋下种子。

第二英帝国时期的巴黎就是这样一个典型案例。1848 年，随着剩余资本和剩余劳动力被闲置而无法利用的危机波及整个欧洲，巴黎遭受了异常严重的打击。对于巴黎而言，这场危机的直接结果是一场失败的革命，那些失业工人和资产阶级中的乌托邦主义者认为，社会共和是消除资本主义贪婪和不平等的一种办法，所以共和派的资产阶级使用暴力手段镇压了这场革命，使拿破仑获得了权力，拿破仑上台后对资本过剩采取了一些措施，公布了一个宏大的海内外基础设施投资项目，即建设横穿欧洲的铁路以及支持苏伊士运河等宏大的工程建设。为了完成这一建设任务，拿破仑把奥斯曼（Haussmann）召至巴黎，命他负责巴黎的市政工程建设，具体包括整合铁路网络、建设港口、湿地排水等，其中最重要的还是重建巴黎的城市基础设施。对于这一建设任务，奥斯曼十分清楚地认识到，他的职责是通过城市化扭转资本过度积累和城市失业的趋势。于是，我们可以显而易见地发现，奥斯曼在巴黎吸收了数目巨大的劳动力和资本后，同时改变了以往设想中的城市发展尺度，实际就是从整体上去形塑巴黎这座城市，而不是修修补补。比如，当建筑师希托夫（Hittorf）向奥斯曼展示他关于巴黎新林荫大道的设计方案时，奥斯曼驳回了这个方案，他将计划的规模扩大到原来的 3 倍。[②] 奥斯曼不考虑如何对巴黎这座城市做些修修补补的改造，而是在更为宏大的尺度上，以合并郊区和重新设计整个街区（如 Les Halles）为基础去改造巴黎这座城市，从而解决剩余资本的出路问题。在随后的 15 年中，这个类似凯恩斯主义的体制运行良好，不仅改造了城市的基础设施，而且建立起全新的城市生活方式，涌现了咖啡店、百货公司、时装店、盛大的博览会等，巴黎变成了“不夜城”，成为购物、游乐及休闲中心，城市由此转变为以消费吸收剩余的空间场所，这

① 〔美〕戴维·哈维：《叛逆的城市——从城市权利到城市革命》，叶齐茂、倪晓晖译，商务印书馆，2014，第 43 页。

② 〔美〕大卫·哈维：《巴黎城记：现代性之都的诞生》，黄煜文译，广西师范大学出版社，2010，第 12 页。

种发展方式与传统相悖，同时将产业工人边缘化，形成了一种全新的城市人格。这种过度扩张模式最终在具有投机性的金融和信贷制度中崩溃，奥斯曼被迫下台。类似例子并不鲜见，以各种不同的形式存在于资本主义国家，这点在哈维的多部著作中都有阐述。从城市形塑的角度来看，资本积累是推动形塑的本质原因，同时是化解资本过剩的方式，这决定了资本积累本身具有塑造不平衡发展的特质和内在需要。与此同时，在城市塑造的过程中，已经隐含着城市改造的内容，作为一种“建设性摧毁”的城市改造又不断塑造着城市发展的不平衡。

城市化是不平衡发展在某一等级上的表现。[①] 在哈维看来，不平衡发展集中于使社会—生态行动成为可能的具体的历史—地理条件以及人类改变社会—生态状况的方式：①在地方历史地理中沉淀的社会—生态关系的重写本；②多层的以等级安排的社会—生态构型的组合图；③常常无序的社会—生态流（特别是当代条件下资本和移民的），其随着时间创造、保持和消灭景观的地理差异。[②] 这种抽象的不平衡发展语言内在地促进了城市空间的形成，并直接表现出拒绝一切城市发展的属人权和自主权以及破坏性创造新的城市生活方式和打破资本主义城市化轨道的可能性。不平衡发展已经内化在资本主义空间生产的全过程之中，城市空间生产当然也不例外，甚至可以说资本主义城市化就是不平衡发展在一定地理规模上的缩影。其中，“建设性摧毁”引发了反反复复的城市重建，而个人和群体总是在这个过程中试图替自己界定空间和位置。在每一次的“建设性摧毁”的城市改造中，穷人、弱势群体和在政治权力上被边缘化的那些人总是首当其冲且受到最严重的影响，所以城市重建是具有阶级性的，是以城市化改造规定一种不平衡的城市权利，进而带来不平衡的地域发展。不平衡的地域发展最重要的作用，是令资本的系统缺陷得以从一个地方转移到别处。这些缺陷是一种不断移动的目标。[③]

哈维从居住差异和城郊差异出发，分析了资本主义城市空间内部的

---

① 〔美〕戴维·哈维：《正义、自然和差异地理学》，胡大平译，上海人民出版社，2010，第 491 页。

② 〔美〕戴维·哈维：《正义、自然和差异地理学》，胡大平译，上海人民出版社，2010，第 491 页。

③ 〔美〕大卫·哈维：《资本社会的 17 个矛盾》，许瑞宋译，中信出版社，2016，第 175 页。

不平衡发展现象。首先，作为城市首要功能的居住包含了明显的不平衡发展实质。哈维的居住差异理论建立在以下四个假设基础之上：一是资本主义社会中的居住差异可以用社会关系的再生产来解释；二是居住区域（邻里或社区）为个人在价值、期望、消费习惯、市场能力和意识形态等方面的巨大区别提供了差异的环境；三是大量的不同人口集中在不同的社区，这有助于形成阶级意识的碎片化和分割化；四是居住差异的类型反映和包含了许多资本主义社会中的矛盾。[①] 哈维认为，资本主义城市空间中的居住差异是由多种力量的复杂性聚合所导致的，这主要包括以下五种：①劳动分工和功能的专门化；②消费阶级和分配群体；③社会权力关系；④阶级意识形态；⑤移动机会。[②] 其次，在城市郊区化方面也存在不平衡发展的明显足迹。郊区化始于20世纪初期，它生动而形象地反映了资本主义城市空间内部的失衡问题。资本主义城市中心长期的破坏性重建形成了诸多不利于居住和生活的负面条件，因此具备经济条件的资产阶级迁往更适宜生活的郊区。就如刘易斯·芒福德所说的那样：郊区是一个隔离的社会，与城市分开，不仅是在空间上分开，而且是在阶层上分开，是一种上流社会的绿色的聚居区。在哈维看来，尽管郊区化有两点积极作用，即满足了产品的积极需求和缓解制造业的成本危机、在一定程度上缓解了阶级对立危机，但是郊区化的实质依然是资本逻辑作用下的一种不平衡发展现象。长远看来，弊大于利。比如美国郊区，曾经是资本积累内部矛盾的一种反映，如今成了经济社会发展变化的一个障碍。[③] 如果任由城郊差异变得明显，就势必形成更为严重的城市发展失衡和城市内部阶级分化。正如马克思在《资本论》中描述的与资本积累同时发生的阶级分化现象，“不管工人的报酬高低如何，工人的状况必然随着资本的积累而恶化。……这一规律制约着同资本积累相适应的贫困积累。因此，在一极是财富的积累，同时在另一极，即在把自己的产品作为资本来生产的阶级方面，是贫困、劳动折磨、受奴役、无知、粗野和道德堕落的积累”。[④]

---

① 唐旭昌：《大卫·哈维城市空间思想研究》，人民出版社，2014，第44页。

② David Harvey, *The Urbanization of Capital*, Oxford: Basil Blackwell, 1985, pp. 117-120.

③ David Harvey, *The Urbanization of Capital*, Oxford: Basil Blackwell, 1985, p. 122.

④ 《资本论》（第1卷），人民出版社，2004，第743~744页。

前文所讲到的巴黎的城市改造事例，已经说明新的城市是在旧城市的残骸上建立起来的，这种建立过程看似是建设过程，其实是一种暴力过程。比如，奥斯曼以改善市政、环境以及城市革新的名义，以维护公共利益的名义，使用征用权吞噬了老巴黎的贫民区。同时，奥斯曼刻意将那些可能影响到公共秩序、公共卫生以及政治权力的工人阶级和其他难以控制的元素以及有害产业等一起移出巴黎。这也就创造了一种他所欣赏的军方对革命运动具有控制权的城市形式，事实是1871年的城市暴动证明了这种观念是错误的，这种城市改造实际上将城市权利进行了再分配，形成了一种有阶级意识的景象，恩格斯对其进行了描述："最不成样子的小街小巷没有了，资产阶级就因为这种巨大成功而大肆自我吹嘘，但是，这种小街小巷立刻又在别处，并且往往就在紧邻的地方出现……资本主义生产方式使我们的工人每夜都被圈在里边的这些传染病发源地、极恶劣的洞穴和地窟，并不是在被消灭，而只是在……被迁移！同一个经济必然性在一个地方产生了这些东西，在另一个地方也会再产生它们。"[①] 把工人区，特别是把大城市中心的工人区从中分开的那种已经普遍实行的办法，恩格斯将其称为"奥斯曼"。

然而，恩格斯所描述的这种方法，在资本主义城市史中却一而再再而三地出现。这种方法在操作层面，还有一种极其普遍的做法，一般表现为按照能产生最高经济回报率的方式对土地进行分类。[②] 就像恩格斯所说的那样，"现代大城市的扩展，使城内某些地区特别是市中心的地皮价值人为地、往往是大幅度地提高起来"。[③] 然而，在资本积累驱使下，这些被提价的土地上的原住民并未因为地价上涨而获利，反而因为其房屋与周遭环境不相融而降低了价值，以致不得不拆毁，城市中心的那些工人的住房就首先遇到了这种状况。于是，在这种有意识的驱使中，那些陷入困境的被边缘化的移民、失业工人和青年不得不走向孤立的郊区，而那些被拆毁的住房，在原地又兴建起商店、货栈或公共建筑物，城市与郊区的空间划分也由此完成，城市权利在城市改造中不断发生迁移，并日益落到

① 《马克思恩格斯选集》（第3卷），人民出版社，2012，第243、245~246页。

② 〔美〕戴维·哈维：《叛逆的城市——从城市权利到城市革命》，叶齐茂、倪晓晖译，商务印书馆，2014，第19页。

③ 《马克思恩格斯选集》（第3卷），人民出版社，2012，第193页。

了私人或准私人的手中。例如，在纽约市，有亿万资产的市长迈克尔·布隆伯格（Michael Bloomberg），曾经一边按照开发商、华尔街和跨国资产阶级的心愿重新建设这座城市，一边继续把这座城市叫卖为可产生高附加值的商务机构的首选地以及游客们的最佳场所。如此一来，纽约的曼哈顿区实际就成为一个巨大的富人们的封闭社区。类似的情况可谓数不胜数，在已建立的城市中，权利是非常少的，而且在大部分情况下落入少数政治和经济精英之手，使他们能够按照自己的需要和愿望不断地改造城市。[①] 比如西雅图的亿万富翁保罗·艾伦（Paul Allen）在对城市建设发号施令；在墨西哥城，世界上最富有的人之一卡洛斯·斯利姆（Carlos Slim），按照自己的意愿让市中心的街道重新铺上了鹅卵石，以博得游客们的一瞥。事实上，这种城市权利并非只有富人们可以支配，在纽黑文，作为世界最富裕大学之一的耶鲁大学，捆绑起它所有的资源，投入自己的城市建设中，重新设计出一个更适合它的城市结构。[②] 这也是一种通过城市规划设计支配城市权利的方式，并由此形成一种城市空间结构，这种城市空间结构类似于同心圆空间分布，住在郊区的富人享受着便利的交通，在其通勤路线上对城市贫民的悲惨生活等却视而不见或习以为常（诚如恩格斯在很早之前所论述的那样）。

> 在曼彻斯特的中心有一个相当广阔的长宽各为半英里的商业区，几乎全区都是营业所和货栈。这个区域几乎整个都是不住人的，夜里寂静无声，只有值勤的警察提着遮眼灯在狭窄而黑暗的街道上巡逻。这个地区有几条大街穿过，街上非常热闹，房屋的最下一层都是些辉煌的商店；在这些街上，有些地方楼上也住了人，这里的市面是不到深夜不停止的。除了这个商业区域，整个曼彻斯特本城、索尔福和休尔姆的全部……所有这些地方形成了一个纯粹的工人区，像一条平均一英里半宽的带子把商业区围绕起来。在这个带形地区外面，住着高等的和中等的资产阶级。中等的资产阶级住在离工人

---

① 〔美〕戴维·哈维：《叛逆的城市——从城市权利到城市革命》，叶齐茂、倪晓晖译，商务印书馆，2014，第24~25页。

② 〔美〕戴维·哈维：《叛逆的城市——从城市权利到城市革命》，叶齐茂、倪晓晖译，商务印书馆，2014，第24~25页。

区不远的整齐的街道上……而高等的资产阶级就住得更远……在新鲜的对健康有益的乡村空气里，在华丽舒适的住宅里，每一刻钟或半点钟都有到城里去的公共马车从这里经过。最妙的是这些富有的金钱贵族为了走近路到城市中心的营业所去，竟可以通过整个工人区而看不到左右两旁的极其肮脏贫困的地方。因为从交易所向四面八方通往城郊的大街都是由两排几乎毫无间断的商店所组成的，而那里住的都是中小资产阶级。他们为了自己的利益，是愿意而且也能够保持街道的整洁的。诚然，这些商店和它们背后的那些区域总是有密切关系的，所以在商业区和靠近资产阶级住区的地方，商店就比背后藏着工人们肮脏的小宅子的那些商店更漂亮些。但是，为了不使那些肠胃健壮但神经脆弱的老爷太太们看到这种随着他们的富贵豪华而产生的穷困和肮脏，这些商店总算是够干净的了……我知道得很清楚，这种伪善的建筑体系是或多或少地为一切大城市所具有的；我也知道，零售商因其所经营的商业的性质就必须住在繁华的大街上；我知道，在这种街道上好房子总比坏房子多，这一带的地价也比偏僻的地方高。但是我毕竟还没有看到过一个地方，像曼彻斯特这样有系统地把工人阶级排斥在大街以外，这样费尽心机把一切可能刺激资产阶级的眼睛和神经的东西掩盖起来。然而，曼彻斯特在其他方面比任何一个城市都建筑得更不合警察的规定，更没有一定的计划，而是更偶然地堆积起来的。当我连带考虑到资产阶级那种热心的保证，说什么工人生活得很好的时候，我就觉得，那些自由派厂主，曼彻斯特的“big wigs”对该市的这种可耻的建筑体系并不是完全没有责任的。[①]

与城市改造实现城市迁移过程，并最终以“夺取式积累”来取得城市权利相适宜的是，城市权利的差异化更多的是以权利的金融化实现的。以孟买为例，官方确认孟买大约有 650 万人居住在土地没有法定权属的贫民窟里。[②] 为了把孟买转变为全球金融中心，孟买官方同样采取了前

① 《马克思恩格斯全集》（第 2 卷），人民出版社，1957，第 326~327、328 页。

② 廉海东：《印度：贫民窟里没有百万富翁》，新浪网，https://news.sina.com.cn/w/sd/2009-04-09/140317576805.shtml。

述提高贫民区地价的方式驱逐贫民区人口，拆除贫民区建筑，如孟买最著名的贫民窟“达拉维”，其土地价值大约为20亿美元，在国家背景下的各种金融力量的推动下，孟买对贫民窟实施了强制性拆除，有时会粗暴地剥夺贫民窟居民世代占据的土地。这使得那里的房地产开发所使用的土地几乎是没有成本的，后续的房地产开发活动可以实现零成本的资本积累。被迫迁移的贫民却未必都能得到相应的赔偿，这是因为“虽然印度宪法规定，国家有义务不分种姓等级和阶级保护全体人民的生活、福利，保障各种住宅的居住权，但印度最高法院对修改这条宪法做出了不判决和判决两种决定”。贫民窟的居民无法证明自己是那块土地的长期居民，也就无权获得赔偿。这样，贫民窟的居民有的抵制，有的带他们寥寥无几的资产住在公路边缘或任何能够找到的立锥之地。①

同样的剥夺案例在美国也可以找到，通过滥用征用权，把合理住宅中的长期居民赶走，鼓励开发公寓、量贩等高层土地。美国最高法院的自由派法官对保守派发起挑战，声称地方行政当局为了增加其房地产税收基数的做法是完全符合宪法的。权利金融化在一些国家和地区甚至充斥着暴力。在20世纪90年代的首尔，伴随着地价的飙升，为了攫取中心土地开发权，建筑公司和开发商雇了相扑选手般的打手队，采用真正的暴力手段，在整个街区大打出手，不仅摧毁了那些在20世纪50年代沿着山坡建设起来的住宅，而且砸烂了那些居民的个人财产。这种残酷的人口迁移，佐证了列斐伏尔在20世纪60年代的预见，“在资本和国家的指令下，城乡间曾经存在的清晰划分会逐步消退，成为一种地理发展不均衡的相互渗透空间”。② 这些案例警告我们，现存的这些似乎“进步的”方案不仅转移了问题，而且实际上更深更重地把弱势和边缘化群体禁锢在资本流通和积累的链条上。③ 伊利查（Elyachar）就以开罗为例，指出这些似乎进步的政策创造出了一个“巧取豪夺的市场”，是有利于

---

① Usha Ramanathan, "Illegality and the Urban Poor," *Economic and Political Weekly*, Vol. 41, No. 29 (2006): 3193-3197; Rakesh Shukla, "Rights of the Poor: An Overview of Supreme Court," *Economic and Political Weekly*, Vol. 41, No. 35 (2006): 3755-3759.

② 〔美〕戴维·哈维:《叛逆的城市——从城市权利到城市革命》，叶齐茂、倪晓晖译，商务印书馆，2014，第20页。

③ 〔美〕戴维·哈维:《叛逆的城市——从城市权利到城市革命》，叶齐茂、倪晓晖译，商务印书馆，2014，第21页。

资本主义制度的。[①] 城市的悲惨只是罪恶与贪婪的资本主义体系的必然副产品，所谓的社会凝聚也不过是通过市场交换体系的运作实现的。这又让我们回想起恩格斯曾经对伦敦的评价。

> 伦敦人为了创造充满他们的城市的一切文明奇迹，不得不牺牲他们的人类本性的优良品质；才会开始觉察到，潜伏在他们每一个人身上的几百种力量都没有使用出来，而且是被压制着，为的是让这些力量中的一小部分获得充分的发展，并能够和别人的力量相结合而加倍扩大起来。在这种街头的拥挤中已经包含着某种丑恶的违反人性的东西……所有这些人愈是聚集在一个小小的空间里，每一个人在追逐私人利益时的这种可怕的冷淡、这种不近人情的孤僻就愈是使人难堪，愈是可恨……人类分散成各个分子，每一个分子都有自己的特殊生活原则，都有自己的特殊目的，这种一盘散沙的世界在这里是发展到顶点了。这样就自然会得出一个结论来：社会战争，一切人反对一切人的战争已经在这里公开宣告开始……每一个人都把别人仅仅看做可以利用的东西；每一个人都在剥削别人，结果强者把弱者踏在脚下，一小撮强者即资本家握有一切，而大批弱者即穷人却只能勉强活命……在任何地方，一方面是不近人情的冷淡和铁石心肠的利己主义，另一方面是无法形容的贫穷；在任何地方，都是社会战争，都是每一个家庭处在被围攻的状态中；在任何地方，都是法律庇护下的互相抢劫，而这一切都做得这样无耻，这样坦然，使人不能不对我们的社会制度所造成的后果（这些后果在这里表现得多么明显呵!）感到不寒而栗，而且只能对这个如疯似狂的循环中的一切到今天还没有烟消云散表示惊奇。[②]

可以说，如果没有不平衡发展，资本无疑将失去活力，以致完全丧失它作为社会动力引擎的正当性。所以，资本积累粉饰着各种文明，为诸多空间分化加上伪装，并将各种野蛮状态的危险加在对抗者身上。谁的街道，

① Julia Elyachar, *Markets of Dispossession: NGOs, Economic Development, and the State in Cairo*, Durham, London: Duke University Press, 2005, pp. 1-37.

② 《马克思恩格斯全集》（第2卷），人民出版社，1957，第303~305页。

谁的地方，谁的城市？如何走向人类“希望的空间”？哈维将城市化问题聚焦在资本逻辑之内，或者说是以一种空间政治经济学的方法论，将城市化问题的研究归纳为社会化空间问题的研究。不平衡发展是哈维进行城市问题研究的重要理论抓手，不平衡发展的“统一场论”阐释了资本主义城市发展的基本动能和大致规律。当然，反过来看，城市空间规模中多维度的不平衡演变也被哈维当作不平衡发展理论研究的空间试验场。

二　全球空间的结构失衡

辩证地看，不平衡发展在城市空间发展中具有两面性。首先，资本主义借用城市空间差异创造了有利于资本主义发展的条件，因为这种服务于资本积累的区域空间不但吸取了大部分的剩余资本和劳动力，还强化了使用价值在流通领域中的作用，进而增强了资本主义积累的活力；其次，不平衡发展对资本主义发展的负面影响不容小觑，资本主义出于维护阶级长久利益和政权统治的迫切性，必须千方百计地弥合空间差异、扫平空间障碍，但这可能会造成更大的麻烦，就如哈维所说：“空间障碍越不重要，资本对空间内部场所的多样性就越敏感，对各个场所以不同的方式吸引资本的刺激就越大。结果就是造成了在一个高度一体化的全球资本流动的空间经济内部的分裂、不稳定、短暂而不平衡的发展。集中化与分散化之间的历史上有名的紧张关系，现在以各种新的方式产生出来了。”①

在全球化的今天，小到一个城市，大到一个国家，无论是经济领域还是政治领域，甚至是文化领域，都已经失去了原本的界限，“地球村”已经成为时代最显著的特征，而全球化作为一个过程、一项条件或者一个特定的政治规划，本质是资本主义按照它自己的面貌建立和重建地理的过程，从全球化是一个过程来看，这个过程其实是资本主义正在进行的领土化和再领土化的过程，这也决定了“全球化这个术语以及所有相关理论都沉重地负载着政治含意”。② 换言之，资产阶级追求阶级统治曾经是（而且现在也是）一个真实的地理事件。③ 空间生产作为资本积累

① 〔美〕戴维·哈维：《后现代的状况：对文化变迁之缘起的探究》，阎嘉译，商务印书馆，2013，第370页。

② 〔美〕大卫·哈维：《希望的空间》，胡大平译，南京大学出版社，2006，第52页。

③ 〔美〕大卫·哈维：《希望的空间》，胡大平译，南京大学出版社，2006，第54页。

和阶级斗争动态中的一个基本环节持续不断地进行，也加速推进了全球化进程。可以说，如果没有自己的“空间定位”，资本主义就不可能发展，其原因如下。

①资本主义总是有这样的冲动：缩短周转时间，加速资本循环。资本主义经济危机又常常打碎这样的本质冲动。②资本主义总是有这样的冲动：消除所有的空间障碍。要消除空间障碍，就必然考虑全球空间。也就是说，对于“谁把全球化提上了议事日程”这个问题，答案显然是资产阶级利益。所以资本主义哪怕用自己的方式推进了全球化，其空间生产模式也只不过是一种异地模式复刻，这种复刻是一种地理景观的复刻，常常由这几个要素构成：空间关系、领土组织、具有“全球性”特征的劳动分工。这几个要素使全球空间中的某些国家很容易陷入资本主义设定的景观目标之中，其实现手段和方式主要表现为三个方面：①降低在空间中运动的成本，尽量少用时间，把商品和人的运动从距离冲突的约束中解放了出来；②建设固定的物质基础设施来支持生产、分配、交换和消费活动，但是资本主义的资本优势同时被当作固定在土地上的资本嵌入空间中，创造出“第二自然”，资本主义国家也由此掌握了某种意义上的“权力”；③资本主义国家进一步利用对货币、法律和政治等进行调节的权力，实现领土组织的重新构造，甚至在全球化或领土化这种不稳定的过程里推动世界范围内国家的形成和解体。这种“流水线”生产出的地理景观，本质是资本主义国家通过外交、军事和商业政策的代理机构在世界范围内运行，看似推动了其他国家的全球化进程，但不过是资本主义在异地复刻出的一种与它自己在某个特定历史时刻的积累动态相称的景观，在其形成的那一刻已经具有某种先天的滞后性，最终必然“要被摧毁并改造以适应稍后时期内的积累”。[①] 在华丽辞藻的修饰下，特别是在某种金融压力下，它总能让人们相信“全球化”是一个新事物，其实它只不过是一个宣传伎俩，目的是充分利用国际金融体制中的必要调整。比如，金融压力习惯强调金融市场区域化的重要性，所以有了北美自由贸易协定及欧盟，这种“全球化”的实质是非常明显的权力集团而已。这些都充分说明，全球化本身就是不平衡的时间和空

① 〔美〕大卫·哈维：《希望的空间》，胡大平译，南京大学出版社，2006，第58页。

间发展的一个生产过程。

对此，哈维辩证地认为，全球化问题是一个明确的地缘政治方案，它有一个赤裸裸的事实，那就是“全球化无疑是一场主要由美国（还有一些臭名昭著的同盟，如撒切尔时代的英国）发动的地缘政治讨伐运动的后果”。[①] 二战之后，美国就一直是全球化的中心。理论上来说，如果没有来自外部力量的支持，美国也无法将全球化的空间发展模式推广到全世界。事实的确如此，全球范围内的很多政治集团都热衷于同美国结盟，并希望能够在美国强大的军事以及经济实力的护佑下获利。其原因在于，虽然单个国家可能失去了它们的某些权力，但地缘政治民主化的东西又为他们创造了新的机遇。特别是伴随着科学技术进步的“信息革命”，极大地改变了生产和消费组织，通信领域中“空间的非物质化”虽然源于军事机构，但被金融机构和跨国资本当作一种手段来利用，形成了一个所谓的非物质化的“赛博空间”，用来容纳他们在空间中的瞬时行为，开展金融或投机的重要交易。与此同时，商品和人员的流动成本大大降低，各种活动都开始从以前的空间约束中解放了出来，生产、消费、人口等都开始迅速地调整场地，信息革命使克服空间障碍所需要的成本大大降低，这种变化的意义远远比信息革命本身要深远得多。这一切，对于任意单个国家来说，又都是有利可图的。

于是，全球化进程在这样的主客观条件下，更是有了迅猛发展的理由。哈维在此基础上又有了新的洞见，那就是全球化动态在出现上述情况后，又开始出现新的结果和矛盾。

跨国资本的生产和组织形式发生了变化，科技进步使得物流成本和信息传递成本大幅降低，国际贸易深入推进。跨国公司在全球范围内的兼并、合资使得垄断越发严重，母公司支配空间的力量更大，更广泛的全球生产使全球电视机、全球小汽车等产品成了政治经济生活的一个日常方面。

越来越多的世界人口，特别是妇女加入了雇佣大军的行列，比如孟加拉国、韩国的人口。现在全球无产者比过去强大得多，但它更加难以组织一个统一的工人运动，甚至现在它受剥削的处境在总体上比 20 年前

① 〔美〕大卫·哈维：《希望的空间》，胡大平译，南京大学出版社，2006，第 65~66 页。

还要差。

全球人口也在不断地增长，全世界移民问题前所未有得严重。2019年11月联合国公布了《世界移民报告2020》，报告显示：截至2019年，全世界共有2.72亿移民，占全球总人口的3.5%，[①] 移民人口较2000年的1.50亿人增加了1.22亿人，[②] 增速明显。日渐增多的移民因人种、宗教和文化差异又带来了诸多不容易解决的特殊政治问题。

全球城市化渐渐发展，达到了普遍化程度。20世纪中叶，全球城市化的平均水平约为29%，[③] 到了2020年，这个数字已经达到了56%。[④] 全球人口越来越多地生活在城市中，世界城市和城市体系一直在形成，比如贯穿整个欧洲的情况，它对全球政治经济运行产生了转化作用，带来各种不同的政治经济后果。

国家的作用更加受到货币资本和金融的约束，以致资本主义国家为了自身的利益，把“全球化论题”作为打击社会主义者、福利国家主义者、民族主义者的强大意识形态工具。典型的表现是，以“民族优先”“本国优先”为诉求的民粹主义政治倾向在欧美一些发达资本主义国家“逆”流而上，形成了种族主义、排外主义等思潮和言论，给全球化带来了极大的挑战。

在这种背景下，空间仍然在持续甚至不受控地被资本打破，就像哈维所说：“‘全球化’术语的兴起所预示的事情之一就是深刻的资本主义地理重组，使许多关于‘自然’地理单元——资本主义历史轨迹就发展于其中——的假定变得越来越没有意义。”[⑤] 资本的全球化流动与其在城市中的流动可以用同样的逻辑来分析，资本的贯穿必然造成全球生产方式的变化。资本积累体量的大小需要结合多种因素来衡量，其中包括自然的资源和能源条件，也包括劳动力条件，还包括政治及社会条件等。

① 联合国移民署：《世界移民报告2020》，https://publications.iom.int/system/files/pdf/wmr-2020-ch_1.pdf，第2页。

② International Organization for Migration，*World Migration Report 2000*，https://www.un-ilibrary.org/content/books/9789213629857，前言。

③ 俞金尧：《20世纪发展中国家城市化历史反思——以拉丁美洲和印度为主要对象的分析》，《世界历史》2011年第3期。

④ United Nations Human Settlements Programme，*World Cities Report 2020: Key Findings and Messages*，2020，p. 2.

⑤ 〔美〕大卫·哈维：《希望的空间》，胡大平译，南京大学出版社，2006，第56页。

出于空间修复的迫切需要，资本积累必须在空间结构中尽可能地获得上述的前提条件。就如哈维所讲："资本家能够而且也确实尽其所能地利用空间战略来创造和保护其垄断权力。对关键的战略区位或资源地区的控制是一个重要的武器。"① 资本的扫荡和冲击会让本来就差异巨大的全球格局变得更复杂多样，各种各样的不平衡发展问题随之更加突出，总体表现为以下两个方面。

空间布局二元化加剧。发达国家不断地通过信息、技术、文化、人才手段掌握生产力发展的核心，却将产品附加值低、能源消耗量大的低端制造业和代工厂转移向劳动力成本低、核心竞争力低的发展中国家，正如哈维所描述的，发达国家城市中心已经出现了"去工业化"现象。这使全球很多发展中国家成为以单纯追求资本效益、付出大量劳动力、牺牲环境为代价的全球工厂。它们生产出来的高附加值的所谓的"奢侈品"再转而卖给生产国或者生产者本身，而这种产品并不是绝大多数人可以消费的，这在一定程度上会造成思想和行为的异化，造成该地阶级对立和贫富差距拉大，全球化背景下的"沙漏"社会模式已然形成。在这种社会模式中，大多数人会跌落底层。越来越多的人生活水平降低、区域内部贫富差距不断拉大、社会共同体的凝聚力变小。更为严重的是，新自由主义全球化使得发展中国家的贫富差距急速拉大，唯有少部分精英阶层才能从这种发展中受益。第三世界的规模性贫困问题无法解决，唯一能做的不过就是在大规模贫困中创造出几个相对富足的小岛罢了。同时，这种二元格局不仅制约了发展中国家农业的发展，而且侵占了发展中国家城市居民的生存空间。制造业在发展中国家的高速发展需要大量土地作为支撑，这势必会侵蚀发展中国家的农业用地。这种现象也会使农民产生一种"在家务农不如进城务工"的心理。大量农民涌向城市，侵害了城市居民的空间权益，引发了空间生产、空间占有、空间支配和空间消费的激烈矛盾冲突。

资本在全球范围内的扩张会给外围国家造成严重的生态问题，造成生态环境的不平衡发展。全球人口的迅速增长、严重的污染、废弃物的产生、环境退化及经济增长的方式，加剧了人口和资源之间的不平衡，

① 〔美〕戴维·哈维：《新帝国主义》，付克新译，中国人民大学出版社，2019，第57页。

造成了严重的社会分裂。人们甚至愈发清醒地认识到，“小范围的活动（诸如像 DDT 之类各种杀虫剂的局部使用）可以制造广泛的（有时是全球性的）生态后果，或者说急速发展的矿物燃料的使用规模一直在恶化气候变化，而且栖息地和生物多样性的丧失也一直在加速，很明显，环境问题将以从前所不曾广泛体验过的方式在全球关注中占据突出地位”。[①] 先前的资本主义国家同样面临生态环境危机，伦敦经历了令人窒息的雾霾，机场关闭、交通堵塞。类似的事件也发生在新德里和德黑兰，甚至是巴黎，污染最重的就是钢铁厂、水泥厂以及热电厂。但是资本主义国家会“通过在总体上对南部国家和世界范围内的穷人欠下一笔‘生态债’来完成”资本的持续积累，[②] 于是在 20 世纪 60~70 年代，迫于生态压力，资本主义国家将生态环境问题随资本一起带到了发展中国家，以此来改善本国的生存环境和生存空间，具体表现为北方国家将污染“出口”到南方国家。北方国家被禁止使用的化学物品，在南方国家的工农业生产中找到了出路。从此，发达国家日渐山清水秀、空气宜人，而发展中国家逐渐山秃水浊、雾霾笼罩。在生态危机全球化爆发之后，资本主义国家将全球环境恶化的罪名强加给发展中国家，却忘记了自己才是始作俑者。“传统的环境关注（比方说，关注清洁的空气和水、景观保存、健康的生存环境）已经从地域性（常常是城市或区域的）向着更加全球性的规模转变。”[③] 综合来看，就如哈维认为的那样，资本主义的全球化过程并不是一个平均分配利益的过程，资本的扩张也是一个将落后国家和民族推往不平衡发展边缘化空间的过程。

总之，资本逻辑作用于城市空间和全球空间两个不同的空间规模之中，形塑了复杂的资本主义不平衡发展空间样态。如果我们坚持从现象到过程再到实质的研究思路，那么这种不同的不平衡发展现象是研究不平衡发展理论的重要前置要件，它为我们识别不平衡发展的表征与实质创造了可能，也为我们进一步在资本逻辑下探讨不平衡发展理论奠定了基础。

---

① 〔美〕大卫·哈维：《希望的空间》，胡大平译，南京大学出版社，2006，第 64 页。

② 〔美〕詹姆斯·奥康纳：《自然的理由——生态学马克思主义研究》，唐正东、臧佩洪译，南京大学出版社，2003，第 205 页。

③ 〔美〕大卫·哈维：《希望的空间》，胡大平译，南京大学出版社，2006，第 64 页。

第三节　思考与延伸

——不平衡发展的多维透视

我们论述了资本积累与地理扩张的关系，描述了资本逻辑主导下的不同规模的不平衡发展现象，也明确了这种资本逻辑下的不平衡发展的危害性。这里的内在逻辑是资本如何作用于空间生产过程并形塑不平衡发展的地理景观。这种逻辑符合哈维关于不平衡发展一般理论的建构思路，但是与此同时，我们意识到在资本逻辑下探讨不平衡发展理论还必须注意一个更深层次的逻辑建构问题。资本主义积累的确制造了不平衡发展，但这种制造是单向度的吗？不平衡发展只是资本主义空间生产的一种现象和结构吗？这是我们构建不平衡发展一般理论必须明确的一个关键环节。在此基础上，我们应该进行一种自我意识的梳理，洞穿自然—社会的资本异化实质，以期更为深刻地理解在资本逻辑下探索不平衡发展理论的重要意义。

一　不平衡发展与资本主义发展的双向度思考

如果单纯地把不平衡发展当成资本空间流动所形成的一种地理景观，或者单纯把不平衡发展理论当成一种分支理论去简单地阐释资本主义空间生产现象，那我们注定只能看到该理论的冰山一角。苏贾说："资本主义存在本身就是以地理上的不平衡发展的支撑性存在和极其重要的工具性为先决条件的。"① 在资本逻辑视域下研究不平衡发展理论的重要意义，除了我们在本章所说的，在资本逻辑下讨论积累法则如何在预先形成的空间结构中造成了不平衡发展之外，还应该在此基础上进行一种延伸：尝试探索不平衡发展如何形塑和制造了资本主义空间，或者说如何完成不平衡发展理论和资本积累理论的双向建构，以进一步解释哈维所说的资本主义的发展就是不平衡地理发展，强化不平衡发展作为解释资本主义空间生产的元理论地位。

---

① 〔美〕爱德华·W. 苏贾：《后现代地理学——重申批判社会理论中的空间》，王文斌译，商务印书馆，2004，第 162 页。

首先，不平衡发展是资本主义制度确立的历史前提。具体来讲，自然资源和生产资料的先天性差异是进行一切资本主义活动的必要条件。资本主义制度是通过原始积累确立起来的，这种原始积累同时发生在国内和国际两种不平衡的空间中，在国际，通过商业资本主义的不平衡交换、暴力掠夺等手段攫取了资本的第一桶金；在国内，资本依靠阶级间的不平等，通过动员暴力、国家权力、法律制度和意识形态等手段，消灭一般私有制，确立了资本主义私有制，又以生产资料占有的不平衡来剥夺农民和其他小生产者的生产资料而获得资本主义的历史性条件。[①]究其根本，资本主义生产的根本动因是对利润的追求，而利润的高低在不同的行业、不同的地区、不同的规模上都会不同程度地存在发达与欠发达、高成本与低成本、高生产率与低生产率等差异化表现，正是有了这种差异化，资本家才有了追求利润的可能性，如果资本主义生产处于一种非差异化的空间样态之中，那么利润这一概念就会消失，资本主义发展的空间动能也将消失。所以，从这个角度来看，不平衡发展无疑是一切资本主义活动及一切资本逻辑形成的首要前提。

其次，不平衡的社会关系与资本主义空间生产如影随形。“生产过程和价值增殖过程的结果，首先表现为资本和劳动的关系本身的，资本家和工人的关系本身的再生产和新生产。这种社会关系，生产关系，实际上是这个过程的比其物质结果更为重要的结果。”[②] 资本不仅是一种生产要素，更是一种社会关系。资本逻辑不仅是指资本主义生产的过程以及运行的方式，更代表了资本影响下的劳动关系、生活方式以及社会关系等。在传统的资本主义空间生产中，各种尺度的空间布局都受先天性的地理差异影响，例如，煤炭、石油、钢铁等工厂必然要建立在拥有丰富资源的地理位置周围；纺织厂、造纸厂势必要建立在河流沿岸；港口、码头分布于具有较长海岸线的繁荣城市内部。空间生产的集聚必然产生劳动力的集聚，并且这种空间集聚的优势往往只重视地理优势而忽视了人的价值因素，加之资本主义生产的剥削性本质，包括但不限于对种族、阶级、性别等方面的歧视和压迫，导致这种看似明显的资本主义空间不

---

① 胡毅、张京祥：《中国城市住区更新的解读与重构——走向空间正义的空间生产》，中国建筑工业出版社，2015，第 78 页。

② 《马克思恩格斯文集》（第 8 卷），人民出版社，2009，第 107 页。

平衡发展的结构内部蕴藏了一种“社会关系”的不平衡，或者说一种阶级矛盾的潜在对抗。长期来看，这种关于“人”的不平衡即劳动分工差异内化于资本主义空间生产之中并日益成为资本主义不平衡发展的重要影响因素。就如史密斯所说：“它们正越来越多地渗透进差异的背景之中，成为不平衡发展的生产力。”① 所以，伴随着自然地理空间的先天性不平衡发展，资本主义的本质决定了资本主义结构内部先天地存在一种不平衡的社会关系基础。

综上，资本主义空间生产的集聚与分散决定了资本主义的发展注定要和不平衡发展相伴相随。如前文所讲，出于自然地理不平衡的特殊样态，资本积累的发生和发展会优先选择具有动能优势的地理位置。这就会造成资本在地理上的集聚。在资本积累初期，资本家会将劳动力和生产资料高度集中于某个空间规模上，这可以有效地提高生产效率，缩短劳动产品的运输和交付周期，进而加速资本积累的扩大再生产。这种地理集聚有效地发展了资本主义，但是这种地理集聚的发展注定好景不长。这种集聚会造成固定区域内的空间矛盾频发，比如交通拥挤、基础设施僵化、空间产品稀缺、固定规模的投资饱和、阶级矛盾激化等一系列问题，这给资本积累带来的负面影响已经逐渐抵消掉了空间集聚的优势。这时，出于对利润的狂热追求，一些资本家着手实施资本在地理空间上的分散计划，他们试图将资本积累之网扩散到全球范围内的任何可能获取利润的地区，在这之后，许多国家和地区都被卷入了资本的洪流之中。但是，资本的地理分散也并非毫无阻力，资本家内部也并非铁板一块，在原有地方扎根的资本、基础设施、利益格局都倾向于将资本固定于原地，从而阻挠资本向外部空间扩张，集聚与分散始终处于斗争的中心。这使得在资本主义条件下，无论是资本的集聚还是分散，都很难找到一种平衡，进而形成一种独特的时而集聚、时而分散的不平衡发展景观。这种矛盾伴随着资本主义发展的始终，从未间断。就如哈维所讲：“资本主义的地理组织使价值形式中的矛盾内在于本身之中，这就是资本主义不可避免的不平衡发展。”②

---

① Neil Smith, “Gentrification and Uneven Development,” *Economic Geography* , Vol. 58, No. 2 (1982): 139-155.

② David Harvey, *The Limits to Capital*, Oxford: Basil Blackwell, 1982, p. 417.

二 自然—社会的资本异化

总体来看，资本主义主导下的社会空间问题频发的根本原因还是在于丧失了有规矩的资本空间流动，这是一种典型的不平衡发展。空间的生产不是固有的，它始终是资本作用于社会—生态系统的产物。在人类社会中，生产服务于生活，生活催生了生产，生产衍生了交换，交换孕育了资本，资本日渐异化了人们的生活体验，从而控制生活，进而控制社会生产和交换，这一切都发生在自然和社会空间之中，我们有意识地在空间中生产，同时无意识地生产了空间，以致空间仿佛变成了资本的奴隶，诞生于空间和空间性之中的不平衡发展就贯穿于整个过程始终，我们期待进行一种源于主观的关于资本与地理空间关系的伦理解读。

我们阐明了资本积累为何与空间生产相联系，生产的空间已经被资本催生为空间的生产，空间已经成为一种商品，这种独特的空间产品具有特殊性，以货币或者实物形式存在的资本可以无穷地积累和无限地增殖，它甚至可以满足人性无止境的发展可能，但空间产品则不然，它是一种不可再生的、无法复制的稀缺物。这就必然产生人们日益膨胀的、不受控制的空间占有欲望与空间本身稀缺性之间的矛盾。产生这种矛盾的原因，除了我们在前文中论证的充分人格权利对物化产品的理性占有外，还有两方面。第一是人们始终认为只有物质的才是最现实的，人生在世，吃穿二字，这是人一切急功近利表现的根本动因；第二是聪明的人类有着获利的充足底气，因为人们利用资本推动生产的发展、技术的进步，能够为自己创造更有安全感的生存空间。这使人们不担心资本抛弃自己，就像人们不担心资本侵蚀自然和社会一样。人们只对生产的发展和交换的满足感兴趣。针对培根提出的——难道人类非得变成经济动物，只知道专注于膨胀的胃和膨胀的银行户头吗——疑问，[①] 已经被资本异化的人们会毫不犹豫地回答：是的，只要我们把蛋糕做得足够大，一切问题都可以迎刃而解，只要披上了资本的战衣就可以一劳永逸。然而，事实真的是这样吗？资本催生的科技进步、生产发展让人们越来越

① 〔美〕斯塔夫里阿诺斯：《全球通史：从史前史到21世纪》，吴象婴等译，北京大学出版社，2012，第12页。

多地收获物质和知识，人们能够按照自己的想法去改造空间甚至是改造自己，但为什么人们改造得越多、发展得越快，空间矛盾就越多、付出代价就越大、不平衡的发展就越明显？因为其中存在这样一个矛盾：人们日益增多的科技知识与人们驾驭这种知识的智慧之间的矛盾。人类的未来取决于对知识和驾驭这些知识的人类智慧平衡的结果。事实是我们驾驭知识的智慧远不及知识膨胀速度，这就是问题的答案。这是一种新的过剩，如果按照马克思的剩余价值理论的论证逻辑，生产的过剩会导致经济危机，那么这种知识的过剩将会导致更加严峻的自然与社会危机。资本的外化让人们没有时间停下来思考新生事物的对与错，就好比人们发现了氟利昂就迫不及待地把它装到冰箱里做成商品换取资本利润，但忘记考证这种化学物质是否会对自然空间造成伤害，事实表明，氟利昂对大气层中臭氧的破坏让我们本来就很严峻的生态问题雪上加霜，有气象专家指出，如果按照现有的状况分析，世界上诸多沿海城市和岛屿将会在 50 年内面临灭顶之灾。又好比人们发明了汽车——一种能够用时间消灭空间随之创造出巨大的经济价值的空间产品，人们在批量生产和推广汽车的同时却忘了计算地球这个有限空间内的环境承载能力。1990～2000 年，印尼的汽车拥有量从 272524 辆增长到 675000 辆左右，印度从 354393 辆增长到 1100000 辆，中国则从 420670 辆增长到 2210000 辆。[①] 即便拥有如此惊人的增长量，我们依然能够察觉到《纽约时报》的这篇报道恐怕已经过时，今天的情况较之 20 世纪显然更加严峻，汽车尾气带来的自然空间污染已经显现无遗。虽然现在我们已经认识到了氟利昂和内燃机汽车的破坏性并开始寻求他们的替代产品，但是大气破坏和环境污染又由谁来买单？如何买单？我们今天所遇到的林林总总的历史问题难道不能都通过知识与智慧的矛盾来解释吗？如果能，那么我们是危险的，如果我们不能改变这种资本外化的现状并停下来好好思考未来，未来的我们依然会重蹈覆辙。更为严峻的是，现在我们的生存空间好像也已经没有多少容忍的耐性了，复杂而严峻的全球范围内的不平衡地理发展已经向我们敲响了警钟。

在漫长的资本演绎过程中，技术的进步、观念的更新、经验的传承

---

① *The New York Times*, 1996, https://www.loc.gov/item/sn00061556/.

让人类把生存空间经营得远比以前繁荣和便利。人们开始对资本大加赞赏甚至趋之若鹜，进而忽略资本自身的顽劣。这种顽劣表现在自然和社会空间之中。地球生态系统的繁衍大致经历了三个重要的转折。生命的出现为其一，这催生了生物的进化，所有生物都努力选择自然和适应自然。人类文明的出现为其二，这让几百万年的生物准则发生了彻底的革命，人类通过改变自然来适应自身的基因而不是单纯通过改变自身基因来适应自然。这对聪明的人类来讲当然是不满足的，人类在进化的过程中创造了国家和社会则为其三，这书写了更为复杂的人类史。自然科学让人类拥有了无比强大的改变自然甚至是改变自身的能力，人们不再为生存而担忧，人们更加关注的是发展，丰富的交换渠道让人类体验到了物质满足的快感，尤其是在工业革命后，生产力空前发展，如马克思所说，“资产阶级在它的不到一百年的阶级统治中所创造的生产力，比过去一切世代创造的全部生产力还要多，还要大”。[①] 人类的生活在资本进入我们的生存空间之后变得大不一样了，资本成为人们的宠儿。人们利用资本为自身服务，也利用资本为资本服务，资本本身没有生命，但是资本流动的各个端点都被人占据，这样，流动的资本似乎慢慢有了意识，它同我们一样，也在积极地创造适合自己繁衍的条件，以致我们现在所面临的很多矛盾并不是人性使然而更多的是资本自身的倾向。“只有资本才创造出资产阶级社会，并创造出社会成员对自然界和社会联系本身的普遍占有。”[②] 资本越发不可控制，资本将它嗅到的一切资本再生产猎物统统内化进资本流通和资本积累过程中，即便是再普通不过的一株植物，一旦成为商品，资本就会立刻剥夺它原有的单纯的生态或补给属性，贴上资本标签，纳入市场的或资本的计划书，植物之所以有第二年的再次生长完全是拜资本再生产所赐，因为如果这株植物没有让资本高兴，资本可以随时要了它的命。资本的这种“效用原则”强化了资本与自然的内在联系，马克思把资本对自然界的这种作用表述为“使自然界的一切领域都服从于生产”。[③] 资本在其内在的效用原则的驱使下，把“纯粹的自然”日益变为“人化的自然”。确实如马克思所说的那样，在资本的

① 《共产党宣言》，人民出版社，2018，第 32 页。

② 《马克思恩格斯全集》（第 46 卷），人民出版社，1979，第 393 页。

③ 《马克思恩格斯全集》（第 47 卷），人民出版社，1979，第 555 页。

驱使下，人类热衷于对自然界的开发，这种开发的实质就是“采用新的方式（人工的）加工自然物，以便赋予它们以新的使用价值”，[①] “从一切方面去探索地球，以便发现新的有用物体和原有物体的新的使用属性”。[②] 资本逻辑的“物化”如同埃博拉病毒一般，自然界的神秘不复存在，“自然之神”让位于“资本之神”。自然现在成了资本的“奴隶”，成为一种工具性的存在，人们对自然的敬畏之心消失殆尽。马克思就曾一针见血地指出，资本为了获得金钱利益，“剥夺了整个世界——人的世界和自然界——固有的价值”，[③] “慑服于自然界”的传统人与自然关系被异化成“人主导自然界”，而这一切构成了资本主义条件下的生态体系。

资本的盲目性和扩张性势必会造成一种危机，只要资本需要，它可以利用自然，也可以破坏自然。资本会将自然变成资本，但是绝对不会主动将资本变回自然。资本可以牺牲森林和农田来换取更多的资本，资本可以将氟利昂和工业废气排放到大气中以创造更有利于资本再生产的便利条件。资本往往忽视它本不需要而它的发明者却不可或缺的安全的粮食、洁净的水和清新的空气。人们对资本的过度放纵和追捧最终会被认定为多行不义。海洋地理学家雅克·库斯托（Jaques Cousteau）说过与马克思相同范式的话：“人类在20世纪中对地球造成的伤害也许比先前全部人类历史中造成的还要多。”[④] 更为严峻的是，人同自然一样，也可以被内化进资本之中，人可以被资本支配并且出现人与资本地位的失衡，人会听命于资本，成为资本的奴隶，这是显而易见的道理，并且在某种程度上，这已经成为现实。

无限扩张的资本本身就具有一种贪婪的本性，一切都可以成为其扩张的养分，这又恰巧符合一些政治家的诉求，他们力求把城市的蓝图描绘得尽量宏伟、把经济的指标推得尽量虚高。于是资本的扩张突破了政治经济学的屏障，势不可挡。它也不再有所顾忌，不再为了讨好人们而

---

① 《马克思恩格斯全集》（第30卷），人民出版社，1995，第389页。

② 王伟光主编《反对主观唯心主义》，人民出版社、中国社会科学出版社，2014，第177页。

③ 《马克思恩格斯文集》（第1卷），人民出版社，2009，第52页。

④ Jaques Cousteau, “Consumer Society Is the Enemy,” *New Perspectives Quarterly*, Vol. 26, No. 4 (2009): 90-95.

发愁，它可以生产出人们完全不知为何的产品，之后诱使人们将其推广。至于这种产品的好坏，只有在实践中界定了。好则大面积推广，不好则再生产出新产品对其进行覆盖，这注定会牺牲一部分使用者的利益，但资本对此视而不见，因为资本在这个过程中实现了自身扩张。马克思指出："资本正是以此不自觉地创造着一种更高级的生产形式的物质条件。"[①] 资本一方面"自觉"地吮吸剩余价值的"甘露"并滴着"肮脏的血"，另一方面"非自觉"地创造了丰富的人类文明。资本对日常生活的影响最终会把人类社会变成资本主宰的社会。其实在全球化的今天，自然和社会在很大程度上已经沦陷。如果继续允许资本的自由和恣意，人类的空间将变成资本的空间，人类的历史将变成资本演绎的历史，人类的文明将变成资本扩张的文明，人类的交往将变成资本迁移的交往，而资本终将抛弃人类。记住了这些，不平衡发展理论才具有进一步研究的必要。

归根到底，哈维的不平衡发展理论其实是哈维在资本主义条件下对自然—社会的不平衡发展各项约束的一种理论概括，这种概括明显地蕴含资本逻辑的基础性价值（当然也蕴含权力逻辑，权力逻辑将在后文具体论述）。所谓资本逻辑，笔者在本书已进行了较为详细的论述。哈维正是在深入研究马克思基本积累理论的基础上，进而发觉资本积累以及资本在积累过程中表现出的时间与空间特征是不平衡发展理论的重要逻辑基点。我们研究哈维不平衡发展理论的真正目的之一就在于在资本逻辑下讨论积累法则如何在预先形成的空间结构中造成了不平衡发展。[②]

---

① 《马克思恩格斯全集》（第46卷），人民出版社，2003，第288页。

② 〔英〕大卫·哈维：《新自由主义化的空间：迈向不均地理发展理论》，王志弘译，台北：群学出版社，2008，第71页。

第四章　不平衡发展理论的权力逻辑论

在资本逻辑的催化下，不平衡发展理论的权力逻辑得以被挖掘和延展，这为哈维提供了重要的理论视域和研究抓手。其实，我们在资本逻辑下探讨不平衡发展理论的过程中，就已经探讨了各种类型的资本主义地理尺度上的地缘政治和社会斗争观念，只不过笔者并未在第三章中穷尽关于哈维不平衡发展“统一场论”的全部内容，而是将其分割成资本逻辑与权力逻辑两部分并重点针对显性的资本逻辑部分进行了阐述。现在笔者要进一步来完善“统一场论”中关于地理尺度上的政治、阶级、社会争斗的分析，即权力逻辑的部分。这主要包括三方面内容：第一，新自由主义的扩散、移植与演化加剧了全球范围内的不平衡发展，也正是新自由主义政治经济发展的全球化，催生了人们对资本积累地理过程的不平衡发展理论的认知；第二，权力的资本逻辑和权力的领土逻辑的交替作用为解释新帝国主义的实质提供了理论支持，新帝国主义作为资本主义全球化过程中权力的资本逻辑和权力的领土逻辑共同作用的产物，内在地将不平衡发展包含于其中；第三，哈维的理论旨趣不仅停留在批判和解释的层面，通过对乌托邦理想的重新建构进而形成融入了地理学元素的马克思主义解放政治理论才是其最根本的理论诉求。彻底的社会解放应该把多种具有差异性的权力组织起来，在这方面，不平衡发展理论无疑具有重大的理论价值。哈维通过延展空间政治经济学视域中的权力逻辑，进而建构了新自由主义理论、新帝国主义理论和解放政治理论，三者皆是不平衡发展“元理论”的重要延伸。这三种理论对进一步阐析和深化不平衡发展理论意义十分重大。

第一节　批判新自由主义的锐利武器

在权力逻辑视域中，哈维不平衡发展的空间政治经济学批判理论建构的一个重要时空场域是新自由主义主导下的全球化。因此，对不平衡发展理论的理解必须首先建立在对新自由主义分析和把握的基础之上，这也是哈维构建其新自由主义理论的重要原因。在《新自由主义化的空间：迈向不均地理发展理论》《新自由主义简史》《寰宇主义与自由地理》等著作中，哈维针对1970年以来资本主义通过新自由主义策略勾勒的不平衡发展空间版图进行具体描绘，构建起空间政治经济学视域中的新自由主义理论，并逐步将其整合进不平衡发展的元理论体系之中。因此，想要在理论或现实层面把握哈维的不平衡发展理论，就必须基于历史、理论与实践的多重视域对新自由主义进行总体把握。

一 新自由主义的地理扩散、移植与演化

透过更自由的贸易、更开放的市场，全球化的新自由主义来源于持续无尽的资本积累和经济成长。与之相对，无尽的资本积累意味着新自由主义的权力体制必须在地理上扩展到全球。[①] 虽然新自由主义的出现和扩散是源自资本逻辑，但是它的表现形式和作用效果却是源自权力逻辑。对于新自由主义的内涵，我们可以从两个方面来进行理解。新自由主义起初是作为一种社会理论思潮出现的，正如哈维所说："新自由主义作为一项化解资本主义秩序危机的潜在方案，以及一项治疗资本主义疾病的方案，长期以来就潜伏于公共政策中。"[②] 伴随着凯恩斯主义经济政策的失灵，新自由主义经济政策宣称能够为危机中的世界经济发展开辟一条"光明道路"，其在不同层面呈现不同状况，并不断在时间的轴线上向前延伸，从20世纪20~30年代产生之初，到80年代全世界风行，再到21世纪更为复杂的异变，日益折射出市场化、私有化、自由化的本质特征。按照新自由主义的观点：市场是万能的，反对国家对市场进行过多干预，要用市场和贸易的自由保障个人自由。[③] 新自由主义和传统资产阶级意识形态一样，将社会主义和集权主义画上了等号。作为一种政治权力实体，新自由主义是一类国家的代表，哈维将这类国家称为"新自由主义国家"。"通过在一个制度框架内——此制度框架的特点是

① 〔英〕大卫·哈维：《新自由主义化的空间：迈向不均地理发展理论》，王志弘译，台北：群学出版社，2008，第51~52页。
② 〔美〕大卫·哈维：《新自由主义简史》，王钦译，上海译文出版社，2016，第20页。
③ 〔美〕大卫·哈维：《新自由主义简史》，王钦译，上海译文出版社，2016，第7页。

稳固的个人财产权、自由市场、自由贸易——释放个体企业的自由和技能，能够最大程度地促进人的幸福。国家的角色是创造并维持一种适合于此类实践的制度框架。”[①] 这种国家所体现的自由，反映的是私人财产所有者的利益、企业利益、跨国公司的利益、金融资本的利益。[②]

二战后，在经过古典自由主义、现代自由主义的发展后，新自由主义依靠“一场猛烈的意识形态攻势”产物的“华盛顿共识”（Washington Consensus）被推广到全世界。[③] 今天，当我们再次审视新自由主义引发的诸多社会事实，不禁会问，新自由主义在2007~2008年结束了吗？这就是新自由主义的危机吗？如果是这样，我们现在又在哪里呢？这些问题迫使我们回溯新自由主义为何以及如何能够得以建立和发展，这不仅是一个历史问题，更是一个现实问题，对这些问题的回答构成了哈维新自由主义理论的重要内容，也为不平衡发展理论的建构提供了重要基础。

在价值层面，新自由主义在价值观上主张个人主义尤其是个人自由是至高无上的权利，“集体”应当向个人妥协，不能以人数多少来制定利益分配标准。波普尔、哈耶克等新自由主义思潮的代表人物都倾向于个人存在优先于社会存在的观点，认为集体的利益或者他人的利益都应该让位于个人的利益。因此，新自由主义的“核心价值”其实就是“个人价值至上”，认为个人利益是社会利益的标尺，实现个人利益是解决全部历史问题的根本，个体的实在性优先于集体的共同性。在此基础上，国家只是作为社会的一部分，并没有特殊额外的权力，在国家和个人的对抗中，个人应该优先于国家，国家不能以任何理由侵犯个人权利。概而括之，新自由主义戴着“救世主”的面具，与生俱来便带有极端的个人主义特性。新自由主义的一切社会活动都是利己主义行为，个体利益的得失成了评判社会发展与否、政治制度优劣的唯一标准。这种看似合理的价值主张契合了移民国家中众多缺乏安全感的国民的心理，很容易与道德洼地中自私自利、个人主义的思想产生共鸣，让新自由主义的“核心价值”可以趁机侵蚀人们的思想。事实上，新自由主义所谓的民主政治和经济自由不

① 〔美〕大卫·哈维：《新自由主义简史》，王钦译，上海译文出版社，2016，第2页。

② 〔美〕大卫·哈维：《新自由主义简史》，王钦译，上海译文出版社，2016，第7~8页。

③ 〔英〕大卫·哈维：《新自由主义化的空间：迈向不均地理发展理论》，王志弘译，台北：群学出版社，2008，第25页。

过是掩盖资产阶级自私自利本性的幌子，其理论的全部旨归是维护资产阶级的利益。就如哈维所说："我们可以将新自由主义化解释为一项乌托邦计划——旨在实现国际资本主义重组的理论规划，或将其解释为一项政治计划——旨在重建资本积累的条件并恢复经济精英的权力。"①

在理论层面，新自由主义依靠货币学派、供给学派的经济理论极大地影响和控制各国经济学家和经济决策者。他们支持新古典主义经济学的自由市场原则，后者出现于19世纪后半叶，放弃了古典经济学理论。他们摘取了亚当·斯密"看不见的手"理论，将市场自我调节作为经济发展的稳定器。所以，新自由主义学说激烈反对政府干预理论，诸如凯恩斯的理论——后者在19世纪30年代应对大萧条时曾居显赫地位。② 比如在所有制上，新自由主义反对公有制，它继承了古典自由主义的自由经营和自由贸易思想，并发展成为绝对自由化、彻底自由化和全面市场化，③ 获得社会财富的基础是拥有自由，财富自由是人类自由的前提。哈耶克宣称，自由市场和私人企业制度是最好的制度。弗里德曼认为，自由竞争不仅促进经济发展，也有利于科技和艺术进步，能为普通人提供发展机遇。新自由主义经济学家们强烈鼓吹私有制，认为私有制是最健全、完善的经济制度，只有在这种制度下，个人才是生产资料的主人，其工作的主动性和创造性才能得以最大限度地发挥。新自由主义宣扬的这套经济思想在全球范围内产生了很大影响，其促进了自由竞争和商品经济的发展，在一定程度上对固定规模的经济发展产生了积极意义，因此在地理上得到迅速移植、复制。特别是当凯恩斯主义经济理论的逻辑非自洽性凸显且政府调控无法根本解决市场上的所有问题时，新自由主义理论借机在美国、英国等资本主义国家迅速蔓延开来，并伴随着世界经济一体化，在全球范围内扩散。

在实践层面，新自由主义反对社会主义政治制度，实施其所谓的"民主"制度。在新自由主义看来，国家把持生产资料并进行自上而下的生产流通组织工作，极易导致集权主义。新自由主义极力抨击社会主义制度，企图和平演变社会主义国家，并将西方选举制度、政党制度、

---

① 〔美〕大卫·哈维：《新自由主义简史》，王钦译，上海译文出版社，2016，第20页。

② 〔美〕大卫·哈维：《新自由主义简史》，王钦译，上海译文出版社，2016，第22页。

③ 王永贵：《新自由主义思潮的真实面目》，《红旗文稿》2015年第5期。

议会制度等政治制度强势移植，广泛散播西方所谓的人人平等、三权分立的政治观念。新自由主义的华丽民主外衣蛊惑了不少自认为理性的社会公众，这些人认为自身受过良好的教育，对政治体制和政治举措有十分清醒的认识，能够对政治制度的优劣进行理性判断。但实际上，理性在信息不充分和认知不明确的情况下是存在局限性的。一些人认为西方的选举方式体现了西方政治体制的优越性，但西方所谓的极度民主的选举制度经常发生政党披着民主外衣蛊惑“理性”公众的事件。比如1972年之后，伴随着美国经济的颓势，里根施行的新自由主义政策让一些选民认为，政府放松对经济社会的管理、由市场配置资源、巩固三权分立会更加巩固社会民主基础，这让里根的支持率大涨。实践则一再表明，新自由主义占据统治地位后，资本主义体制回归其最初的状态，即自由主义被定义为市场自由和财产所有权，而不是社会民主。[①] 民主只是新自由主义的伪善外衣，那些看似民主的选举，不过是资本统治下的一个购买候选人和立法市场的过程。从本质上看，新自由主义所极力维护的个人利益并不是普遍意义上的，而是被限制了范围和条件的。这又印证了哈维所说：“我们可以将新自由主义化解释为一项乌托邦计划——旨在实现国际资本主义重组的理论规划，或将其解释为一项政治计划——旨在重建资本积累的条件并恢复经济精英的权力。”[②]

在新自由主义经济政策的鼓吹和西方自由主义国家的大力推动下，诸多处在经济和政治颓势中的国家相继迈向了新自由主义国家阵营，并在政治或经济政策方面进行了调整，“有的将更大的弹性引入劳动力市场，有的为金融机构松绑并支持货币主义，其他地方则推行国有部门的私有化”。[③] 然而好景不长，伴随着新自由主义顺着地理轴线向外扩张，呈现地理扩散、移植和演化的趋势，其一系列弊端在地理扩散、移植和演化的过程中日益凸显。比如，经济方面，全球市场结构性失灵，资本的优势被无限放大，劳动力的价值急剧减少，社会财富发生了由贫穷阶层到富裕阶层的转移；政治方面，“在世界体系的核心国家，新自由主义的‘政治正确’

① 〔美〕杰里·哈里斯：《美国民主衰落的根源》，《人民日报》2015年8月15日，第10版。

② 〔美〕大卫·哈维：《新自由主义简史》，王钦译，上海译文出版社，2016，第20页。

③ 〔美〕大卫·哈维：《新自由主义简史》，王钦译，上海译文出版社，2016，第90页。

原则遭遇挑战，特朗普式的新民粹主义悄然崛起，改变了世界范围内的政治气候”。[①] 我们会看到，新自由主义是一个不稳定的、不协调的政治经济权力的功能性结构，新自由主义立场所产生的大量矛盾使逐步开展的新自由主义实践（面对如垄断权力和市场失灵等事件）走样。[②] “新自由主义在世界舞台上不平衡的地理发展显然已成为一个复杂的过程，包含了多重决定因素而不是一些骚动和混乱。”[③] 这时，一些国家开始试图在发展模式和相关政策上“逃离”新自由主义。1989 年柏林墙倒塌标志着冷战的结束，苏联的解体使两个平行市场的全球化模式被终结，以美国为代表的新自由主义国家获得阶段性的胜利并大肆鼓吹“历史的终结”。这再次为新自由主义的发展注入了一针强心剂，上述国家的新自由主义“逃离”举措被搁置，一度陷入进退两难的境地。长期以来，虽然经历了危机和反叛，但新自由主义依然屹立不倒，新自由主义的治理模式在世界范围内被迫治理着由它们自己酿成的危机。实际上，这并不是自由主义的原罪，其实质是资本主义体制性和结构性矛盾与危机的体现。

二 新自由主义的不平衡发展表征

从整个世界范围内来看，由于新自由主义在短短几十年的发展过程中遭遇了各种形式的扭曲和颠倒，因此在全世界范围内绘就了一张极为复杂的不平衡发展地图。对此，哈维进行了深入阐析：横跨世界经济体内部各空间（各种不同尺度）的当代政治经济命运极度多变，要求有更好的理论诠释。政治上的必要性也同等紧迫，因为福利方面的齐一并未形成，反而在最近几十年里，在资本主义世界中，地理和社会上的不平等似乎日益严重。通过更自由的贸易、开放市场以及全球化的“新自由主义”策略，承诺能减少贫穷的成果并没有出现。与此同时，与新自由主义对抗的那些运动的不平衡地理发展，在追寻替代出路时，既创造了机会，也造成了阻碍。[④] 新自由主义在全球范围内的地理扩散、移植与

① 宋朝龙：《金融资本的悖论逻辑与新民粹主义乌托邦的崛起》，《江苏大学学报》（社会科学版）2019 年第 6 期。

② 〔美〕大卫·哈维：《新自由主义简史》，王钦译，上海译文出版社，2016，第 22 页。

③ 〔美〕大卫·哈维：《新自由主义简史》，王钦译，上海译文出版社，2016，第 10 页。

④ 〔英〕大卫·哈维：《新自由主义化的空间：迈向不均地理发展理论》，王志弘译，台北：群学出版社，2008，第 65 页。

演化造成了诸多恶果，它们在不同的社会体制和社会背景下，呈现不同的表现形式。

在英美等发达国家，新自由主义也被称为“撒切尔主义”、“里根主义”和“新保守主义”，主要采取彻底的私有化、削减社会福利开支、削弱工会力量、减税等措施。英国政府在20世纪70年代末，把持着许多国有企业的股份，而80年代末，这些股份中的六成已被出售。1997年是英国国有企业发生重大转折的关键年，在这一年，各个行业几乎全部进行了私有化改革，这使公共部门的岗位被削减了28.6%。这一时期的美国则采取隐蔽性的间接私有化方案，以政府转包的名义使私人进入一些封闭的市场。除了关于如何解决经济问题的口号，19世纪80年代的英国和美国都未能在经济上有很好的表现。[①] 20世纪80年代，西方国家大幅减少社会福利支出，英国政府在20世纪80年代末和90年代初，出现政府福利开支绝对值的负增长。[②] 美国里根政府在1981年的“经济复兴计划”中提出大幅减税方案，个人收入中的非劳动收入的最高税率从70%降低到50%，资本税率从28%降低到20%。[③] 英美发达资本主义国家新自由主义扩张取得了一定的成效，摆脱了20世纪70年代以来的“滞涨”，取得了不同程度的经济繁荣，但带来了显而易见的困难，如消费需求不足、经济增长迟滞、贫富差距日益扩大、失业率居高不下等（里根任内美国失业率平均为7.5%，撒切尔夫人任内英国失业率超过10%）。1973年后的20年间，美国家庭收入增长幅度呈两极分化态势，马太效应更加凸显，高收入家庭增收超过18%，而低收入家庭减收接近15%，法国60%以上的财富被不到8%的富人占有。[④]

在俄罗斯、东欧等国家和地区，新自由主义推行以“华盛顿共识”为模板的“休克疗法”，推行经济完全自由化、国有企业全盘私有化和实行紧缩财政政策，这种改革的后果是使经济走向全面衰退。1992年后的6年间，俄罗斯物价上涨了3000倍，而GDP缩减为过去的一半，居民饱受通

① 〔美〕大卫·哈维：《新自由主义简史》，王钦译，上海译文出版社，2016，第91页。

② Howard Glennerster, *Paying for Welfare: The 1990s*, London: Harvester Wheatsheaf, 1992, p. 64.

③ 李其庆主编《全球化与新自由主义》，广西师范大学出版社，2003，第13页。

④ 李其庆主编《全球化与新自由主义》，广西师范大学出版社，2003，第14~15页。

货膨胀之苦。与此同时，官僚集团、犯罪集团和寡头勾结，俄罗斯约有一半的资本落入上述集团手中。[①] 如果以中国为参照系，20 世纪 90 年代初，俄罗斯的 GDP 约为我国的 2 倍，而在 21 世纪初却不到中国的一半。在苏联，社会成员最高平均收入是最低平均收入的 3~5 倍，而 1994 年以后，则超过了 14 倍。[②] 俄罗斯和东欧国家认为新自由主义像一条能自行运转的履带，当国内建立了自由价格和自主决策机制时，经济的运行就会像西方发达国家那样顺利，然而在新自由主义扩张的过程中，国家却走上了经济衰退之路。

在东南亚国家，新自由主义大行其道，不少发展中国家被严重影响，政府对国内的控制力减弱，主权和领土完整受到挑衅。以 20 世纪 80 年代为分水岭，一些亚洲国家被新自由主义入侵，大幅开放国内市场，在金融、贸易、教育、医疗等领域大力引进外资。印度尼西亚放松对外资流动的限制、马来西亚增加外国投资者在该国股份公司的股权、菲律宾允许外资利润自由汇出。危如累卵的金融体系、薄如蝉翼的产业结构不足以抵御来自西方社会的强大竞争力，东南亚国家产品竞争力下降，失业率激增，无法自控的货币政策又引发了外币的突袭，亚洲金融危机像一幅多米诺骨牌，使刚刚有崛起迹象的东南亚国家经济轰然倒塌。新自由主义的侵蚀，使得亚洲发展中国家的经济遭到致命打击，从而为美国的霸权主义战略铺平道路。

拉丁美洲也是新自由主义影响下的“重灾区”。20 世纪 90 年代初，新自由主义像一个幽灵徘徊在拉美上空，既有拉美领导人对新自由主义理论的迷信，更有美国政府及其世界经济组织的“伙伴”对拉美国家施加的压力。20 世纪 90 年代，世界各国的平均基尼系数为 0.4，而拉美地区高于世界水平，三成穷人仅获 GDP 的不到一成，比重为世界最低。[③] 同时，城市失业人口急剧增多，1996 年，拉美的失业率高达 8%，是 20 世纪 80 年代末的近 2 倍。[④]

---

① 罗文东：《新自由主义剖析：实质和影响》，《中共云南省委党校学报》2004 年第 1 期。

② 张树华：《私有化　是祸？是福？——俄罗斯经济改革透视》，经济科学出版社，1998，第 43 页。

③ 美洲开发银行：《拉美改革的得与失——美洲开发银行论拉丁美洲的经济改革》，江时学等译，社会科学文献出版社，1999，第 190 页。

④ 江时学：《拉美国家的收入分配为什么如此不公》，《拉丁美洲研究》2005 年第 10 期。

总体来看，新自由主义染指之处，不平等现象加剧，世界最贫困的国家和人民因为疯狂的掠夺而深陷贫穷。

三　哈维对新自由主义的空间维度批判

新自由主义地理扩散、移植、演化带来的恶果，引发了世界各地经济衰退、政治动荡、社会萧条、人民生活水平急剧下降，一些学者曾对新自由主义进行猛烈的批判。社会结构学派的代表人物大卫·科兹（David Kotz）从社会结构的角度对新自由主义的后果以及今后的发展趋势进行了系统研判，社群主义代表人物迈克尔·桑德尔（Michael Sandel）从民主政治的角度对新自由主义的优先性、主体概念等理论进行批判。相较之下，哈维对新自由主义批判的出发点源自他对资本主义不平衡地理发展的理解，一方面表现更加鲜明的阶级立场和政治倾向，另一方面彰显政治经济学批判的独特理论旨趣。

哈维认为，资本主义包含三重空间矛盾。第一，空间容量与空间所要容纳内容的矛盾，空间障碍只能通过新的空间生产来克服。这就揭示了新自由主义为什么要不断地进行扩散，空间容量的有限性是新自由主义在地理上肆虐的原始动因。第二，空间容量与问题增量的矛盾，新自由主义在一定地理范畴发展，在达到统治阶级目的的同时，带来严重的社会矛盾，现有的地理范畴无法消化迅速增加的社会矛盾，一些地区出现了严重的政治动荡、犯罪，新自由主义的秩序也难以得到维持。因此，必须寻找新的地理范畴来解决新自由主义的扩张发展问题，但空间定位在时间上推迟、空间上转移矛盾的同时，反而在范围上扩大并在程度上加深了不平衡发展。第三，扩散与迟滞的相互冲突，使得以空间形式克服障碍不难实现，但同时带来了更为深刻的矛盾，看似通过扩散消化了新自由主义带来的恶果，甚至暂时促进了扩散地区的政通人和、经济发展，但实际上这是一颗“定时炸弹”，接纳新自由主义的地区总会产生不可逃避的不平衡发展矛盾。哈维这一系列观点，将不平衡发展理论植入马克思危机扩大再生产理论中，构成他对新自由主义空间维度批判的基础。

诚然，哈维对新自由主义的理解和研判并不是一成不变的，这集中体现在哈维各个时期的代表作中，演化的态势十分明显。从实证主义地理学研究，到激进批判不平衡发展的马克思主义先锋，再到参与后现代思潮的讨论，哈维的学术跨度大、创新性显著。笔者认为，哈维对新自由主义空间维度批判的演化，可以分为以下三个阶段。

第一，实证主义向马克思主义过渡初期的新自由主义空间批判。在这一阶段，哈维延续了早期出版的《地理学中的解释》那种实证主义风格。不同的是，他对实证主义感到失望，而对马克思主义正义观进行理论回应，哈维认为，“实证主义仅仅满足于理解世界，而马克思主义则是要改造世界。换言之，实证主义从现存的客观世界静态得出范畴和概念，马克思主义的范畴和概念则基于对历史发展以及事件和行动的动态辩证分析基础之上”。[①] 在这一阶段，哈维开始对马克思主义政治经济学给予空间解读，并将空间维度整合到马克思的理论中。1982 年，《资本的限度》出版，这部著作从空间视角重构了马克思的《资本论》，并认为危机是通过不平衡发展表现的，《共产党宣言》论述了物质与精神生产的全球化步骤，权力关系的结构性也随之出现，这里隐含着“时空压缩”理论和“不平衡发展”观点。在《资本的限度》中哈维还提到，当资本的逐利性导致国内资本贬值时，它就源源不断向国外谋求更高的利润，劳动者也跨国流动。由于各国和地区发展情况不平衡，各地都形成既定的生产、分配、交换、消费方式，一方面要求打破空间障碍，另一方面在克服障碍的同时会形成新的地理不平衡，更深层次的空间矛盾相伴而生。资本主义地理组织内化了矛盾，新自由主义无可回避地将不平衡空间带到世界各地。[②] 哈维在这一阶段认为资本主义以“空间修整”“弹性生产”等方式，将自身危机对外转移，这也正是哈维对新自由主义批判的思想雏形。1985 年出版的《资本主义的城市过程》着重分析固定资本周期性贬值问题，得出不平衡发展是释放资本主义内部矛盾的一个出口的结论。可见，在实证主义向马克思主义过渡初期，哈维的新自由主义空间批判将贫富不均、私有制等社会现象和社会制度，以地理学的视角来阐释，通过实际的社会案例来分析新自由主义下不平衡地理发展的表现、特点和弊端，以地理学的理论解释了地区不平衡发展的原因，同时明确了不平衡发展的扩大化趋势。

---

① 〔美〕大卫·哈维：《世界的逻辑》，周大昕译，中信出版社，2017，第 13 页。

② David Harvey, *The Limits to Capital*, London: Verso, 2006, p. 417.

第二，多学科交织的新自由主义空间维度批判。在反思新自由主义不平衡发展实质问题的过程中，哈维始终没有离开空间这个核心命题。但在哈维漫长的时空旅行中，他又经常游荡到其他学科领域旁征博引，这种广义的考察思索并未使哈维脱离实际，只进行抽象和纯粹的哲学思辨。相反，将地理学中的空间概念与社会、经济、政治和文化发展相结合，无疑更丰富了哈维地理学视野下的新自由主义批判。在这一阶段的新自由主义批判中，哈维的论述便经常涉及经济学、政治学、社会学、人类学等多种学科和领域。他在《正义、自然和差异地理学》中强调，不平衡发展值得人们关注和研究。[①] 合理的社会正义正是在研究地理问题的基础上产生的。哈维论述了不平衡空间的城市化，认为目前全球化和社群主义语言都不能对时空进行很好的阐释，应当用历史-地理唯物主义理论阐释现实社会的发展。在《希望的空间》中，哈维认为空间规模的生产是人类创造的嵌套式空间规模等级制度。家庭和社区是国家在不同规模上的组织形式，从全球、国家、地区、家庭及个人等不同视角出发，会有不一样的分析问题的结果，对于不同规模来说，具有重要性的内容会大相径庭。[②] 哈维在新自由主义批判过程中，运用地理学、经济学、政治学、社会学等多学科的交叉维度进行分析，形成了不平衡发展的独特视野。不平衡发展理论批判了任何一个特定规模的世界，认为它们制造出不同的地理差异，从生产生活方式到资源环境运用以及政治文化生活，都体现出巨大的差异。这些地理差异由当前的政治、经济、社会、文化所催生，又被它们维持、破坏、重构，进入一个循环。他以一种综合性的广阔视角，分析当前全球化背景下的不平衡发展，提出对新自由主义的“另类”维度批判。

第三，不平衡发展视野下新自由主义的系统批判。哈维对新自由主义的空间维度进行了系统批判，揭示了资本主义危机的根源。哈维从地理学不平衡理念出发，运用历史唯物主义方法论解读资本积累的过程，阐释资本主义历史地理不平衡性。这是学界首次以地理学为视角阐释马克思理论的空间化思想。哈维通过一种相互联系的方式，将经济空间维度中的现代政治经济命运的变化作为不平衡发展的理论阐释，考察不平

① 〔美〕戴维·哈维：《正义、自然和差异地理学》，胡大平译，上海人民出版社，2010，第6页。

② 〔美〕大卫·哈维：《希望的空间》，胡大平译，南京大学出版社，2006，第72页。

衡发展的重叠思考方式，建立不平衡发展的“统一场论”。哈维对空间极度敏感，他倡导把空间看作相对的，而不是绝对的。不平衡发展理论具有应对社会进程被物质地嵌入社会生活之网中各种复杂方式的敏感性。在认识论、方法论上，哈维都继承和发展了马克思关于资本积累的理论，对新自由主义进行了空间维度的系统性批判。

哈维关于新自由主义的批判有几个比较显著的特点。首先，哈维虽然是二战后最有影响力的地理学家之一，但其研究范围不仅限于地理学范畴，在将地理学与社会科学结合发展方面做出了突出贡献，而且在人文地理学分析方法和哲学基础方面，以及运用政治经济学对城市地理现象提供新的解释方面都做出了巨大贡献。哈维以时空测度、环境与自然的关系作为新自由主义空间维度批判的基础，将地理学原理与马丁·路德·金遇刺、美国民权运动等社会事件相联系，突破了就地理学谈地理学的窠臼，对社会问题从地理学角度进行反思重构，这种个人的哲学敏锐性，使哈维从自然科学研究转向以自然科学为基础的哲学研究，继而形成了新自由主义空间维度批判的全新视角。其次，哈维建立了历史-地理唯物主义的新研究范式。在实证主义地理学的基础上，他借助辩证法，将历史唯物主义延伸为历史-地理唯物主义。这样，哈维的新自由主义空间维度批判就不是一个纵向延展的平面模型，而是一个多维立体研究模型，将资本运动、阶级冲突、权力扩张纳入新自由主义的地理扩散、移植、演化中去，继而对产生的不平衡发展现象进行深刻阐释，说明新自由主义本身是具有空间性的，其运动也被赋予空间生产功能。哈维根据历史-地理唯物主义，对新自由主义进行空间维度上的批判，按照马克思主义的方向，提出改造资本主义经济、政治和社会的主张。

同时，正如哈维所言：“我借由详细重构特定一座城市如何演变，从而获得资本主义底下都市过程的知识，远远多过我从一百座城市样本收集经验资料的所获。”[①] 在哈维看来，不平衡发展是阐释世界经济空间维度中现代政治经济命运的极度变化的理论。全球资本主义发展表现出不平衡特质，一方面，各国都需要资金、人员、技术、信息等生产要素；

① 〔英〕大卫·哈维：《新自由主义化的空间：迈向不均地理发展理论》，王志弘译，台北：群学出版社，2008，第81页。

另一方面，这些要素在全球各国出现了不平衡的流动发展，资本、技术和人才重新布局，经济发展和政治主题深刻变动。“某种优势力量（商人、国家、殖民势力、多国公司等）的外部强制，穿透了某种既存社会秩序和地理领域，以迎合该力量的利益。”① 当今社会中不平衡发展的事物是普遍存在的，贫富分布是不平衡的，资金、人员、信息等要素全球化流动的速度越来越快。要素的解构和重新布局，形成经济发展与政治变革的时代主题。新自由主义作为一种意识形态，目的在于保护精英权力，专注于阶级力量的复辟，不平衡发展的事实在当代社会客观存在，环境衰退就是其中一个重要的表现。经济的发展虽然提高了人们的生活水平，但高能耗、高排放的产业也污染了环境。在以不平衡发展的方式寻求对原有社会体制的替代时，新自由主义在创造机遇的同时，也设置了障碍，不平衡发展成为一种常态，成为目前最复杂和显著的政治特征。

归根到底，哈维不仅将地理学视角与政治经济学视角相融合，还运用马克思主义基本原理对新自由主义进行批判，这条批判的道路独一无二、前无古人。在马克思主义影响下，哈维抛弃了纯粹的实证主义地理学论证方法，将马克思主义原理融入对地理问题的观察和对新自由主义的批判中。在哈维看来，资本积累是社会生活的固常之事，不管在哪个资本主义国家或资本主义侵蚀之地，不平衡发展理论必须把夺取式积累与贬值作为基本力量。② 哈维秉承马克思主义对资本主义剥削本质的批判，在对新自由主义的空间批判中，成功论述了夺取式积累的概念，以及市场交换、劳动分工、垄断竞争等变量对夺取式积累的影响。

第二节　剖析新帝国主义的理论工具

回顾历史长河，“帝国”作为表现不同时代背景下的权力操作实体的代名词，具有特殊的内涵及意义。罗马帝国、奥匈帝国、拿破仑帝国、沙皇俄国都是盛极一时的权力实体，它们依托不同的历史、地理背景，

① 〔英〕大卫·哈维：《新自由主义化的空间：迈向不均地理发展理论》，王志弘译，台北：群学出版社，2008，第 87 页。

② David Harvey, *Spaces of Global Capitalism: Towards a Theory of Uneven Geographical Development*, London: Verso, 2006, pp. 94-95.

具有千差万别的特点。不过，如哈维所讲：关于如何理解、管理和积极地创造一个帝国存在很大的策略选择空间，不同形式的（有时甚至是相互冲突的）帝国都能在同样的一片地域建立起来。[①] 也就是说，不同时空轴线上的帝国存在很多共性，比如地理扩张、发展卫星国、设立殖民地等不同地理尺度上的趋同。哈维认为，在新自由主义全球化的背景之下，产生了一种新的帝国主义形式，即所谓的资本帝国主义，这是一种“国家和帝国政治”（权力的领土逻辑）和“资本积累在时空中的分子化过程”（权力的资本逻辑）这两种矛盾要素的辩证结合体。[②] 这是资本主义全球化扩张过程中的一种特殊形式，尽管哈维认为资本主义全球化的过程就是不平衡发展的过程，但是关于新帝国主义与不平衡发展的内在联系，还需要进一步探讨。由此，哈维构建了空间政治经济学中的新帝国主义理论，并将其内化进不平衡发展的“元理论”之中。

一 新帝国主义的起源与发展

哈维所谓的新帝国主义就是资本帝国主义。新帝国主义之“新”主要表现在“权力的领土逻辑与资本逻辑”作用下的帝国主义实践。[③] 那么这到底是一种什么样的实践呢？哈维指出，剥夺性积累已经越发成为全球资本主义的核心特征。[④] 这样看来，夺取式积累已经成为哈维视域中新帝国主义的本质特征。哈维借用乔万里·安瑞吉所提出的权力的领土逻辑和权力的资本逻辑对新帝国主义的两个重要构成要素进行定义。[⑤] 在此，我们先尝试分析这两个重要的构成要素是如何交替运作以促进新帝国主义形成的。具体来讲，权力之领土逻辑主要表现在新帝国主义将其主体权力搭建于所辖疆域基础之上，进而通过调动、调整、分配其所辖疆域的各类资源以满足其多种发展诉求；权力的资本逻辑则表现为作为一种政治经济过程的新帝国主义，运用其权力支配和使用资本以实现

① 〔美〕戴维·哈维：《新帝国主义》，付克新译，中国人民大学出版社，2019，第 3 页。

② 〔英〕大卫·哈维：《新帝国主义》，初立忠、沈晓雷译，社会科学文献出版社，2009，第 24 页。

③ 田世锭：《戴维·哈维的新帝国主义理论探析》，《江海学刊》2010 年第 4 期。

④ 〔美〕戴维·哈维：《新帝国主义》，付克新译，中国人民大学出版社，2019，第 39 页。

⑤ Giovanni Arrighi, *The Long Twentieth Gentury: Money, Power, and the Origins of Our Times*, London: Verso, 1994, p. 33.

资产阶级的根本诉求。从本质上讲，这两个概念是具有显著差异的。哈维基于主体视角，将差异生成的原因归结为以下四点。第一，资本家与政治家动机和利益的差异性。资本家逐利而生，期待货币资本的反复迭代，追求的是个人利益。政治家的关注点在于政治，在于谋求自身及所在集团的利益。第二，资本家与政治家活动的空间差异性。政治家受到领土及选举周期的空间限制，而逐利而生的资本家基本不受时空的制约。第三，资本家与政治家所承担的权责的差异性。资本家在一定权限内可以自由支配自己的企业，无论是改变地址还是整顿破产等行为。政治家的权责对象——地方或国家，被限定于固定边界内，不能随意迁移，是长期存在的。第四，资本家与政治家受政策决策影响的程度存在差异。[①] 在权力的资本逻辑中，主体在地理空间上并不集中，未必受制于统一的政治决策。在权力的领土逻辑中，明确的决策必须覆盖不同的声音与争论，形成一致性结论。

不难想象，两种存在显著差异的元素共同决定一个权力实体的基本形式，必然形成复杂的博弈甚至是斗争。在任何特定的历史地理阶段，这两种逻辑中必定有一种逻辑占据主导地位，尽管我们将会看到，有时领土逻辑更受重视，但使新帝国主义同其他帝国构想相区别的恰恰是资本逻辑居支配地位。[②] 在此基础上，哈维试图进一步探讨，领土逻辑与资本逻辑之间有怎样的相互作用？无限积累的资本逻辑的运作如何为全球化下的霸权体系服务？这种无限积累的资本逻辑对于领土逻辑而言，究竟产生了哪些后果？回到起点，固定边界内的领土逻辑如何应对资本的无限积累特性导致的对外扩张？最终，哈维在阿伦特《帝国主义》中找到了答案："资本的无限积累必须建立在权力的无限积累之上……资本的无限积累进程需要政治结构拥有'权力的无限积累进程'，以通过持续扩大的权力来保护持续增加的财产。它确定了19世纪晚期'进步的'意识形态（资本主义），并以此预示了资本主义的崛起。"[③] 也就是说，"通过借助一个双重的辩证法，即首先是权力的领土逻辑和资本主义逻辑

① 〔英〕大卫·哈维：《新帝国主义》，初立忠、沈晓雷译，社会科学文献出版社，2009，第25页。

② 〔美〕戴维·哈维：《新帝国主义》，付克新译，中国人民大学出版社，2019，第108页。

③ Hannah Arendt, *Imperialism*, New York: Harcourt Brace Javannovich, 1968, p. 23.

之间的辩证法，其次是资本主义国家的内部关系和外部关系之间的辩证法，我们能够为帝国主义的各种资本主义形式建立一个牢固的解释框架”。① 如果资本扩张必然以权力扩张作为前提条件，那么资本主义积累的历史就必然是霸权扩张和膨胀的历史。这其实是新帝国主义形成的一种内外辩证法。最早提出这种观点的人是黑格尔，在《法哲学原理》中他便深刻地指出了资本主义的内在矛盾——过度积累的财富与贫困阶层的膨胀引发了诸多的社会不公正和不稳定，资产阶级解决这些问题的办法不外乎两种，一种是增加内部贸易，另一种是通过殖民主义、帝国主义等行径转移矛盾，但黑格尔同时认为，资产阶级根本无法通过内部机制来解决矛盾。② 通过外部机制解决矛盾便成了资本主义的唯一出路。马克思在和黑格尔的灵魂博弈中自然也关注到了这个重要问题，他在《资本论》现代殖民理论中对此进行了简要的论述，但并没有就这一问题详细展开。

概括而言，新帝国主义实质是一种政治权力实体，其蕴含了权力的领土逻辑和权力的资本逻辑，并在二者的交互中演进和发展。其中，资本逻辑起到了主导作用，但其在全世界范围的积累行径必须在权力的庇护下实现。维系资本积累的最直接有效的方法当然是依靠帝国主义的经典暴力手段，例如发动战争、侵占土地、屠杀人民、抢夺财富、勒索赔款、划分势力范围，就如 1840 年鸦片战争中帝国主义对中国所做的事情。但是如前所述，随着政治社会日益转化为市民社会，单纯的暴力手段已经无法维系资本积累引擎的顺利运转。两次世界大战不仅迫使帝国主义收起了枪炮，还让其扬起了伪善的微笑，试图寻找一种更为隐蔽和温和的手段进行“剥夺”和“扩张”。这时，经典帝国主义退居幕后，新帝国主义粉墨登场。

新帝国主义产生于 20 世纪中叶，其作为一种新型的资本主义政治权力系统伴随着资本积累形式的演进而演进。资本主义政治制度是在资本主义经济基础之上形成的各项“民主”制度，它以法律制度、选举制度和政党制度等为重要组成部分，反作用于资本主义的经济基础，生动体

① 〔美〕戴维·哈维：《新帝国主义》，付克新译，中国人民大学出版社，2019，第 108 页。

② Georg Wilhelm Friedrich Hegel, *Hegel's Philosophy of Right*, Oxford: Oxford University Press, 1967.

现了“经济基础决定上层建筑，上层建筑反作用于经济基础”这一马克思主义基本原理。与此同时，它真实反映了资本主义社会的生产方式和在政治领域具有统治权的资产阶级的要求。因为资本的无限积累必须建立在权力的无限积累之上，资本的无限积累进程需要政治结构拥有“权力的无限积累进程”。[①] 沿着哈维提供的逻辑进路，笔者将新帝国主义的演进大致划分为三个阶段：以美国为首的霸权主义的崛起与新帝国主义的形成；新自由主义联盟的建立与新帝国主义的发展；数字帝国主义的产生与新帝国主义的秩序重构。

第一，以美国为首的霸权主义的崛起与新帝国主义的形成。1845 年前后，欧洲资本主义国家第一次爆发由生产相对过剩所引发的危机。为了应对这次危机，欧洲各国相继采取了两项举措：一是进行长期的基础设施投资（时间修复），二是进行地理扩张（空间修复）。[②] 随着资本的不断输出，各帝国主义国家必然要竭尽全力控制更多的领土和资源，从而为资本输出保驾护航。伴随着资产阶级民主主义和帝国主义、帝国主义和帝国主义之间的矛盾日益激化，世界各主要资本主义国家在全世界范围内展开了对抗与争夺，1939~1945 年的世界大战几乎使人类陷入灭顶之灾。

二战过后，新帝国主义伴随着美国的崛起而兴起。战后各主要资本主义国家积极地进行重建，极大地推动了工业化的迅速发展和科技水平的不断提高，世界被卷入了“发展主义”的浪潮之中。在“发展”的话语体系下，“时间修复”手段的作用凸显，加快建立工业体系、迅速实现经济增长成为各个国家的发展目标，西方资本主义国家倡导的资本逻辑更是被诸多发展中国家奉为圭臬。欧美等帝国主义国家发现资本逻辑在控制世界方面甚至比权力更加有效，它们也借此机会重新掌握了支配世界发展的话语权。在帝国主义国家中，美国在第二次世界大战中的获利最多，依靠地缘优势和苦心经营，在 1970 年前后成为世界霸主，构建了一套与传统帝国主义不同的资本全球积累的新体系。其中，美元霸权和知识产权的新垄断是这一新体系的核心，国际经济组织是新帝国主义国家实施“夺取式积累”的有力工具，危机化管理则扮演资本主义国家

---

① Hannah Arendt, *Imperialism*, New York: Harcourt Brace Javannovich, 1968, p. 23.

② 〔英〕大卫·哈维：《新帝国主义》，初立忠、沈晓雷译，社会科学文献出版社，2009，第 37 页。

获取世界利益的全新角色，金融全球化则将“夺取式积累”的投机性与掠夺性发挥得淋漓尽致，夺取式积累完成了资本积累由幕后到台前的华丽转变。在这套体系中，它统治着技术和生产领域，美元（在世界绝大多数黄金供应的支持下）是至高无上的，它的军事力量远远超过任何其他国家。[①] 美国利用其他资本主义国家对战争的恐惧，为它们开出了一张“空头支票”，简而言之就是“避免战争、共享利益”。这些国家自愿或不自愿地依附在美国身上，成立了诸如“北大西洋公约组织”——一种为资本扩张保驾护航的政治权力系统，新帝国主义体系初步形成。

不过，在这一阶段，美国的新帝国主义霸权之路也并非一帆风顺。首先，美国国内严重的种族歧视现实与美国在国际舞台上高调宣布否定种族主义的做法使美国国内种族矛盾日益激化。其次，美国的新帝国主义发展方式使美国完全暴露在国际竞争之中，加之德国和日本经济的复苏，美国进行资本增殖的难度加大。再次，为了保护资产阶级利益，美国公开反对和瓦解民主主义和民粹主义运动，这无疑在客观上加强了反帝国主义力量的凝聚。最后，为了经济上的生存，美国长期以来的军工经济让世界其他地区更容易处于战争或不安定状态。随着发展主义话语逐渐被“新发展主义”取代，基于工业化的理性秩序在面临现代性的风险和冲击时逐渐式微。20 世纪 70 年代，布雷顿森林体系瓦解，西欧和日本的崛起使国际局势走向三足鼎立，动摇了美国单一中心的霸主地位，与此同时，发展中国家作为一支独立的力量登上世界舞台，国际政治多极化的趋势加强。军事力量和政治话语权已经不足以支撑新帝国主义秩序的运转，而此时美国的工业制造业也面临较大的挑战和危机，新帝国主义的世界体系面临重构的风险。

第二，新自由主义联盟的建立与新帝国主义的发展。事实上，此时资本将陷入僵化和混乱的风险已然显现，资本必须寻求新的途径释放矛盾积累所带来的巨大压力，在这一过程中，“时间修复”和“空间修复”的手段开始在其自身的边界内寻找机会，两种手段也逐渐交织。为了维持自己的新帝国主义霸权地位，美国不得不依靠其在金融领域的强大控制力。基于此种目的，美国必须开放所有的市场，包括其资本市场（这

① 〔美〕戴维·哈维：《新帝国主义》，付克新译，中国人民大学出版社，2019，第 29 页。

是一个缓慢的过程，需要运用国际货币基金组织等国际杠杆的支持促使美国产生强大的压力，也需要把新自由主义强势确立为新的经济学理论正统）。[①] 与此同时，在资本主义内部，美国主动尝试构建一种开放的、有助于资本高速积累的新帝国主义秩序，一个全球范围内的新自由主义市场逐步形成。马克思早就对全球化的前景做了预测，“它使人口密集起来，使生产资料集中起来，使财产聚集在少数人的手里。由此必然产生的后果就是政治的集中。各自独立的、几乎只有联盟关系的、各有不同利益、不同法律、不同政府、不同关税的各个地区，现在已经结合成为一个拥有统一的政府、统一的法律、统一的民族阶级利益和统一的关税的统一的民族”。[②] 尽管美国的这一转型为美国带来了一些显性利益，但是长期来看，美国自身的工业体系和结构遭受了一定外来力量的打击和影响，这也导致美国的制造业在1980年之后处于长期疲软的态势之中。在这种情况下，美国着手构建一个完全不同于以往的新的霸权体系——新自由主义联盟的霸权，进而寻求一种经济上的联盟和互助，以继续维持自己新帝国主义霸权的领头羊地位。在美国的带领下，通过掠取海外高额利润和中心地区低额利润的新自由主义联盟形成了。

作为维系新自由主义联盟的最重要手段，文化帝国主义应运而生。长期以来，基督教激进的传教运动所持续进行的“文化强暴”（cultural rape）以及一些以非政府组织为载体的“文化殖民”都在以文化手段帮助资本实现剥夺及扩张，[③] 这主要表现为资本向文化领域延伸。进入20世纪后期，伴随着新自由主义“全球化”浪潮出现的，不仅是资本在世界范围内的重新布局，更是“文化”与“帝国主义”实现共谋的过程。[④] 正如列宁所言：“垄断既然已经形成……它就绝对不可避免地要渗透到社会生活的各个方面去，而不管政治制度或其他任何‘细节’如何。”[⑤] 新

---

① 〔美〕戴维·哈维：《新帝国主义》，付克新译，中国人民大学出版社，2019，第36页。

② 《马克思恩格斯选集》（第1卷），人民出版社，2012，第405页。

③ 〔德〕伯尔尼德·哈姆、〔加〕拉塞尔·斯曼戴奇编《论文化帝国主义：文化统治的政治经济学》，曹新宇、张樊英译，商务印书馆，2015，第65页。

④ 萨义德在《文化与帝国主义》一书中曾对“文化”与“帝国主义”的概念做出限定，并采用“观念与参照结构”（structure of attitude and reference）这一概念来说明“文化”以其潜移默化的形式参与帝国主义实践的过程。

⑤ 《列宁选集》（第2卷），人民出版社，2012，第623页。

帝国主义的文化策略始终遵循资本的霸权逻辑，其背后隐藏的是新帝国主义的强权思维，即观念上的绝对性、实践上的排他性和价值上的虚伪性。文化不再是资本延伸的末端，而是强势介入资本全球扩张的全部过程，并对帝国主义秩序建构中的缝隙进行了填补。也正是在这一时期，所谓文化帝国主义“利用自身文化产业优势，传播符合本国利益的信念、知识、价值观、行为规范及生活方式，从而实现对欠发达国家和地区的文化控制”的目的才真正达成，[①] 新自由主义联盟进一步巩固。

第三，数字帝国主义的产生与新帝国主义的秩序重构。要解决资本积累的内在矛盾，付诸空间生产、扩张和控制是帝国主义的内在领土逻辑。列斐伏尔认为资本主义通过空间生产来弱化其不可解决的内部矛盾，实现资本主义的发展。[②] 哈维在此基础上提出以“空间修复”来解决这一矛盾，认为“如果贬值可以避免，那么就必须找到吸收剩余资本的可赢利方式。地理扩张和空间重构提供了一个这样的选项”。[③] 虽然列斐伏尔和哈维的“空间”是指物理学意义上的空间，但当现实空间尺度根本无法容纳资本的几何级数增殖时，资本主义政治权力系统必然要不断地消灭那些在原有空间内的竞争对手。对于这方面，只要粗略地看看美国如何用地缘政治手段降伏了欧洲、用经济手段俘虏了日本以及用意识形态手段毁掉了苏联，一切就非常清楚了。虽然美国已经将资本积累的大部分权力集中到自己手中，但2008年的金融危机还是刺痛了美国，提醒它必须继续寻求新的资本积累场所以化解其内在的危机与风险。信息技术和数字平台的出现让美国找到了新的可供盘剥的空间，在时空抽离的现代化背景下，“空间修复”重回视野并与“时间修复”持续融合。

有学者曾对20世纪中晚期以来新帝国主义的演进进行划分，认为信息帝国主义（informational imperialism）以及平台帝国主义（platform imperialism）是当代新帝国主义演进过程中的两个不同阶段，后者是对前者的深化。我们则更倾向于将这种基于抽象数字空间所形成的帝国主义新形

① 〔英〕汤林森：《文化帝国主义》，冯建三译，上海人民出版社，1999，转引自王斌《数字平台时代的新帝国主义及其反思》，《天府新论》2019年第1期。

② Henri Lefebvre, *The Survival of Capitalism: Reproduction of the Relations of Production*, London: Allison&Busby, 1976, p. 21.

③ 〔美〕戴维·哈维：《新帝国主义》，付克新译，中国人民大学出版社，2019，第52页。

式称为“数字帝国主义”。但无论如何划分，其实质都是新帝国主义依靠技术垄断控制虚拟空间，进而为资本积累服务。如今的数字劳动跟18世纪末英国工业纺织初期的家庭包工制极为相似，资本不仅控制了劳动过程，而且在资本的支配下，劳动者的活动完全屈从于外部力量。就如有学者提到：“数字化非但没有减轻资本主义对民众的剥削程度，甚至还以数字媒介为手段，把人们生活的全部领地都纳入资本的内在化领地。”① 其主要扩张手段有以下三种。①“数字殖民化”：通过技术垄断实现殖民化，即自身在数字化领域大肆扩张的同时，还要限制其他国家涉足该领域，以形成一种单向度的数字化自由。②利用数字技术的发展重塑劳动力依附关系。数字化时代大大提高了劳动者对数字化的依附程度，这实际上是一种新的依附关系的建立和新一轮异化的开始。同时，剩余价值的榨取变得更容易，“网络将工作时空和生活时空连接在了一起，工作时间就有可能无限延长”。② ③通过自媒体等方式扩大文化的传播范围，并让文化传播更具针对性。一方面通过泛娱乐化的形式持续进行文化侵蚀，另一方面让教育向数字资本主义转变，通过日益密切、无孔不入的数字化手段实现意识形态入侵。

因此，诚如我们所言，资本主义国家间从来都不是铁板一块，在新帝国主义体系内部，权力的领土逻辑和资本逻辑之间的辩证矛盾让关于地缘政治的斗争随处可见。这种斗争会滋养和形塑更为复杂的不平衡发展空间样态。

二　干预主义国家间的地缘政治斗争

哈维认为，资本主义国家之间在地理尺度上的斗争也是帝国主义实践的重要表现形式。也就是说，所有资本主义地理尺度上的斗争实况都是直播于新帝国主义全球化扩张和发展的平台之中的，在对斗争的分析过程中，不平衡发展一般理论的框架得以搭建。

权力的领土逻辑和资本逻辑的辩证性，具有深远的影响，尤其是帝国主义和地缘政治方面。就如前文所述，尽管在新自由主义条件下，资

① 袁立国：《数字资本主义批判：历史唯物主义走向当代》，《社会科学》2018年第11期。

② 〔日〕森冈孝二：《过劳时代》，米彦军译，新星出版社，2019，第58页。

本主义的发展经常性地倾向于权力的资本逻辑而忽视权力的领土逻辑，但是作为权力领土逻辑代表的“国家”毕竟是确保能够形成规模化的生产、分配、交换和消费的集体先决条件的重要载体。所以，完全抛离权力的领土逻辑，资本主义的普遍化要求就没有了空间落脚点，而资产阶级的根据地将会逐渐丧失。为了方便资本主义进行疆域管理，服务于资本积累的干预主义（interventionism）国家（政治管理的疆域系统）诞生了。这主要包括为数众多的解殖后的独立国家，它们仍然为资本主义的资本积累活动提供服务；同时，在欧洲和世界上其他地方崛起的新自由主义国家，它们是资产阶级对抗非资产阶级的有效工具，也是资本主义经济活动繁荣的关键；另外，诸如欧盟、北约等组织以及类似新加坡这样的独立经济区域，它们也成了资本长期活动的核心疆域。不难想象，干预主义国家的出现力图挽救权力的领土逻辑在资本主义全球化过程中的颓势，希望以此来应对由资本逻辑的强势地位造成的长期的资本主义存活危机的可能性。就如哈维所预言的那样：“‘干预主义’国家必然要接替自由主义和新自由主义理论的‘促进式’国家。它也承担了试图透过财政和货币政策来中介、甚至是解决资本主义长期危机倾向的角色。”[①] 但是，干预主义国家作为一种政治实体想要长期存在下去就必须进行民主管理，这就导致各个阶级和社会群体在政治领域为谋取本阶级利益而进行斗争，这种斗争很难控制和把握。结果是，从福利安排到国家经济政策与投资的每样事物，都存在不平衡发展。[②] 干预主义国家概念作为资本积累于空间和时间中的一种分子化过程，揭示了资本主义国家内部政治变化过程。值得注意的是，由于不平衡发展的存在，资本主义国家间对经济及政治优势的竞争性斗争永远不会停止，军事实力及经济力量则成为取胜的最有效武器。如果这种斗争发生于地理尺度之上，我们便将其称为关于地缘政治的斗争。这种斗争无疑会加剧新帝国主义扩张过程中的全球不平衡发展。

首先，资本积累危机强迫资本主义进行“空间修复”，剩余资本和

① 〔英〕大卫·哈维：《新自由主义化的空间：迈向不均地理发展理论》，王志弘译，台北：群学出版社，2008，第102页。

② 〔英〕大卫·哈维：《新自由主义化的空间：迈向不均地理发展理论》，王志弘译，台北：群学出版社，2008，第102页。

剩余劳动力会通过地理扩张转移到其他地区以减轻资本积累过剩所带来的恶劣影响。在这个过程中，一定有某些疆域迎合资本的地理扩张，可能是通过军事、殖民或商业手段强制开放（比如19世纪的鸦片战争），也可能是企图利用来自其他地方的剩余资本以发展自己的自愿开放（比如中国20世纪70年代末开始的改革开放）。这本身就是一个困难的且不经常成功的过程。即便资本成功找到了开放空间，但用不了多久，这个被资本占领的疆域就会因资本积累循环的矛盾而面临生产过剩问题，进而产生资本剩余，继续寻求空间修复。于是，资本总是处于无休止的扩张过程之中并且经常面临狼多肉少的状况，地缘政治斗争变得不可避免，而这种斗争的最直接后果便是战争，资本主义强权之间的两次世界大战就是这种斗争的极端表现。

其次，我们假设出现这样一个比较开放的区域联盟（比如欧盟），它们在联盟内部实现了诸如哈维所提出的条件，如有可能从分工的疆域渐趋专殊化中获利；某处的资本与劳动剩余，可以弥补其他地方的资本与劳动短缺；由高运输成本和制度限制（如关税）造成的移动障碍有系统地减少；特定地方的过度积累压力，不会在区域联盟中产生防御性的姿态。[①] 那么这种区域间发展的相互支持的经济成长模式是否能够将资本积累危机长期地控制在“地方事件”上而缓解地缘政治斗争呢？哈维给出的回答是否定的。在哈维看来，多个区域联盟之间无疑会存在竞争，这就会产生强制性的力量，以迫使政治结构做出调整，同时来适应各种外部力量的挑战。这个过程势必会造成不同区域联盟之间产生某种权力和利益的阶层差别，区域间出现不平衡发展——处于优势地位的联盟发展得越来越快，而处于劣势地位的联盟则要长期地面对贫穷和负债——一种越演越烈的全球范围内的不平衡发展。长期下去，内部的对抗、区域联盟的瓦解、与外部势力的交战等问题随之而来。哈维这种基于不平衡发展理论的对地缘政治斗争的表述并非毫无根据，当今世界的诸多区域联盟的现状已经向我们展现了上述的绝大部分推断的正确性。

所以，无论如何，资本主义迄今为止还没有找到解决资本积累危机

---

① 〔英〕大卫·哈维：《新自由主义化的空间：迈向不均地理发展理论》，王志弘译，台北：群学出版社，2008，第104页。

的有效方法，在哈维看来，所谓的区域之间的共生和支持关系，只不过是一种谁去承担贬值代价的竞争而已。正如马克思所说："资本不可遏止地追求的普遍性，在资本本身的性质上遇到了限制。"[①] 哈维也认为，为了满足资本逻辑支配下无止境的资本积累的需要，就必须无止境地寻求扩张以及加强权力的领土力量，如果由于某种原因无法形成这一空前强大的力量，那么领土逻辑将会被资本逻辑撕得粉碎，"在令人苦恼的无政府状态中而不是在革命的碰撞中结束资本的时代"。[②] 所以，恰当的表述就是，地缘政治斗争伴随着新帝国主义全球化扩张的整个过程，不平衡发展如影随形。

三　新帝国主义的不平衡发展实质

无论是对新帝国主义起源与发展的描述，还是对其表征与内涵的论述，哈维对新帝国主义的研究和批判始终没有离开不平衡发展理论的视野。不平衡发展"统一场论"中的资本逻辑和权力逻辑的交替作用为解释新帝国主义的实质提供了理论支持。换句话说，新帝国主义将不平衡发展蕴含其中。

诚如哈维所讲，从资本逻辑的观点来看，新帝国主义通过开拓非平衡性地理空间，并利用空间交换所必然产生的、其称为"非对称性"的关系来进行资本积累，在这种情况下，通常在完美运转的市场中所假定的平等条件被破坏，随之产生的不平等带有特定的空间特点。[③] 这个过程实际上蕴含着新帝国主义与不平衡发展之间的辩证关系。新帝国主义存在的重要前提是自然—地理的先天性的不平衡环境，这是一切资本和权力流动的根本原因。因此，资本主义的新帝国主义必须每时每刻地保持这种不平衡发展并使其长期存在，否则其发展的动能将会消失，这也是哈维所说的权力的资本逻辑的根本要求，于是新帝国主义足迹遍布之地，不平衡发展接踵而来。

当然，如果自然地理和资源禀赋不能为新帝国主义创造发展的条件，资本主义仍然可以通过各种手段来实现其目的。所以，不平衡发展存在

① 《马克思恩格斯全集》（第30卷），人民出版社，1995，第390页。
② 〔美〕戴维·哈维：《新帝国主义》，付克新译，中国人民大学出版社，2019，第22页。
③ 〔美〕戴维·哈维：《新帝国主义》，付克新译，中国人民大学出版社，2019，第19页。

于新帝国主义实践过程之中的另一个重要原因是，资本主义势必会在财富和权力交换时努力达到一种非对称性。这也是权力的资本逻辑的内在要求，而维护和保持这种对资本发展有利的非对称性模式就成为资本主义的新帝国主义国家的根本职责。

同时，新帝国主义不仅造成了外部空间的不平衡发展，也造成了内部空间的不平衡发展。诸如一些大城市和地方政府的帝国主义行径，很多人将之称为内部新殖民主义。哈维的主张是“我更愿意把次国家的地区性实体可能发挥的作用及其与帝国主义的关系放在更为普遍的非均衡地理发展理论中进行考察。”[①] 基于此，我们应该注意到，新帝国主义的历史进程的确造成了不平衡发展，但是从逻辑上来讲，不平衡发展并不单纯是新帝国主义扩张过程中产生的外部现象或者结果。他们的内在联系甚至可以将其纳入同一个理论体系中去思考。哈维的表述无疑是期待将新帝国主义理论纳入不平衡发展的空间元理论框架中去思考。

基于不平衡发展理论的空间政治经济学批判，我们不难发现，新帝国主义的生成逻辑和演进历程实则是资本积累的内在逻辑所规定的，同时受到资本积累手段不断迭代的影响，是资本不断向资本主义权力系统寻租的结果，其依然处在马克思所指明的历史时代。

第一，新帝国主义服务于资本积累的本质没有变。探讨新帝国主义的本质问题就是在探讨资本逻辑和权力逻辑的辩证交互问题。当代资本主义的演变并不是资本逻辑与权力逻辑脱域的过程，而是帝国主义权力实体与资本“扩张渗透”逻辑合谋的过程，政治力量、经济力量与领土控制范围的相对分离仅仅是新帝国主义的外在表象。如前所述，“扩张渗透”是为应对“剥削活劳动”逻辑和“累进式积累”逻辑的自反性危机的一种“空间修复”手段，拥有强大政治力量的民族国家成为资本逻辑的代理人，进而催生了通过战争和暴力掠夺手段实现其旨归的帝国主义。但是，殖民扩张无法从根本上满足资本不断膨胀的需要，基于领土的政治力量以及民族国家主权的边界反而成为限制资本积累持续进行的壁垒。于是，资本逻辑向权力逻辑施压，新自由主义全球化的、开放的新秩序成为资本为实现其自身利益最大化而选择的新的剥削权力实体，即新帝

① 〔美〕戴维·哈维：《新帝国主义》，付克新译，中国人民大学出版社，2019，第20页。

国主义。新帝国主义仿佛是穿上了西装的暴徒，他“礼貌”地做起了看似合法的生意，而在他背后为其保驾护航的仍是臭名昭著的帝国主义政治权力系统。从最初的领土扩张到资本对生活世界的殖民化与异化，从美国对第三世界国家的文化和意识形态输出到以技术垄断为前提而对全球进行的信息化和数字化控制，无不反映着资本在不同时空规模上的扩张性和剥削性。新帝国主义无论如何进化，都必须在资本逻辑和权力逻辑的链条中寻求支撑，其运作旨归是更好地维护资本积累以获取更多的剩余价值，其手段包括资本对生活空间的殖民化、资本对精神领域的渗透、资本对数字平台等抽象空间的占领以及由此带来的基于其他一切时空的资本扩张，这些形式与手段在不同时空场域中的复杂交互共同形塑了新帝国主义的当代特征。

第二，新帝国主义的基本矛盾没有变。作为维护资本积累的新形态的资本主义政治权力实体，新帝国主义主要矛盾——生产社会化与生产资料私人占有之间的矛盾——没有改变。无论资本逻辑衍生出的积累手段和途径如何新奇有效，资本的运转永远无法逃出自身逻辑引发的自反性危机。只要资本主义的秩序不发生改变，那么生产社会化与生产资料私人占有这个基本矛盾也必然无法解决。新帝国主义采用的各种新型积累手段，仅对资本积累所面临的危机起到了缓解作用，并不能真正解决资本积累的根本矛盾。进入数字资本主义时代，新帝国主义在数字化阶段基于新的依附关系催生了“异化”现象。一方面，“数字化”成了资本逻辑异化日常生活的有力工具。在数字化平台的参与下，资本逻辑得以无孔不入并肆无忌惮地入侵日常生活，在资本主义政治权力系统的操控下，根本不存在布罗代尔所描述的反市场地带①以及福柯遐想的异质性空间②。并且，每一个数字化时代的受益者，都不得不承认其作为数据提供者的事实，也无法摆脱数字化对日常生活的干预。因此，当人们力图摆脱这种异化的时候，它就自我孤立起来，这正是异化的尖锐形式。因此，异化是全面的，它笼罩了全部生活。另一方面，劳动力与数字之间依附关系的建立也塑造

① 布罗代尔认为生活地带应分为三层，资本主义只存在于顶层，而下层的反市场地带并不会真正受资本主义的影响。

② 一种受保护的空间，这个空间中的日常生活和情感可以不受资本积累、市场关系和国家权力的影响。

了新型的异化关系，低技术的廉价劳动力被数字化取代；劳动力为了摆脱被替代的命运，则被迫提高自身数字化能力。对于数字化的追求，成为劳动力试图摆脱数字化控制的积极手段，而其结果则使劳动力主动成为数字的替代品，并在这一过程中成为数字化的附庸，这实质上是新的依附关系的建立和新一轮异化。由“异化”所带来的矛盾依然是帝国主义进入数字化阶段的根本危机。在历史唯物主义视域下，这种危机的实质是——生产社会化（生产力）与生产资料私人占有（生产关系）之间的矛盾——资本主义社会的基本矛盾在当代的具体表现形式。

第三，新帝国主义必然灭亡的历史命运不会改变。新帝国主义构建的动力亦是其危机。资本的全球积累是一个社会历史过程，其在很大程度上依赖“非资本主义环境”（非资本主义制度的国家、民族以及非工人阶级和非资产阶级的“第三者阶层”等），但是，随着资本积累在世界范围内的持续发展，当“非资本主义”有朝一日被全部资本主义化之后，资本主义就丧失了进一步发展的空间环境。伴随着数字化平台的出现，资本主义扩张的手段丰富了起来，同时数字化在拓展资本扩张的空间领域的同时，也为资本扩张提供了指向性。数字化并非资本主义的救世主，虽然数字化手段的出现将新帝国主义推向了新的高潮，似乎为资本扩张注入了强心剂，但资本主义的扩张进入数字领域实际上近乎抵达了资本在时空范围内所能到达的界限。当时空修复不再生效时，资本逻辑和权力逻辑之间的转化关系也必然失效，资本的持续积累最终只会撑破资本存续所依托的时空场域，造成新帝国主义秩序的土崩瓦解。包括数字化平台在内的新帝国主义扩张的种种手段，看似是拯救资本主义的特效药，实则却不同程度地加速了资本主义走向灭亡。

事实表明，当代资本主义的政治承诺——通过自由主义策略减少贫穷和实现平等的“美丽”愿景——并未实现。与此同时，由资本主义发展所带来的社会的不平衡发展问题——诸如政治结构失衡、经济发展失衡、生态环境恶化以及由此引发的各种社会矛盾等人化因素凸显——同人类自由全面发展的共同体诉求构成了新的更为复杂的矛盾。[①] 整体来看，新帝国

① 刘鹏飞：《马克思主义不平衡发展理论与全球治理观重塑——兼论人类命运共同体理念的公平治理逻辑》，《福建师范大学学报》（哲学社会科学版）2019 年第 4 期。

主义不仅没有跳出服务于资本积累的逻辑本质，而且对解决资本主义社会的基本矛盾束手无策。其唯一能做的，只是延缓资本主义内在矛盾爆发的时间，对资本主义内部暴露的问题进行粉饰和遮掩。因此，新帝国主义不管以何种形式演变和呈现，其始终没有挣脱马克思主义政治经济学的理论视域。“马克思、恩格斯关于资本主义社会基本矛盾的分析没有过时。”① 正因如此，新帝国主义作为帝国主义的当代新形态，也必然无法应对资本主义积累的自反性危机，其必然灭亡的历史命运不会改变。

第三节 建构解放政治理论的重要抓手

多数激进的批判理论都遵循从现象分析到过程研究，再到结论确立，进而到探索替代道路这样一个逻辑建构过程。哈维的空间理论也不例外，他从全球范围内的不平衡发展现象入手，对资本逻辑主导下的全球范围内的空间生产展开批判，为我们揭示资本主义的破坏性本质。当然，哈维的理论旨趣不停留在批判和解释的层面，通过对乌托邦理想的重新建构形成其融入了地理学元素的马克思主义解放政治理论才是其最根本的理论诉求。哈维认为，彻底的社会解放应该把多种具有差异性的权力组织起来，而这就不得不理解一直贯穿于他的思想发展的重大理论——不平衡地理发展。②

一 更加辩证的马克思主义解放政治理论

在新自由主义主导的全球化背景下，社会主义政治解放运动遭遇了极其严峻的挑战。从阶级规模层面来看，就如多数西方左翼学者论述的那样，传统意义上的工人阶级正面临被分化和瓦解的风险，这给马克思主义理论发展制造了难题，因为阶级概念是马克思解放政治学的基础性概念。第二次世界大战以后，资本主义国家通过技术革新和机械化大生产取代了大规模的工人劳动，工人数量锐减。从意识形态层面来看，新自由主义意识形态所鼓吹的自由放任、私有化、个人主义等虚假承诺消

① 《习近平著作选读》（第 1 卷），人民出版社，2023，第 84 页。

② 程兰芳：《大卫·哈维政治理论的构建过程析要》，《中共福建省委党校学报》2013 年第 11 期。

解了社会主义意识形态中关于公有制、集体主义的政治主张，加上资本主导下的消费主义和享乐主义的侵蚀，工人阶级在不同程度上已经丧失了革命的志向。从斗争实践层面来看，资本主义空间生产过程中频繁的地理集聚和分散使劳动力在不同规模的空间里快速流动，造成了全球范围内的工人阶级的分散化与碎片化，加上人种、语言、宗教、文化的差异，无产阶级的联合斗争变得更加困难。基于上述原因，很多西方学者认为马克思所说的“阶级政治”已经消亡。英国分析学派马克思主义代表人物科亨这样说：马克思所说的“无产阶级”具有四个特征，其是社会赖以存在的生产者，是社会中的受剥削者，构成社会中的大多数，极为贫穷。当代西方社会已经没有任何一个群体能够把马克思所描述的工人阶级的特征集于一身，因此，马克思所说的“无产阶级”在当代西方社会已经不复存在。① 面对这种情况，哈维从空间维度归纳和总结各种理论思潮和社会运动所提供的理论索引。他公开主张坚持马克思主义解放政治立场，并试图通过丰富和重建马克思主义解放政治理论以驳斥“马克思主义过时论”。总体来看，哈维为构建其马克思主义解放政治理论主要进行了以下两方面的工作。

第一，对《共产党宣言》（以下简称《宣言》）的批判性地理学重构。《宣言》是马克思和恩格斯针对无产阶级政治解放运动所形成的最重要的历史文献，是最具战斗性和号召性的无产阶级革命宣言。以《宣言》为起点建构其解放政治理论是哈维的独到之处。哈维高度认可马克思和恩格斯所认为的只有通过全世界无产者联合起来斗争，才能扭转资本的破坏性政治主张，主张建立一种可供替代的政治经济体系，进而在一个更为平衡的世界中实现自身的根本诉求。不过，在如何实现这种理论愿景方面，哈维认为，尽管《宣言》中的绝大部分是那样深刻、清晰、有力，以至于其当代相关性令人震惊，② 但是，较之今天的历史地理条件，《宣言》的这些政治主张却经常不能很好地发挥指导作用。原因在于尽管马克思和恩格斯已经意识到地理转型、空间定位和不平衡发展在资本积累过程中的作用，但是在最后总是把时间凌驾于空间之上来

① 〔英〕G. A. 科亨：《如果你是平等主义者，为何如此富有?》，霍政欣译，北京大学出版社，2009，第 137~138 页。

② 〔美〕大卫·哈维：《希望的空间》，胡大平译，南京大学出版社，2006，第 21 页。

考虑，《宣言》中存在"时间优先于空间的偏好"，这使它"未能描绘出不平衡地理发展的一种理论，这种理论将有助于我们绘制欧洲直至全球范围内工人阶级形成和阶级斗争的动力"。[①] 那么如何在历史地理形势复杂多变的今天充分发挥《宣言》的政治指导价值？哈维认为，为了更加复杂地、更加精确地、更加在政治上有益地理解资本积累和阶级斗争的地理维度如何在维护资产阶级权力的永久性和对工人权利及欲望的控制方面已经发挥并将继续发挥这样一种根本性的作用，批判性重构《宣言》中实际的描述就具有重要的意义了。[②] 这主要包括七个方面的空间维度的评述和挖掘。[③] ①哈维认为《宣言》将世界分为"文明的"和"野蛮的"民族，这是一种错误的目的论观点。这种观点被动地接受了黑格尔的目的论和"中心—外围"的传播论。在哈维看来，比目的论和传播论更值得关注的是资本积累地理学，因为前两者并不能描绘出不平衡发展理论——一种有助于我们理解欧洲直至全球范围内工人阶级形成和阶级斗争的动力。②《宣言》中正确地强调了交通和通信对维持资产阶级权力的重要性。这就是马克思所强调的资产阶级"用时间消灭空间"所形成的历史地理转型。这明确地削弱了绝对空间的统治权，而突出了相对空间和关系空间的重要性。③哈维认为《宣言》忽略了对世界领土组织的关注，尤其缺乏对资本主义领土组织的理解。在哈维看来，《宣言》虽然尝试定义国家和领土的关系，但是这种定义过于简单。国家的形成以及巩固本身就是一个长期的、不稳定的过程，不平衡发展的存在加剧了这种不稳定。意识偶然性和复杂性是资本主义乃至世界领土组织的典型样态，并不是高度单一化的。④《宣言》弱化了货币和金融机构对资本积累和阶级斗争的重要影响。在哈维看来，货币和金融必须被赋予首要的地位，《宣言》只是偶尔提及金融和货币在资本积累的地理动力方面的作用。哈维认为，这确实是一种遗憾，但不能不作为一种理论遗产引起人们的重视。⑤《宣言》认为资产阶级的革命使农村屈服于城市，认为工业化和快速的城市化过程为更加统一的工人阶级政治奠定基础。基于此，哈维认为，既然强调空间组织的生产并不是中立的，那么资产阶级完全可以利用空

① 〔美〕大卫·哈维：《希望的空间》，胡大平译，南京大学出版社，2006，第 32 页。
② 〔美〕大卫·哈维：《希望的空间》，胡大平译，南京大学出版社，2006，第 31 页。
③ 〔美〕大卫·哈维：《希望的空间》，胡大平译，南京大学出版社，2006，第 32~39 页。

间策略来瓦解无产阶级并且这种情况已经发生了。⑥《宣言》认为革命的关键在于高速城市化过程中所产生的工人无产阶级。但是，哈维认为这忽视了以乡村、农业和农民为基础的革命运动。⑦《宣言》认为就业人口的同质化是反对资本权力的基础并且假定资本主义的工业和商品化会导致这种同质化。但哈维认为，其忽视了资本主义同时进行的分化工人阶级的行动以及形形色色的不平衡发展所带来的阶级、性别和其他的社会分化，换言之，就是忽视了资本制造差异和进行地缘政治动员的能力。综上所述，我们可以发现，对于如何在不同的空间规模上开展一场政治运动，哈维总体上肯定了《宣言》为我们提供的战略性指导。问题在于如何形成一种可以在微观和宏观空间规模上都具有实际意义的方法论。哈维对《宣言》的地理学重构正是为此而进行的。因为哈维始终认为，正如马克思和恩格斯提醒我们的那样，“不管最近25年来的情况发生了多大的变化，这个《宣言》中所阐述的一般原理整个说来直到现在还是完全正确的。……这些原理的实际运用，正如《宣言》中所说的，随时随地都要以当时的历史条件为转移”。[①]《宣言》的实际应用总是要以“当时的历史条件”为转移。对《宣言》的批判性地理学重构是哈维构建其解放政治理论的基础。

第二，推动全球化与“身体回归”的辩证统一。对《宣言》进行的批判性地理学重构是哈维为达成其理论目的所挖掘的一个通道，但这仅仅是第一步。就如哈维所讲：“我们需要想方设法来建构一种可以在微观规模与宏观规模之间自由穿梭的政治辩证法，对《宣言》地理学的研究成果为解决这个任务提供了绝好的机会，它重新点燃了社会主义的火焰，从雅加达到洛杉矶，从上海到纽约城，从阿雷格里港到利物浦，从开罗到华沙，从北京到都灵。”[②] 接下来，哈维针对最具代表性的宏观规模（全球化）和微观规模（身体）来进行一种辩证的思考。关于全球化的定义，笔者在前文已经详细交代，资本积累出于实现空间修复的目的，必须在更大的空间规模上实现低成本和高利润，这是全球化形成的根本原因，而不平衡发展常伴其左右。在此基础上，哈维主张，不妨用“不

① 《马克思恩格斯选集》（第1卷），人民出版社，2012，第376页。

② 〔美〕大卫·哈维：《希望的空间》，胡大平译，南京大学出版社，2006，第50页。

平衡发展”概念来取代“全球化”概念——这可能更有利于开展社会主义运动。因为，他认为这种宏观的不平衡发展的空间结构势必会影响到每一个微观的身体，作为微观存在的身体也必将深刻影响作为宏观存在的全球化。之所以有这样的理论构想，是因为哈维认识到全球化和身体各作为一种空间构成元素的代表，十分有可能成为政治运动的重要出发点和落脚点。这种想法其实还是源自马克思，马克思的世界历史理论就蕴含着对全球化的一般理解，“不断扩大新产品销路的需要，驱使资产阶级奔走于全球各地。它必须到处落户，到处开发，到处建立联系……资产阶级，由于开拓了世界市场，使一切国家的生产和消费都成为世界性的了”，哈维认为，如果这不是对我们现在所知的“全球化”的令人信服的描述，那么就很难想象“全球化”到底是什么了。[①] 关于身体，马克思则从劳动力的视角进行分析，他认为作为劳动力存在的身体参与资本主义生产的全部过程，在这一过程中，身体的意义至关重要。哈维敏锐地捕捉到了马克思的理论精华，并通过系统的空间解构，将这种思想用于构建其解放政治理论。他依托马克思的身体主体理论，深入探赜可变资本的循环，充分解释身体于全球空间中积累的策略及缘由，即揭示身体如何被自身遭遇的资本循环和积累的外部环境形塑，身体如何以实践的形式反作用于自身生产过程，并从中探寻反抗与革命之路，进而重获自由。当然，哈维的独到之处还在于他并不是单纯地解构宏观的全球化或微观的身体，而是期待将二者辩证地结合起来，形成一种空间维度的解放政治理论。就如哈维所讲，在确定价值和意义被构造和理解的方式时，这种向“作为万物尺度的身体”回归的态度至关重要。哈维特别希望回到“作为万物尺度的身体”的更为广泛的相关意义上，并提出一个更加辩证地理解身体的方法，它能够更好地把身体话语和其他话语转向联系起来，那种转向把“全球化”置于争论的中心。[②]

归根结底，哈维通过解构全球化与身体回归的辩证法来构建其解放政治理论，这其实就是一种将差异性与多样性相结合的空间辩证法。哈维对社会主义解放政治理论的构建完全彰显了其坚定的马克思主义信仰。

---

① 〔美〕大卫·哈维：《希望的空间》，胡大平译，南京大学出版社，2006，第 25 页。

② 〔美〕大卫·哈维：《希望的空间》，胡大平译，南京大学出版社，2006，第 94 页。

他充分研判马克思和恩格斯的战斗宣言，挖掘其地理因素及空间价值，在此基础上进一步产生了构建一种能够在全球化和身体之间自由穿梭的政治辩证法，这是一种合理的解放政治理论构想，并且这种构想充分得益于不平衡发展理论的启发。

二 不平衡发展理论的重要启思

差异性与多样性是资本主义条件下最为显著和复杂的政治特征。这种特征不仅表现在先天的社会生活条件和生态能源环境方面，还表现在资本主义进程中那种特有的制造差异性和多样性的能力上。我们在前文关于不平衡发展理论的概念叙述部分就已经详细地阐述了在“空间规模的生产”和“地理差异的生产”过程中，资本主义是如何在政治、社会、生态及文化领域中高度利用和制造差异性与多样性的。在哈维看来，任何解放政治理论如果不将这种差异性和多样性的不平衡发展理论纳入其中，都是危险的。对于马克思解放政治理论，哈维便存在此类担忧。首先，哈维认为资本拥有多种空间潜在能力，但这种能力可能被马克思主义经典著作忽略了：其一是瓦解全面同质化的能力，其二是改变固有文化规划的能力，其三是制造空间差异并从空间上开展政治行动的能力。其次，在构建社会主义解放政治理论的过程中，过去的马克思主义在差异化的历史地理条件下，仍然把单一的社会主义目标机械化地运用于反资本主义运动中，这更增加了马克思解放政治理论的危险性。不过，虽然哈维用批判性的视角看待马克思解放政治理论，但并不代表哈维背离了马克思解放政治理论。在哈维看来，只要资本主义的资本积累本质没有改变，马克思的理论就不会过时。哈维的理论诉求是对马克思解放政治理论进行一种差异性与多样性的重构，即承认在多样化的地理环境中，阶级斗争会以不同方式展开，承认推动社会主义运动必须考虑到地理事实和地缘政治的多种可能，共产主义的任务就是在差异中确定共性，想方设法、不计成败地去集合各种高度分化的地方性运动，使它们朝着共同的目标努力。[①]

① 张佳：《大卫·哈维的历史——地理唯物主义理论研究》，人民出版社，2014，第160页。

因此，针对地理差异性与多样性研究的不平衡发展理论就成为哈维解放政治理论研究的重要理论视角。首先，哈维对新自由主义主导下的资本主义全球化空间生产所造成的全球范围内的不平衡发展进行了猛烈的批判，揭露新自由主义的剥削本质，这无疑给新自由主义意识形态诱导下的无产阶级一个可以清醒思考的契机。其次，在不平衡发展理论的指引下，哈维认为要充分研究“空间规模的生产”与“地理差异的生产”，并将二者结合起来，要充分思考二者的交互作用，而不是在固定规模上去看待所谓的政治分裂与阶级分化。总之，哈维借用不平衡发展理论提醒全世界的无产阶级，要正确面对不平衡发展的现实世界，充分认清不平衡发展的实质，并努力将不平衡发展作为社会主义运动的政治资源，从而形成一种囊括多种实践可能的马克思主义的空间政治理论。

其实，哈维早先探讨城市空间问题之时就已经着手研究不平衡发展的历史规律的齐一性或非齐一性问题。哈维认为不平衡发展的理论化过程可以涵盖两种历史唯物主义思路：首先，不平衡发展缔造了资本主义城市空间的生产，资本主义城市空间生产过程中的矛盾和问题会让不平衡发展的程度加深；其次，不平衡发展内化于城市内部的阶级斗争之中，而阶级斗争参与并形塑不平衡发展景观的整个过程。可以说，对城市空间规模生产的研究初步奠定了不平衡发展的解释框架。此后，哈维将不平衡发展作为其历史-地理唯物主义理论的核心话语，并将其作为规划社会主义解放政治方案的核心内容。这非常明显地体现在哈维的辩证乌托邦构想中。哈维的辩证乌托邦构想的理论诉求就在于彻底的社会解放，并把多种具有差异性的权力组织起来。所以，对于哈维的方案，不平衡发展理论的价值显而易见。在《希望的空间》中，他就呼吁在“归来的马克思”基础上进一步探索和挖掘资本主义的可行性替代方案，运用差异性与多样性的视角，对《宣言》进行批判性地理重构。可以说，这给乌托邦理想在当代的发展创造了新的机遇。

三 辩证乌托邦的构思

在西方文化中，乌托邦代表的是人们对理想社会的美好憧憬，它原指现实世界中不存在的一个理想的、没有资本主义带来困苦的地方。在当今社会，乌托邦也被视为政治诉求无望的幻想与归宿，抑或人们对未来理想政治模式的一种渴求。有关正义社会的人类想象力怎样才能在反资本主义政治中发挥积极作用呢？若要完成完整的理论建构，就需要遵循从现象到过程再到实质的研究轨迹，并在此基础上找出一条尽可能笔直的理论出路，即实践行动方案。哈维清楚认识到了这一点。尽管目前对资本主义和资产阶级的声讨和抵抗还没有形成足够统一和坚决的理论主张和政治同盟，资本主义在全球政治和经济舞台上仍然大行其道，但哈维没有因此而将自己的解放政治理论悬于半空，他积极地探索关于资本主义的替代性方案。他认为：任何复兴乌托邦理想的计划都要考虑它在历史地理学中作为建设性和破坏性变革力量是如何运作的，并带来了什么样的结果。① 在哈维看来，这也为饱受漠视、冷遇的乌托邦的发展带来了机遇。

不过，哈维的这种理论期盼在实际建构过程中却有着戏剧性的演绎。早在托马斯·摩尔（St. Thomas More）1516 年的乌托邦想象之前，乌托邦就已经与空间概念密不可分了，柏拉图通过将理想化的政府形态和封闭共和国进行联系，企图将城市概念和公民概念混合在一起；犹太教与基督教共同将天堂定义为一个与众不同的地方，并以天堂之城、上帝之城、永恒之城冠名；荷马史诗《奥德赛》中所描述的菲奥克斯城邦就具备摩尔后来暗示的诸多特征。② 不难发现，这些早期的乌托邦理想大都与空间概念纠缠在一起。这种现象到托马斯·摩尔《乌托邦》问世后也未停止。在《希望的空间》一书中，哈维对此进行了比较详尽的阐述，他首先论述了托马斯·摩尔的《乌托邦》，在哈维看来，《乌托邦》中摩尔的理想是实现一种社会的和谐与稳定，为了形成一种完美的现实及精神秩序，摩尔采取了一系列的排除行动：诸如货币、私有财产、雇佣劳动、剥削、内部商品交换、资本积累和市场过程。在此基础上打造了一个和谐稳定、没有剥削以及充满快乐的封闭孤岛，这座孤岛由严格的内部空间秩序调节一切，具体来讲就是一个由空间控制时间、由地理控制历史的封闭空间系统。随着摩尔的首创，就如路易斯·马林（Louis Ma-

① 〔美〕大卫·哈维：《希望的空间》，胡大平译，南京大学出版社，2006，第 155 页。

② 〔美〕大卫·哈维：《希望的空间》，胡大平译，南京大学出版社，2006，第 152 页。

rin）所评价的：任意地想象“作为空间游戏的乌托邦学”已成为探索和表达有关社会关系、精神秩序、政治经济体系等众多竞争观念的成熟手法。[①] 此后，以城市规模为代表的空间乌托邦思维充分地印证了马林的说法，诸如罗伯特·欧文的新哈莫尼、傅里叶的理想城市、爱德华·查姆布莱斯的公路城镇、柯布西耶的理想城市梦想等。[②] 哈维认为所有这些乌托邦形态都因为社会过程的暂时性、社会变革的辩证法——真正的历史——被排除了，同时社会稳定是由一种固定的空间形态来保证的。[③] 总之，在哈维看来，无论是摩尔的传统乌托邦形式还是以城市规模为代表的乌托邦形式，实质上都可以描述为“空间形态乌托邦”，这种乌托邦方案存在自身固有的矛盾，它忽视了动员自身的历史与社会过程，把空间与时间、差异性与同质性、偶然性与必然性非辩证地对立起来，导致在实现过程中发生了诸如“历史过程控制了理应控制它的那个空间形态”这样的矛盾。

如果我们将空间乌托邦的失败归因于实现它们的社会过程的影响，那么我们尝试重新构建一种与“空间形态乌托邦”对立的“社会过程乌托邦”政治解决方案是否可行呢？其实，此种形式的政治解决方案继续使用“乌托邦”有些牵强，原因在于“乌托邦”通常指的是一个既快乐又不存在的“地方”，这就势必要同“空间”产生瓜葛，而关于社会过程的理想化范式通常是以纯粹的时间话语体系来表达的：它们在字面上束缚于任何不存在的地点，并且典型地被指定为一个在空间性约束之外的地方，空间和地点的特征完全被忽视了。[④] 这十分符合黑格尔的超验辩证法逻辑（既—又逻辑），在黑格尔理论的指引下，可以将复杂的乌托邦历史看成发散的时间演变过程。这种辩证逻辑在一定程度上也影响了马克思，使得马克思在某一时期认为空间形态的确定源自某种特殊的历史过程。黑格尔和马克思都认为，社会过程乌托邦习惯于迷失在无限开放方案的浪漫主义中，在那种方案中，永远不会存在一个封闭的点。[⑤]

① 〔美〕大卫·哈维：《希望的空间》，胡大平译，南京大学出版社，2006，第156页。

② 参见张佳《大卫·哈维的历史——地理唯物主义理论研究》，人民出版社，2014，第95页。

③ 〔美〕大卫·哈维：《希望的空间》，胡大平译，南京大学出版社，2006，第156页。

④ 〔美〕大卫·哈维：《希望的空间》，胡大平译，南京大学出版社，2006，第169页。

⑤ 〔美〕大卫·哈维：《希望的空间》，胡大平译，南京大学出版社，2006，第169页。

不过，这种无固定地点的目的论存在诸多破绽，包括马克思在后期也将目光转向了黑格尔先验主义辩证法（非此即彼），并开始主张“非此即彼”与“既一又”相结合的双重辩证法——一种屈从于“偶然性”的目的论。为了支撑这种观点，马克思转而对自由市场乌托邦——一种占据支配地位的社会过程乌托邦——进行严厉的批判，而这种批判让社会过程乌托邦遭到了灭顶之灾。在马克思看来，以亚当·斯密为代表的排斥国家干预并抑制垄断权力的社会过程乌托邦政治解决方案使新自由主义支配下的自由市场乌托邦理想大行其道，这种理想认为个人的欲望、贪婪、驱动力和创造力可以通过成熟市场“看不见的手”动员起来，而结果就是“无节制的自由市场的资本主义只有‘靠耗尽全部财富的原始来源——土地和劳动力’——才能生存下来，这就使得对自然的掠夺、自然的退化完全与劳动力的贬值和降低同等重要”。[①] 全球范围内的不平衡发展景观正是由此产生的。问题的根源在于，按照前文所论述的任何形式的乌托邦方案都必须关乎“空间”，那么社会过程乌托邦也势必要求其实现过程停留在某处，并且构筑一个其发挥作用的空间。但是，哈维认为，出于调节资本积累动力、强大的科技变革以及激烈的阶级斗争的需要，资本又必须摧毁这种空间。[②] 这可以非常直观地通过不平衡发展理论来解释。所以，通过马克思的启发，哈维认识到，空间形态乌托邦的具体实现与被动员起来制造它的实践过程的特征相冲突，所以社会过程乌托邦理想与具体实现它所必需的空间框架和地区结构特性是相互冲突的。[③]

综上，在哈维看来，不管是盲目排斥社会过程暂时性和社会变革辩证法的“空间形态乌托邦”，还是力图挣脱空间束缚和摆脱地点限制的“社会过程乌托邦”，都存在自身难以解决的矛盾。哈维的理论出路是遵循历史-地理唯物主义的方法论，将“空间形态乌托邦”与“社会过程乌托邦”辩证地结合起来。哈维认为，一种有价值的政治解决方案不应该是具有排他性特征的某种片面幻想，而应是根据历史-地理唯物主义方法论建立的符合现实社会中时空条件的理论构想。这是哈维解放政治理

① 〔美〕大卫·哈维：《希望的空间》，胡大平译，南京大学出版社，2006，第170页。
② 〔美〕大卫·哈维：《希望的空间》，胡大平译，南京大学出版社，2006，第172页。
③ 〔美〕大卫·哈维：《希望的空间》，胡大平译，南京大学出版社，2006，第173页。

论的一条根本出路，更是完成重建乌托邦历史任务的根本方法。就如哈维所讲："任务就是确定一个方案，而不在于描述某个静态的空间形式甚或某个完美的解放进程。这个任务就是重振时空乌托邦理想——一种辩证乌托邦理想——它来源于我们目前的可能性中，但同时它也揭示了人类不平衡地理发展的轨迹。"①

哈维的马克思主义解放政治理论试图描绘一幅当代社会空间发展的绚丽图景，并以一种乐观向上的态度提出政治解放的诉求，为资本主义社会注入新的希望。通过以上分析，我们可以总结出哈维的解放政治理论的几个特征。其一，坚持认为政治解放的实现最终要诉诸经济解放和阶级斗争的全面胜利。哈维始终遵循《宣言》和政治经济学的分析框架，这使他在探寻资本主义解放道路时没有单纯地从政治或者经济层面来考虑问题，而是采取了一种整体性的把握方法，要求对抗并改造产生问题的物质实践和阶级根源。其二，在方法论上，运用了差异性和普遍性相结合的辩证方法。哈维在空间研究中高度重视对过程辩证法和历史-地理唯物主义的运用，强调要在过程和地理进程中把握事物的本质。普遍性与特殊性、整体与个体、多样性与差异性的辩证思维方式始终贯穿于他研究的全过程。既关注全球化的同质性，又关注身体解放的微观性；既强调地理不平衡的差异性，又重视辩证乌托邦的统一性。在历史唯物主义和阶级政治的整体框架下追求解放政治理论的现实可能性。其三，坚持了历史-地理唯物主义的世界观。社会建构理论的混乱在很大程度上是因为空间的"失语"，对时间的过度强调使空间在解放政治理论构建中始终处于"弱势"地位。因此，他始终从不同地理空间规模的角度思考如何"进化"解放政治理论，并提出要从不同空间规模思考和行动。解放政治理论也要因空间的差异而制定不同的斗争目标，最终实现空间正义和差异化的主张。

哈维的马克思主义解放政治理论有两点重要的理论价值。第一，哈维准确地把握了全球化时代的主题，抓住了"空间"这条贯穿于解放政治理论分析的红线，将不平衡发展的差异性和多样性作为研究的突破口，具有划时代的重要意义。多样性和差异性承载着人类发展的方向，在地

① 〔美〕大卫·哈维：《希望的空间》，胡大平译，南京大学出版社，2006，第191页。

理发展不平衡的当下，哈维试图重塑乌托邦理想来应对现实的空间危机，从空间重构的视角替换阶级斗争理论的同质性目标，从而为解放政治理论找到新的突破口。因此，在哈维的叙述中，我们看到了身体、全球化、差异、斗争、乌托邦等混杂的后现代术语，但实际上他并非倡导以后现代为话语基础的激进政治学。他借用后现代的术语去探索构建物质实践与政治斗争的素材，进而将解放政治理论的基本前提设定为摆脱资本逻辑和实现彻底的阶级斗争。归根结底，哈维的马克思主义解放政治理论是要寻求将各方利益综合起来反对普遍物化和资本主义统治的道路，最终实现空间正义和人民利益最大化。第二，哈维倡导以激进的批判思维重构实践与希望的关系。乌托邦不但是人类对美好未来的梦想，而且还需要将理想照进现实。乌托邦需要具有实践意图，不能仅仅停留在抽象和思维的层面，这就需要通过一套制度和可行的方案将乌托邦与现实的政治解放加以连接。哈维始终致力于寻求这样一套多元的可替代方案，把身体解放、个人权利和城市日常生活与政治的全球化主张相统一，寄希望于找到空间与时间、社会与个体、现实与未来的动态结合模式，从而真正解答不平衡发展的当代课题。

第五章　不平衡发展理论的镜鉴与棱射

我国的现代化起步相对较晚，历程复杂。1978 年之前，我国处于“二元社会结构”下的缓慢的空间发展阶段。随着党的十一届三中全会召开，逐步强化的市场经济体制和逐步开展的政治体制改革给中国的空间发展注入了强心剂。1980 年国家制定了“控制大城市规模、合理发展中等城市、积极发展小城市”① 的城市空间发展战略，让中国的城市化发展步入了一个新阶段。1992 年，我国提出建立社会主义市场经济体制的目标，确定了解放生产力、开放社会资源、鼓励非公经济发展等一系列经济改革措施，空间发展伴随着改革开放的激流驶入了快车道。其间，城乡融合初见端倪，开发区建设蓬勃兴起，作为改革开放窗口的大都市也如火如荼地建设起来。在区域发展方面，京津冀、长三角、粤港澳大湾区引领带动作用进一步增强，长江、黄河流域生态环境质量稳步提升，区域战略融合发展取得积极成效。在城乡协调方面，第二轮乡村全面振兴规划印发实施，脱贫攻坚成果巩固拓展，以工代赈吸纳务工就业超 300 万人次；以人为本的新型城镇化战略五年行动计划深入实施，农业转移人口市民化稳步推进，城市更新行动有序实施，城市安全韧性水平不断提升。新时代的国土空间布局得到进一步发展优化。②

时至今日，我国的大多数城市和地区在空间布局、经济环境、城市建设方面得到了前所未有的优化。但是，空间面貌的改变并不能作为我们考量空间发展的唯一标准。列斐伏尔曾经说过：“空间的生产，……主要是表现在具有一定历史性的城市的急速扩张、社会的普遍都市化，以

---

① 《国务院批转〈全国城市规划工作会议纪要〉》，中国改革信息库，http://www.reformdata.org/1980/1209/12718.shtml。

② 《国务院新闻办“中国经济高质量发展成效”系列发布会：介绍 2024 年扎实推进高质量发展有关情况》，中国政府网，https://www.gov.cn/lianbo/fabu/202501/content_6996119.htm。

及空间性组织的问题等各方面。"① 在资本主义条件下，空间生产的本质毋庸置疑就是资本关系的物化。在社会主义初级阶段的市场经济条件下，空间生产蕴含的社会关系及其本质在一定程度上也可以被认为是资本关系的物化，不可避免地要面对空间生产以及与之相关的交换、消费、分配等空间的社会化组织问题。从现实角度来看，我国空间生产的主要驱动因素可能包括三点。首先，随着空间生产越来越成为推动经济发展的核心要素，资本必然要求塑造出的空间结构要适应其发展。其次，我国的空间生产是开放的生产、包容的生产，在新自由主义干预下的全球化空间生产中，资本逻辑必然以其独特的方式影响空间生产进程，空间生产必然表现为空间权利主体间的博弈过程。这一过程最终造成了不同空间规模中权利主体的角色重塑，进而引发了空间政治与经济格局的转变，这就要求我们及时调整产业结构和布局，以适应经济全球化的要求。最后，旧的空间通常会遗留一系列亟待解决的相对复杂和严峻的空间矛盾，在一定程度上制约着社会主义现代化建设和人民生活水平提高。值得注意的是，虽然空间生产的实质是出于资本循环的迫切性要求，但是这种更新在微观层面上并不是盲目操作的。

综上，建构一种正义的空间治理理论对我们理解和把握中国城市空间生产、构建社会主义国家的不平衡发展理论具有十分重要的意义。中国空间生产的动因复杂、形式多样，我们并不能一一穷尽。资本空间化与空间非正义生产理论是西方马克思主义者利用马克思政治经济学观点分析和批判现当代资本主义空间发展的重要理论，该理论范式能否从空间治理的视角分析中国城市化进程中出现的问题、能否解决中国市域社会空间治理的正义问题，同样值得深入思考研究。中国社会制度属性和国情的特殊性决定了我们不能简单套用西方马克思主义资本空间化与空间非正义生产理论，但是社会主义市场经济中市场机制的非理性运行与社会空间治理体系的不健全以及政府空间治理能力的不足，迫使我们必须带着问题意识直面中国的现实问题。

---

① 〔法〕亨利·列斐伏尔：《空间：社会产物与使用价值》，王志弘译，包亚明主编《现代性与空间的生产》，上海教育出版社，2003，第 47 页。

因此，本章沿着不平衡发展理论开辟的理论进路，尝试用一种空间政治经济学的视角来审视中国的空间生产与空间更新实质，基于市域、区域和全球三重空间规模考察我国发展过程中的不平衡现象，为实现社会主义空间正义提供智力支持。

第一节　城市不平衡发展与市域社会治理

城市是社会生产力发展到一定历史阶段的产物，它凝聚与映射着特定时期的经济关系与社会结构。自城市诞生之后，城乡之间的差别和对立便出现了，城市内部的隔绝和分化也出现了。尤其是改革开放以来，伴随着大规模的城市化进程，我国城市空间日渐成为联结顶层设计和基层治理的中枢，不断聚合改革与发展、公平与效率、安全与稳定、城乡与区域等一些重大关系，自然也就成为社会矛盾、疑难问题、各类风险的主要聚集地与滋生地。当前，城市空间内部集聚的一系列不平衡发展问题，已成为制约我国经济高质量发展的重要障碍。市域社会治理是一场在国家、社会领域围绕城乡结构变化导致的不平衡问题所进行的深刻革命，为推动城乡平衡发展和解决“城市病”问题提供了新的突破口，是国家治理的重要基石。党的十八届三中全会首次提出“创新社会治理体制”①，党的十九届四中全会进一步提出“加快推进市域社会治理现代化”②，党的十九届五中全会作出完善共建共治共享的社会治理制度、加强和创新市域社会治理、推进市域社会治理现代化等战略部署，党的二十大报告提出“加快推进市域社会治理现代化，提高市域社会治理能力”③，党的二十届三中全会提出“提高市域社会治理能力，强化市民热线等公共服务平台功能”④。从党和国家的相关政策演进和具体部署来

① 《中共中央关于全面深化改革若干重大问题的决定》，人民出版社，2013，第 49 页。

② 《中共中央关于坚持和完善中国特色社会主义制度 推进国家治理体系和治理能力现代化若干重大问题的决定》，新华网，http://www.xinhuanet.com/politics/2019-11/05/c_1125195786.htm。

③ 习近平：《高举中国特色社会主义伟大旗帜 为全面建设社会主义现代化国家而团结奋斗——在中国共产党第二十次全国代表大会上的报告》，人民出版社，2022，第 54 页。

④ 《中共中央关于进一步全面深化改革 推进中国式现代化的决定》，人民出版社，2024，第 41 页。

看，我国的社会治理基本完成了向市域范围和层级的转换。在此背景下，我们要持续深入推进市域社会治理的相关研究，为市域范围社会矛盾的防范和化解提供保障。

一　城市不平衡发展问题索察

1. 城乡空间不平衡发展

在一个国家的工业化、现代化及城市化进程的起步阶段，城市与农村发展过程中出现的严重不平衡问题，是国际社会难以跨越的“卡夫丁峡谷”。城市与乡村的分离和对抗是人类文明形态历史跃迁的过程，是与人类文明发展进程同步的。因此，任何形式的社会治理理论，首先关注和解决的一定是城乡不平衡发展的问题。马克思主义空间政治经济学则是从空间维度审视城乡不平衡发展问题，该理论认为各种不平衡发展因素内在地嵌套在空间之中，外在地表现为空间的不平衡发展，史密斯将这种空间维度的不平衡发展称为“空间的分化”（differentiation of space）。[①] 哈维则具体分析了其包含的两种拥有特定关系的诱发因素：一种是与自然条件有关的“空间规模的生产”，另一种则是与社会历史条件有关的“地理差异的生产”。人类的劳动分工最初是建立在自然分化的基础上的，人类的价值创造“要以一定的劳动生产力为起点”，而它首先表现为“自然的赐予，自然的生产力”。[②] 由于自然条件在生产过程中发挥决定性作用，人们长期被固定在特定的自然空间结构中进行生产，生产要素囿于生产力发展水平，很难进行跨空间流动，特定空间中的生产力发展水平取决于本空间中生产要素的水平，并在此基础上形塑出特有的政治组织形式和意识形态。如前文所述，哈维将这种生产模式称为“空间规模的生产”。改革开放之前，我国绝大多数城市的生产模式属于“空间规模的生产”，由于城市内部各空间规模中生产要素分布的不均衡，不同空间必然呈现“自然先天”的不平衡发展。面对我国人口多、底子薄的实际国情，以及保持第一产业稳定和推动第二产业发展的双重任务，我国采取了计划经济体制，对农村采取“经济吸纳，社会排斥”的半城市化模

① 〔美〕尼尔·史密斯：《不平衡发展——自然、资本与空间的生产》，刘怀玉、付清松译，商务印书馆，2021，第 193 页。

② 《马克思恩格斯全集》（第 33 卷），人民出版社，2004，第 22 页。

式，以户籍制度为基础，限制城乡间的人口迁移，大量的生产要素被投入城市空间，而将乡村和第一产业作为支持城市和第二产业发展的附属，城乡分治的二元结构逐步形成。

伴随着我国社会主义市场经济的发展，生产力的高速跃迁为生产要素的跨空间流动提供了可能。1978 年，党中央做出了实行改革开放的重大决策。家庭联产承包责任制在一定程度上优化了农业生产内部的激励机制。农村生产力得以迅速发展，城乡差距不断缩小。与此同时，随着户籍制度改革以及就业限制放宽，城乡二元壁垒开始松动，但是 20 世纪 90 年代之后改革的政策红利又开始进一步向城市倾斜，城市生产力水平大幅提升。快速提高的生产力水平促使人口、产业、资本、生产资料在城市内部大规模集中，城市逐渐成为资本进行空间集聚的载体，成为现代化工业化生产方式的空间化表达。在城市“集聚效应”的作用下，农村各种社会资源势必向城市流动，支撑乡村经济发展的各种资源匮乏。与此同时，资本作为生产要素嵌套在不同空间中进行生产，日渐成为推动生产发展的重要力量。资本本身具有突破空间限制的特殊属性，如前文所述，哈维将其概括为三个原则：一是流动性原则，即资本打破阻碍资本积累的地域限制的原则；二是选择性原则，即生产要素必须在适当的时间和地点才能创造剩余价值和利润的原则；三是集中性原则，即资本向最易获得剩余价值和利润的地域集中的原则。资本的这种特殊属性必然导致原有的空间规模被激烈重构，而其流动性、选择性和集中性原则必然使原本就存在的空间差异被资本的跨空间规模流动催化，进而产生新的空间不平衡发展。史密斯认为这种差异化生产是资本进行空间修复的手段，会不断阻碍均衡化发展的趋势。[①] 也就是说，资本实现其空间流动的固有逻辑需要持续性地积累动力，因而资本必须不断地维持“地理差异的生产”。在某种程度上，这也是我们解决城乡二元结构问题的重要阻碍，其直接后果就是优势空间的优势地位不断被强化，而其他空间的发展呈现一定程度的滞后性。综上，“空间规模的生产”形塑出的“自然先天”不平衡发展与“地理差异的生产”导致的“社会后天”

① Neil Smith, *Uneven Development: Nature Capital and the Production of Space*, Georgia: University of Georgia Press, 2008, pp. 103-202.

的不平衡发展共同筑构出我国市域空间独特的“中心—外围”的不平衡发展格局。空间的不平衡发展内嵌着公共资源、信息资源和生态资源的不平衡发展，这为构建科学合理的城市空间格局造成了阻碍，也为市域社会治理工作的统一布局和整体开展带来了挑战。

2. 城市更新中的生态矛盾

从空间政治经济学视角来看，城市空间生产行为更多地受到资本逻辑的驱使。这里，我们尝试用哈维的学生史密斯的租隙理论对市场经济条件下我国空间更新的动力机制进行简要说明。“租隙”的基本定义为潜在地租水平与现行土地实际使用下资本化地租的差异。所谓“潜在地租”指的是土地在“最高及最佳使用”下资本化的总和，“资本化地租”则为“现行土地实际使用总量”。[①] 史密斯认为，在空间拓展的情况下，“租隙”成为分析掌握诸多相关现象的有力工具，如衰败、再投资、土地使用变更以及居民迁移模式等。[②] 借用该理论的基本逻辑，笔者认为，城市空间更新存在普遍性的动力机制，即其脚步快慢取决于该空间的“潜在地租”和“资本化地租”的差异。随着空间的转型和发展，理论上每块空间的“潜在地租”都发生了变化。比如某市中心的某个空间原来用于修建工厂，这个空间的年收益是 2，现在由于工业向落后地区转移，这个空间的年收益变为 1，而随着城市的发展，市中心的商业价值越来越高，如果这个空间用于商业，年收益可以达到 10。那么该空间的潜在地租和资本化地租的差距为 9，于是空间权利主体在利益的驱使下便会促使这个空间的更新以实现空间利润最大化。当然这里存在一个交易成本的问题，因为改变空间的用途涉及同这个空间的原使用者交易、政府的审批、建筑物的重建等各种问题，这些问题的解决和处理就自然形成了一定的交易成本。以刚才叙述的空间产品为例，此空间的潜在地租和资本化地租的差距为 9，如果交易的年平均成本小于 9，这块空间就会发生更新。反之，因为成本大于收益，这块城市空间则会倾向于维持原貌，城市空

---

① Neil Smith, “Toward a Theory of Gentrification: A Back to the City Movement by Capital, not People,” *Journal of the American Planning Association*, Vol. 45, No. 4 (1979): 538-548.

② E. Clark, “The Rent Gap Re-examined,” *Urban Studies*, Vol. 32, No. 9 (1995): 1489-1503.

间更新则不会发生。这个逻辑推理的数学模型可简单表述如下。

$$N-M-X>0 \rightarrow \text{更新发生}$$

$$N-M-X \leqslant 0 \rightarrow \text{更新不发生}$$

（N 表示潜在地租，M 表示资本化地租，X 表示空间变更的年平均成本）

从现实经验层面观察，我们会发现更新后的空间所带来的整体收益往往大于更新前的空间收益，如城市中心建立商业街的利润明显大于在城市中心建立工厂所带来的利润。未发生更新的空间，要么是更新后预期收益不足，要么是更新成本过高，如政策压力大、原有空间产权过于分散导致交易难度大、原有建筑物改造成本高等。这里需要特别指出两点。第一点是空间的收益要从整体上进行把握和计算，而不是简单的机械叠加。如一块工业空间更新为城市绿地后，就此空间自身而言，其收益是降低了，因为绿地并不产生直接的经济收益，但是工厂变成绿地带来的整体环境改善，可能会使附近商品房的售价提高，弥补工厂收益的损失，那么此次城市空间更新的整体收益还是提高了。第二点是收益是一个理论预期。空间更新后带来的收益是一个未来的不确定量，每一个行为主体都会基于自身掌握的信息进行一个理论上的预期。公式中的 N 并不表示实际更新发生后所能达到的预期，它仅表示进行空间更新的行为主体所预期的收益，这个收益有可能完全符合未来的实际收益，也有可能大于或者小于未来的实际收益，这个风险是由每一个实际上做出行为决策的主体自行承担的。在资本逻辑的隐性影响下，高速的空间更新会导致大规模的无规矩性城市空间生产，产生诸多不平衡发展的空间现象，更为严重的是空间的生产过程在一定程度上也已经转变为生产“空间”的过程，形式各异的空间备受人们青睐，但城市空间的异化及矛盾也接踵而至。

在社会主义市场经济条件下，虽然我国的城市更新行动主要由地方政府主导，但需要借助资本的力量推进，资本在城市更新中的隐性影响不容忽视。如前所述，资本推动城市更新的实质是资本的空间生产，其直接目的是驱动资本增殖。与此同时，出于缓解财政压力和推高经济指标的目的，加之城市空间治理意识的薄弱和监管体制机制的不健全，部分政府在城市更新的过程中丧失了主导地位。大量承担生态保护功能的空间被拆除或被转换为空间商品用以牟利，部分城市中心地带的生态缓冲地、生态备用地被转换为建设用地或商业用地，高强度的空间压缩形成的高额地租必然导致中心城区人口的邻近性与密集性，城市中心地带有可能成为各类矛盾和风险滋长的“温床”。随着我国城市空间更新周期的临近，未来我国城市必将迎来大范围更新与改造，如何消除资本逻辑在这一过程中对生态环境的负面影响，是我们在市域社会治理的过程中急需解决的问题。

3. 公共空间资源供需失衡

卡斯特尔的“集体消费”理论认为，“空间消费的社会化与私人的资本利益”之间的矛盾是空间资源供需失衡的主要原因。[①]“空间消费的社会化”客观上要求存在一个全体社会成员都可以进行公共消费的空间。这些用于“集体消费”的空间产品的供给和分配由政府主导，旨在满足绝大多数城市居民的“个体消费”需求，实现“集体消费”与“个体消费”的有机统一。但在市场经济条件下，用于“集体消费”的空间产品由于受到资本逻辑的影响，在一定程度上丧失了满足绝大多数城市居民“个体消费”需要的属性，转而为满足“私人的资本利益”服务。一方面，城市居民要求政府加大用于“集体消费”的公共空间产品的投资比重；另一方面，资本及其所有者则希望政府将投资主要用于有利于资本扩大再生产的基础设施建设方面，这便形成了卡斯特尔所说的“空间消费的社会化与私人的资本利益”之间的矛盾。

近年来，我国大力推动城市公共基础设施建设，不断扩大基本公共服务供给的覆盖面，公共空间供给分配结构明显优化。但部分城市仍存在公共空间资源供给不足、分配不均问题，公共空间资源的供给存在向某些特定区域和群体倾斜的现象，导致公共空间产品的社会服务属性日益弱化，部分城市出现特色危机、阶层矛盾、空间分异等现实问题。

4. 居住空间分异

所谓居住空间分异是指“不同职业背景、文化取向、收入状况的居民在住房选择上趋于同类相聚，居住空间分布趋于相对集中、相对独立、相对分化的现象”。[②] 在马克思主义空间政治经济学视域中，城市居住空

---

① M. Castells, “Theory and Ideology in Urban Sociology,” *Urban Sociology* (1976): 145–148.

② 侯敏、张廷丽：《北京市居住空间分异研究》，《城市》2005年第3期。

间的分异是资本为追求超额利润而重构空间生产关系的产物。列斐伏尔认为，社会关系的再生产不只发生在工厂以及作为整体的社会当中，也发生在作为整体的空间当中，空间作为整体已经成为生产关系再生产的落脚之地。[①] 一方面，空间承载着生产关系，空间关系可以体现生产关系；另一方面，空间关系本身就是生产关系，生产关系的再生产可以在变革空间关系的过程中进行。在空间生产过程中，资本倾向于通过对空间的分割和重组来维持和创造符合自身增殖需要的生产关系。这一实践的关键是将空间进行分割，以便用来买卖（交易）。[②] 当资本渗入城市日常生活时，居住空间在资本的作用下成为异化的空间商品而不是作品（oeuvre），是同质性的而非多样性的，是追求交换价值的而非使用价值的，是“断离的、碎片化的，是受到限制的空间，也是处于隔离状态的空间”。[③] 空间对应特定的社会层级、社会结构，并形成一种同构的集体意识，体现属于空间区域内个体或群体的感受力。[④] 空间主体附着在居住空间之上，空间主体关系必然受到空间关系的影响，也呈现隔离分异的状态。

二　市域社会治理的基本策略

我国的市域社会治理具有鲜明的中国特色和属性。中国的国家治理模式与西方国家具有本质上的区别，与其他社会主义国家也有形式上的差异。西方国家普遍采用“块块式”的分权型治理模式，而其他社会主义国家普遍采取“条条式”的集权型治理模式。中国特色社会主义国家治理体系的特殊性亦即科学性体现为将具有集权式特征的“条条式”治理与具有分权式特征的“块块式”治理相结合，强调国家纵向治理与基层横向治理的辩证统一，前者是后者的指导依据和制度保障，后者是前者的支撑载体和具体举措。市域社会治理即我们在开展基层横向治理过程中所采取的主要治理方式，在国家治理体系中处于特殊地位，其具有

① 〔美〕尼尔·史密斯：《不平衡发展——自然、资本与空间的生产》，刘怀玉、付清松译，商务印书馆，2021，第162页。

② 〔法〕亨利·勒菲弗：《空间与政治》，李春译，上海人民出版社，2008，第4~5页。

③ 〔法〕亨利·勒菲弗：《空间与政治》，李春译，上海人民出版社，2008，第37页。

④ 童强：《权力、资本与缝隙空间》，陶东风、周宪主编《文化研究》（第10辑），社会科学文献出版社，2010，第93~110页。

承上启下的枢纽作用、以城带乡的引领作用和以点带面的辐射作用。

从概念的核心要素上看，“市域”是城市行政管辖的全部空间（市区、郊区及农村）的集合，其本身是一个空间性概念，不仅强调社会治理的实施范围，更强调社会治理的空间客体。① 在“市域”范围内，空间治理和基层治理的优势被整合起来，不同空间规模中的社会治理主体在形成合作性关系的基础上，运用一定的社会控制手段破除空间壁垒、化解空间矛盾，以实现市域空间整体的均衡发展样态。总之，市域社会治理应当被视为通过发挥市域层级的体系和能力优势，对所辖范围内的全部空间资源进行综合配置、高效利用和科学管控，在基层治理的基础上更好地发挥统筹、协调能力，将市域空间中的零散主体连接、聚合起来，进而实现市域内各空间单元及其关系的科学、均衡、可持续发展。其直接目的是形塑符合城市主体需要和生态伦理要求的城市空间样态，主要手段是统筹政府、社会组织和市民的关系进行空间结构优化，治理对象是空间以及内嵌在空间中的生产方式的不平衡发展问题，基本准则是尊重和顺应中国特色社会主义城市建设目标和发展规律，现实旨归是助推实现国家治理体系和治理能力现代化。这样，“市域社会治理”可视为“空间治理”在市域社会中的具体实践，即空间要素参与社会治理的真实表达，是基层社会治理的独立空间单元在市域层面的横向扩展和纵向整合的集中。

当前，出于发展社会主义初级阶段生产力和推动城乡融合发展的需要，我们必须允许资本逻辑作用下的城市空间生产在推动城市发展过程中发挥部分先导作用。但正如列斐伏尔所言，社会主义社会也有自己的空间生产，不过是在清醒地意识到其概念与潜在问题的情况下进行的空间生产。因此，我们要在认识和把握城乡空间生产规律的前提下，充分发挥中国特色社会主义的制度优势来破解资本空间化过程引发的治理难题。针对当前我国市域社会治理中存在的空间性问题，笔者从价值、重心两个维度制定宏观策略。

1. 价值维度：树立“以人为本”的价值理念

在市域社会治理实践中，我们要在充分辨识资本逻辑隐性影响的基础

① 陈成文等：《市域社会治理：一个概念的社会学意义》，《江西社会科学》2020 年第 1 期。

上，用好马克思主义的理论武器，构建正义的社会主义城市空间生产价值理念。其一，坚持“以人为本”的核心价值导向。唯物史观认为，物质生产方式是社会存在和发展的决定力量，生产力是社会发展的最终动因。广大劳动人民是生产力的决定性要素，是人类一切活动的基础，对推动社会历史发展起决定性作用。因此，“以人为本”是贯穿于马克思主义唯物史观的价值论原则。将其贯彻到市域空间治理实践中，就是要将紧紧依靠人民、牢牢植根人民、充分发挥人民主体作用作为基本工作方法；将人民满不满意、高不高兴、赞不赞成作为最高评价标准。其二，树立“超越资本逻辑”的价值目标。马克思认为，使用价值是交换价值的物质承担者，无论财富的社会形式如何，使用价值总是构成财富的物质的内容。[①] 当生产力发展到一定阶段，我们不仅要追求生产力的发展和价值总量的增加，更要关注我们的价值总量中包含多少使用价值总量以及支撑生产力发展的是什么样的使用价值。空间产品也具有使用价值和交换价值的双重属性，但社会主义市场经济中的空间产品不应该成为单纯推动资本增殖和资本积累的工具，更不能以空间交换价值的高低来判定和掩盖空间产品的使用价值。因此，要不断完善顶层设计，实现从资本逻辑到价值逻辑的复归，以创造满足新时代城市发展的现实需要和人民生活的实际需求的使用价值为导向，以统筹协调空间生产的基本要素为手段，以减少迎合资本逻辑的无效产品供给、增加迎合空间主体价值逻辑的有效产品供给为目标，形成结构优化、清洁安全、附加值高的现代化城乡空间生产体系。

2. 重心维度：构建现代化的城市空间治理体系

“市域社会治理”只有立足于“市域空间”平台才能真正落实、开展，市域社会治理成效的取得，必须依托于城市空间治理能力和水平的提升。因此，在市域社会治理过程中，建立科学的空间治理体系是前提性和基础性工作。其一，构建科学的城市空间规划体系。在空间治理体系中，要充分发挥城市空间规划的战略引领和能动调节作用，要将人本城市、韧性城市、海绵城市、智能城市建设纳入城市空间规划体系，在尊重城市发展客观规律的基础上充分发挥主观能动性，运用战略眼光、科学思路谋划空间规划布局，运用系统思维化解空间规划矛盾，运用创

① 《资本论》（第1卷），人民出版社，2004，第49页。

新观点丰富空间规划内容，运用法治思想规范空间规划实施。实现一个市（县）一本规划、一张蓝图，并以此为基础实现“一张蓝图绘到底，一年接着一年干”。其二，完善城市空间用途管制制度。开展国土空间用途管制是党的十八届三中全会以来做出的重大决策部署，是贯彻落实绿色发展理念的重要举措。在城市空间治理体系中，健全空间用途管制制度是根本性和综合性工作。要以主体功能区规划为基础，统筹空间、规模、产业三大结构，谋划生产、生活、生态三大布局，科学划定“生存线”“生态线”“保障线”。要充分用好行政、经济、法律三种管控手段，把握好规划编制、实施许可、监督管理三大环节，着力推动分级、分部门、分区域管控。充分发挥空间用途管制在城市空间治理中的统筹协调和刚性控制作用。其三，健全领导干部生态绩效考核制度。在城市空间治理体系中，完善领导干部生态绩效考核制度是全局性和保障性工作。要明确划分领导干部任期内生态文明保护责任田的范围，充分落实领导干部生态文明保护责任制，加快落实自然资源资产离任审计工作。推动构建科学化、动态化的考核指标体系，因地制宜、因时制宜、因势制宜地编制可量化的自然资源资产负债表。明确划分主体责任和责任主体，加快形成科学、具体的绩效评估标准、依据和奖惩措施。着力加强审计队伍建设，不断完善审计机关与生态环保相关部门的沟通协调机制。抓住领导干部这一“关键少数”，切实发挥其在城市空间治理中的“头雁效应”。

三 市域社会治理的实践路径

在实践维度上，应在科学的价值理念引领下，在现代化的空间治理体系保障下，有效破解市域社会治理过程中的空间性难题。

1. 探索城乡协同发展的空间治理模式

探索城乡协同发展的空间治理模式，主要包括城乡经济发展战略的空间布局、城乡空间资源的配置、城镇生态环境保护的底线、城镇空间开发利用的边界、城乡重大公共基础设施建设的格局、城乡区域历史文化风貌保护等方面的探索。具体来说，就要加强主体功能区建设，优化市域空间结构。科学的城市空间规划是依据不同范围内的资源环境的可承载力和发展潜力来规划不同区域的不同功能。充分考虑人口、经济、国土资源和城镇化格局，明确主体功能，从而制定相对完备的开发政策，掌握开发尺度，做到有序开发。这样才能逐步形成人口、经济、资源环境相协调的国土空间开发格局。[①] 主体功能区规划不只包括国土层级，城市也有主体功能区规划。历经长期实践发展，当前我国已基本完成省域空间主体功能区的科学划分，但市域及以下层级的主体功能区规划和建设还有待加强。要在市域范围内进行统一布局，形成"主城区—郊区—农村"网络化和多中心的空间结构模型。在此基础上，加快建设市域范围内的中心城、副中心城、卫星区县、特色小城镇和新农村（社区）等，逐步形成以区（县）经济社会发展为核心的空间组团，并带动乡镇街道（社区），实现产业、土地、基础设施和公共服务等资源要素的优化配置和高效整合，逐步完善市—县（市、区）—乡镇（街道）—社区分级协调、统筹发展的市域治理模式，提升市域社会空间治理能力和服务质量。

2. *在城市更新和改造过程中强化生态保护制度建设*

加强市域空间的生态保护，既需要正式制度的保障，也需要发挥非正式制度潜移默化的影响。在正式制度方面，首先，积极促进制度的完善，要在推进相关立法进程方面提升速度，例如，推进《国土空间开发保护法》《国土空间规划法》的立法进度。在修订《中华人民共和国环境保护法》《中华人民共和国城乡规划法》《中华人民共和国乡村振兴促进法》《中华人民共和国土地管理法》时增加对城市空间治理内容的考量，以便对进一步明确城市的空间规划和用途管制起到更为突出的作用，同时在领导干部审计考核方面更能够明确其在城市空间治理体系中的地位的核心性。其次，要"努力形成城市综合管理法治化新格局"。[②] 在中央层面，要以立法性规约搭建城市空间治理的制度化平台，通过顶层设计将空间资源利用向合理化、合规化、合法化方向推进，进一步完善生态保护的政策机制。地方政府要结合上位法律法规，加快推进市域范围内城乡空间治理的相关法律法规的制定和完善，尤其是要加强国土空间用途管制制度建设，明确要求各级政府成为土地合理利用的规范者、管控者和责任人，对所辖区域范围内市场主导的土地开发行为进行有效的调控和监督，确

① 《国务院关于印发全国主体功能区规划的通知》，中国政府网，http://www.gov.cn/zwgk/2011-06/08/content_1879180.htm。

② 《践行新发展理念深化改革开放 加快建设现代化国际大都市》，《人民日报》2017年3月6日，第1版。

保市域空间发展规划的落地。同时，不断健全城市法治工作体系，推动执法工作重心下移，不断提升执法队伍的规范化、专业化水平，重点为市政设施建设、交通环境、公共安全等方面的城市空间治理工作提供法制保障。在非正式制度方面，重点要在形成推动城市文明传承和根脉延续的内在机制方面下功夫。习近平总书记强调："历史文化是城市的灵魂，要像爱惜自己的生命一样保护好城市历史文化遗产。""让城市留住记忆，让人们记住乡愁。"[①] 在城市空间治理实践中，要着力讲好城市故事、宣传好城市精神，为城市规划、城市开发和城市更新提供文化引领和文化约束，筑牢城市空间治理体系建设的文化基础。通过良性引导，逐步形成一种市民认同的内在机制，逐步建立起健康、文明、科学的现代城市生活模式，营造人民安居乐业、物质文化生活丰富多彩、人际关系和谐的良好氛围。在此基础上，也要重视不断运用辩证思维方法和工作方法推动正式制度与非正式制度的有机统一和有益转换。

3. 发挥"有形之手"的功能，扭转公共空间供需失衡

城市政府要在推进主体功能区建设的基础上，将公共空间单元的土地用途、功能定位和布局规则纳入市域总体规划，逐步实施市域统筹、分级管理、去中心化的公共空间治理方案。在此基础上，充分发挥"有形之手"的功能，制定科学的空间资本分配策略，防止产业过度集聚，避免出现空间聚集化和空心化现象，抑制资本对公共空间的侵蚀。加快推进城市公共基础设施建设，有意识地结合城市空间承载能力和人口密度设立硬性指标，最大限度地匹配公共空间。城市土地规划中还要有"战略留白"，即在高强度的城市建设中预留公共缓冲地和应对重大突发公共事件的战略备用地。与此同时，要竭力抑制居住空间分异，打造城市空间共同体。在城市空间治理过程中，一方面，政府要在正式制度的基础上充分发挥非正式制度的作用，以共享发展理念为指导，讲好城市故事、宣传好城市精神、打造好城市文化，在市域范围内形成道德观念、政治思想、文化理念的共识，加快构建城市共同体意识；另一方面，政府应加快推广混合居住模式，在土地供给中增加保障性住房、廉租房的比重，统筹推进"大配套、小社区"建设，逐步实现多户型规划设计、

① 《习近平关于城市工作论述摘编》，中央文献出版社，2023，第 100、113 页。

住宅建设质量一视同仁、公共设施资源共享，在此基础上，通过空间利益主体的多元互动来达到协调共赢的共治善治状态。此外，政府还应加强 PPP 模式的应用，注重引入市场机制，激发市场活力，吸引社会资本推动城市空间治理；要积极引导各类社会组织搭建多方利益协商、化解社会矛盾、实现社会监督的平台，有效降低治理成本；充分尊重市民对城市发展决策的知情权、参与权、监督权，充分调动市民参与城市空间治理的积极性、主动性、创造性，不断提高市民素质、参与水平，多措并举构建城市空间治理共同体，真正实现城市共治共管、共建共享。

第二节 区域不平衡发展与国土空间治理

新中国成立后，中国区域经济发展经历了一个从平衡到不平衡再趋向平衡的过程，区域差距也从波动缩小到逐渐扩大再到相对缩小。但总体来看，我国区域不平衡问题依然存在、亟待解决。党的十八大以来，习近平总书记高度重视区域协调发展，科学研判区域不平衡发展问题，提出了促进区域协调发展的新论断。党的二十大报告中也提出，“深入实施区域协调发展战略、区域重大战略、主体功能区战略、新型城镇化战略，优化重大生产力布局，构建优势互补、高质量发展的区域经济布局和国土空间体系”。[①] 当前中国正处于百年未有之大变局和中华民族伟大复兴的战略全局，区域发展的不平衡问题制约中国的进一步发展，我们迫切需要对不平衡问题进行深入分析，寻求保持区域平衡发展的路径。哈维从资本逻辑和权力逻辑来解读不平衡地理发展的空间演变，深入剖析地理差异的形成动因，为深入分析和科学研判当下中国区域空间发展的均衡化和差异化的趋势，从而推进区域协调发展提供新思路和新线索。

一 不平衡发展理论与区域经济发展的逻辑媾和

在从农耕文明向工业文明演变的过程中，资本取代土地成为影响中国区域经济布局的关键因素。资本的特定逻辑推动区域经济理论研究的

① 习近平：《高举中国特色社会主义伟大旗帜 为全面建设社会主义现代化国家而团结奋斗——在中国共产党第二十次全国代表大会上的报告》，人民出版社，2022，第 31～32 页。

“空间转向”。在这种背景下，我们得以在资本与空间关系的叙事逻辑中建构出探赜区域不平衡发展问题的政治经济学新范畴。将不平衡发展的空间政治经济学批判理论与区域不平衡发展问题进行关联研究，既是理论逻辑与实践逻辑的辩证统一，也是问题意识与过程意识的有机结合。

1. 从土地到资本——影响区域经济发展的要素转换

如果从经济发展的角度进行分类，中国的社会历史可大致划分为两个阶段，一是带有封闭型经济特点的“农耕文明阶段”，二是具有开放型经济特点的“工业文明阶段”。在改革开放前的漫长历史阶段，中国的区域经济发展表现出两方面特点。一是带有鲜明的农耕文明底色。经济的主要生产要素是土地，土地的天然属性是固定性，人们长期被固定在特定的空间结构中进行生产，自然条件在生产过程中起决定性作用。二是带有明显的封闭经济特点。生产要素囿于生产力发展水平，很难进行跨空间流动，区域发展布局及区域间人口流动以计划为主，主要受到战争、疾病、自然灾害和移民政策等因素的影响。区域不平衡发展主要有人口“分散性”和空间“封闭性”特征。改革开放后，尤其是到了20世纪90年代，为了适应国际国内形势的新变化，我国开始建立社会主义市场经济体制。区域经济发展策略在市场经济轨道上进行了与时俱进的调整，先后实施了区域非均衡发展战略、西部大开发战略、区域统筹发展战略、区域协调发展战略等。在政策的引导下，中国各地区先后融入全球化和现代化进程中，市场配置资源的范围日益扩大，二、三产业在推动区域经济发展中发挥的作用不断加大。改革开放之后，我国区域经济发展有两方面变化。一是正式从“农耕文明”迈入“工业文明”。与农耕文明时代的土地经济不同，现代二、三产业发展中最重要的生产要素是资本。二是从封闭型经济转变为开放型经济。在这一过程中，中国的经济的构成要素正式实现了从土地到资本的转向。资本的固有属性推动当代区域经济发展研究的“资本—空间”转向。

2. 空间政治经济学批判理论的开显

新中国成立后，伴随着区域经济发展的历史性嬗变，我国区域经济发展理论经历了四个阶段的演变。[①] 一是以转变旧中国遗留的不平衡经

① 刘秉镰等：《中国区域经济理论演进与未来展望》，《管理世界》2020年第2期。

济格局为标靶（1949~1978 年），形成以生产力平衡发展理论为代表的区域计划平衡发展理论；二是以突出经济建设为中心、加快对外开放为标靶（1979~2000 年），形成以“梯度推移”和“点—轴开发”理论为代表的区域不平衡发展理论；三是以统筹东中西部协调发展为标靶（2001~2011 年），形成以区域科学理论、新经济增长理论、新经济地理学等为代表的区域协调发展理论；四是以矫治不平衡不充分发展为标靶（2012 年至今），形成以空间经济学、城市群理论、区域创新体系等为代表的区域经济高质量发展理论。上述理论为推动我国区域经济发展提供了理论启示和智力支持，颇具当代价值。但经系统分析，亦显见两个层面的局限性：一是上述理论多带有西方经济学底色，它们立足于成熟市场经济，以实证研究为基础，辅以经验归纳方法，进而得出各自的结论和对策；二是多数理论偏重纯粹的历史维度或地理维度研究，缺乏宏观视域下的时空统筹，易囿于历史或地理决定论。在新的历史地理条件下，我国区域发展问题正日益具象化为带有中国特色的“时空二维度”的不平衡发展问题。因此，在理论层面，急需消除实证主义理论的研究假设、拓宽理论研究范畴、加强理论视域融合，在区域发展问题研究过程中复兴更加契合社会主义生产方式的中国特色社会主义政治经济学理论，以期全面贯彻落实党中央关于推动区域协调发展的战略部署。

开展马克思主义空间政治经济学研究为实现上述理论诉求提供了新的视角。空间政治经济学理论主要研究资本在空间中扩张并按照资本逻辑形塑和再造空间的过程，其关注的核心是资本的空间配置和生产方式的空间性演变，以及在这一过程中形成的资本、空间与人的辩证关系。资本本性决定其“必须到处落户，到处开发，到处建立联系”，资本空间化是资本积累的重要手段和必然结果。资本空间化伴随着现代社会变迁和政治变革的全过程。在某种意义上讲，现代化过程亦是资本空间化过程。

3. 区域不平衡发展生成的空间政治经济学逻辑

综上所述，不难发现，一方面，马克思主义空间政治经济学的理论资源蕴含着探寻和破解不平衡发展现实问题的理论旨趣和逻辑方法；另一方面，当前我国区域经济发展又具有鲜明的“资本—空间”面相，内含着勘破资本与空间关系的现实诉求和理论期待。因此，将两者进行交互研究，既有理论可能，也有现实意义。在马克思主义空间政治经济学视域中，我们可以基于考察资本空间化的独特理论视角，探赜我国区域不平衡发展问题生成的一般逻辑。

首先，资本积累引发空间异化。资本积累过程不可避免地与物理空间产生交集，通过物理空间形成项目载体，通过项目载体实现利润和价值，形成资本积累的基础条件，进而形成连续不断的资本循环运动。一方面，空间是资本积累的载体。资本是运动中的价值，其具有超越一切空间界限的本质属性，进而必然在连续不断的资本循环运动中延展和重构自己的“生存空间”。列斐伏尔指出，“对生产的分析显示我们已经由空间中事物的生产转向空间本身的生产”，① 空间逐渐成为资本增殖过程不可或缺的生产性因素。另一方面，资本积累具有空间差异，由于不同地区在自然资源、地理位置、历史基础、政策环境等方面存在差异，资本在积累过程中会倾向于向条件优越的地区集中，形成了经济发展的“中心”与“边缘”结构，这不仅是资本积累的结果，也是空间异化的反映。

其次，空间异化强化资本逻辑。马克思认为：“资本不是物，而是一定的、社会的、属于一定历史社会形态的生产关系，后者体现在一个物上，并赋予这个物以独特的社会性质。”② 空间异化的过程也是以资本为中介，从而实现从自然空间向生产空间和社会空间过渡的过程。一方面，空间是资本积累的载体，不同地区为了吸引资本流入而展开激烈的竞争，包括提供税收优惠、改善基础设施、优化营商环境等。这种竞争进一步强化了资本在空间中的主导地位。另一方面，空间异化具有自我强化机制，空间异化一旦形成，就会通过一系列机制进行自我强化，客观上加剧区域不平衡发展。因此，空间异化现象与区域不平衡发展息息相关，而这种不平衡发展通过资本要素的积累和循环形成明显的自我强化特征，使得资本在空间领域的不平衡通过生产空间和社会空间的延伸得以巩固。

---

① 〔法〕亨利·列斐伏尔：《空间：社会产物与使用价值》，王志弘译，包亚明主编《现代性与空间的生产》，上海教育出版社，2003，第 47 页。

② 《马克思恩格斯文集》（第 7 卷），人民出版社，2009，第 922 页。

再次，资本逻辑驱动空间生产。“人们生产自己的生活资料，同时间接地生产着自己的物质生活本身。”① 一方面，空间被纳入生产模式，用于创造利润，而受到资本逻辑的驱动，资本总是“力求超越一切空间界限”来扩大再生产。② 另一方面，资本的逻辑也是对资本的控制日益集中的逻辑。③ 资本逻辑不仅拓展人类物质生活的边界，它还积极推动社会政治生活的建构与创造。因此，在区域不平衡发展的逻辑下，空间被资本利用，形成土地生产要素的新形态、新发展，附着于土地生产要素实现更高水平的利润攫取，进而形成推动社会政治生活的新的驱动因素。

最后，空间生产形塑不平衡发展。空间生产以空间发展为根本性前提，客观上推动了特定空间规模的经济“飞跃”，然而资本逻辑又表现出对空间发展逻辑的“僭越”，资本与空间之间存在的这一固有内在矛盾，将不同的领土和社会结构非均衡地嵌入资本空间化的体系内部，④ 结果是高度一体化的资本流动的空间经济内部的分裂、不稳定、短暂而不平衡的发展。空间生产往往伴随着对空间资源的垄断和不平等分配。优势地区通过政策优惠、基础设施建设等手段，进一步巩固其在空间资源分配中的优势地位。这种空间资源的不平等分配加剧了区域间的不平衡发展。这种内在矛盾的核心源头在于空间的历史局限性与资本逻辑存在差异，在一定的经济社会条件下，空间作为附着于土地生产要素的新形态，其形成的剩余价值的总量终究有限，而资本对剩余价值的需求无限，进而形成了“飞跃”与“僭越”的矛盾，这内化为资本、空间和人的关系的矛盾，外化为资本逻辑与权力逻辑作用下的自然关系、社会生产和精神生活的不平衡发展。

二 我国区域不平衡发展的现状索察及问题阐析

党的十八大以来，党和国家高度重视解决区域不平衡不充分发展问题，提出了推动长江经济带发展、黄河流域生态保护和高质量发展、京

---

① 《马克思恩格斯选集》（第 1 卷），人民出版社，1995，第 67 页

② 《马克思恩格斯全集》（第 30 卷），人民出版社，1995，第 521 页。

③ 〔埃〕萨米尔·阿明：《不平等的发展——论外围资本主义的社会形态》，高铦译，社会科学文献出版社，2017，第 4 页。

④ 〔英〕戴维·哈维：《马克思的空间转移理论——〈共产党宣言〉的地理学》，郇建立译，《马克思主义与现实》2005 年第 4 期。

津冀协同发展、粤港澳大湾区建设、长三角一体化发展、成渝地区双城经济圈建设、东北振兴等区域发展新战略，区域经济发展呈现新的态势。在这一过程中，我国区域不平衡发展问题得到有效缓解，区域经济布局明显优化。当前，中国式现代化已经步入历史新征程，市场经济不断深化，经济运行的外部环境面临高度不确定性，区域协调发展必须进一步增强国内大循环的内生动力和可靠性。从空间政治经济学理论视域来看，我国区域经济发展面临空间分化、空间极化、区域空间割裂等新的障碍，亟待勘破和矫治。

第一，空间分化态势明显。传统现代性在空间分化治理上的功能困顿主要表现为，资本贪婪本性带来的积累危机引致空间极度扩张和残酷剥削、现代性对城市空间的形塑会抽空人类意义而带来人的异化，这些相应促成空间政治的兴起。① 如前所述，资本在不断流动的过程中通过自身的集聚效应不断产生社会空间外在形态的变化，这种集聚效应的直接后果就是核心区域的优势地位不断被强化，边缘区域的发展则会呈现明显的滞后性。史密斯将这种现象称为“空间的分化”，并认为这种差异化生产是资本的积累手段，会持续阻碍协调发展的趋势。② 当前，伴随着资本空间化进程的加快，我国区域经济分化主要表现为“南北失衡”态势。长三角、珠三角等地区已初步走上高质量发展轨道，一些北方省份增长速度放缓，全国经济重心进一步南移。③ 基于空间政治经济学视角，资本在空间生产过程中对资源进行整合，从而形成集团化区位优势，进而导致南北经济差距拉大。资本通常会以各种手段对空间资源进行集合式管理，目的是充分利用聚集的人力和生产资源，从而提升社会生产效率。在此基础上，资本以转变自身形态的方式，用现实生产空间中无数的流水线（生产资本）为自身增殖提供有利条件。在一系列资源整合的过程中，资本的中心地位得到强化，特定空间的区位优势得以体现。资本逻辑通过支配城市空间的建构与重构，维持资本积累的持续

① 沈承诚：《基于空间政治的中国城市内部空间分化治理研究》，《学术界》2022 年第 10 期。

② 〔美〕尼尔·史密斯：《不平衡发展——自然、资本与空间的生产》，刘怀玉、付清松译，商务印书馆，2021，第 193 页。

③ 习近平：《推动形成优势互补高质量发展的区域经济布局》，《求是》2019 年第 24 期。

运作，通过与城市、生产、社会、身体结合，形成空间分化与资本扩张的有效结合。①

以 2023 年的经济数据为例，涵盖江苏、浙江、安徽、上海的长江三角洲地区的经济总量为 30.5 万亿元，约占全国经济总量的 24.2%，人均 GDP 为 14.45 万元，折合 1.99 万美元；珠江三角洲 9 个城市经济总量突破 11.02 万亿元，拥有 4 个万亿元 GDP 城市，人均 GDP 为 10.6 万元，已接近发达国家水平。相比之下，北方地区经济总量约为 46.3 万亿元，约占全国经济总量的 36.9%，比 2012 年（42.9%）下降 6 个百分点，南北经济总量差距超过 43 万亿元。从 2023 年城市人均收入前 20 强来看，仅有北京一座北方城市上榜，其余城市皆位于南方。② 实际上，这种现实差距进一步表征了全新的集团化区位优势的重塑和空间分化态势的凸显。因此，如何缓解区域不平衡发展，通过资源、要素整合，实现社会生产效率的提升，成为现阶段亟待解决的问题之一。

第二，空间极化现象突出。在空间政治经济学的视域下，空间极化以不同地区在财富、资源以及人口等方面的不均衡分布为基本特点，具体表现在经济社会资源在空间上的不平衡分配、流动和组合的过程中，引发不同区域之间差异明显化和差距扩大化，即在资源集聚中心，往往伴随着经济—社会系统极核的形成或强化。要素流动，特别是研发等要素的空间极化、空间消滴，在这一过程中起到重要作用。③ 2023 年，中国经济总量排前 10 位的城市的经济总量占全国经济总量的 22.97%，排名前 26 位的城市经济总量均突破万亿元，占全国经济总量的 39.8%。以大城市为核心的城市群和都市圈正在成为承载发展的要素的主要空间形式，其以较大的经济规模、产业创新实力和资源整合优势成为推动区域经济高质量发展的增长极。在我国发达地区，逐步形成了“集极—孤极—外围”的全局空间极化结构以及“集极—孤极—次集极—次孤极—外围”

---

① 黎庶乐：《空间批判：当代资本主义批判的一个重要维度》，《理论导报》2023 年第 4 期。

② 数据来自国家统计局分省年度数据，由作者自行整理统计，参见 https://data.stats.gov.cn/easyquery.htm? cn=E0103。

③ 姜涛：《研发要素空间极化—消滴效应对区域创新绩效的影响研究——基于超效率 SBM 和修正劳瑞引力模型测度的空间计量分析》，《安徽商贸职业技术学院学报》2023 年第 3 期。

的沿江空间极化结构，学者对我国区域空间极化模型进行了归纳总结。[①]

然而，这种分异现象一旦出现，就会降低资源利用效率，使要素在地理空间分布不均，进而形成社会空间极化格局。事实上，这也与马克思的断言一脉相承，“资本不可遏止地追求的普遍性，在资本本身的性质上遇到了限制”。[②] 资本无限制扩大再生产所造就的普遍同质化空间，内在地隐含着生产力发展水平均等化和利润率普遍下降的趋势。为突破资本积累的限度，资本会持续向时间和空间施加压力，呈现“时空压缩”和“空间重组”的基本特征。在空间极化的进一步影响下，优势地区往往集中了大量的资本和资源，形成了繁华的商业区、高端住宅区等，而相对劣势的地区可能面临资源匮乏、发展滞后等问题，形成区域间的社会和经济差异。随着空间极化的加剧，生态环境脆弱性逐步上升，其耦合协调性存在下降趋势，脱钩特征明显。[③] 除此以外，资本和资源分布不均衡，必然导致资本和资源过剩地区因缺乏有效利用这些资本和资源的机制和动力而形成的浪费，如何引导这些被浪费的资本和资源向资本和资源匮乏地区进行转移，从而促进相对劣势地区的发展，以提升社会整体福利水平，实现经济社会可持续发展的整体效果，形成优势地区—相对劣势地区的资本和资源循环提升机制，显得尤为重要。

第三，区域空间割裂。在现实的空间生产中，资本在追求利润最大化的过程中，倾向于流向那些能够带来更高回报的地区或行业。这种流动性导致资源的重新配置和地理空间的重新布局。区域空间的固有要素分布在要素流动过程中起到引导作用，闲置要素与新兴要素的互动、共生会加剧区域空间割裂，进而形成空间供给与日常行为之间的空间偏好。[④] 一些地区可能因为拥有更多的资本投入而得到快速发展，另一些地区则可能因为资本流失而陷入困境，这种空间上的不平衡发展加剧了区域间的割裂。

---

① 张春梅等：《发达地区区域经济空间极化结构模式研究——以江苏省为例》，《淮阴师范学院学报》（自然科学版）2017 年第 3 期。

② 《马克思恩格斯文集》（第 8 卷），人民出版社，2009，第 91 页。

③ 崔连翔：《区域中心城市要素空间极化与生态环境脆弱性关系研究——以郑州市为例》，《生态经济》2018 年第 11 期。

④ 田梓妍：《从割裂到共生：京门铁路沿线丁家滩村空间更新研究》，《建筑与文化》2023 年第 4 期。

三 破解我国区域不平衡发展问题的策略路径

区域间的协调发展必须在马克思主义的空间正义的视域下，充分考察不同区域间在现实经济生产与社会发展的过程中所存在的不平衡发展的实质，进而通过合理的政策导向，发挥市场在资源配置中的决定性作用，并在依托各区域的自身优势的基础上，积极扬长避短，以期突破传统发展模式下区域发展不平衡困境。也就是说，区域协调发展的内在逻辑要求厘清不同区域的功能、结构、优势等要素，并在此基础上通过马克思主义政治经济学实现对资本逻辑的深刻批判与再度超越，通过空间正义的原则，最终在现实的生产与生活空间中实现人的主体性与价值性的重塑与回归。具体来说，我们可以从以下几个方面对区域协调发展加以考量。

其一，以产业结构的优化与区域协调发展的合力破除区域发展分化困境。就社会再生产四大环节的关系而言，本质上起决定性作用的是生产，其不仅决定了社会供给的总量，还决定了供给的结构。[①] 因此促进区域协调发展要从改善生产着手，从产业结构的优化升级切入。首先，产业结构优化升级的核心思路是供给侧结构性改革。当前“空间消费的社会化与私人的资本利益”之间的矛盾日益尖锐。[②] 区域不平衡发展在表象上是发展速度和发展质量不均衡，内里是产业的结构性问题，是供给和需求的结构性错位。要用增量改革促存量调整，在加快基础设施建设、增加投资过程中优化升级投资结构、产业结构，积极开源节流，在可持续发展的基础上实现三大产业间的动态平衡，使得“社会的生产无政府状态就让位于按照社会总体和每个成员的需要对生产进行的社会的有计划的调节”,[③] 进而提高区域经济效益和人民生活水平，推动区域协调发展。其次，产业结构优化升级要以协同发展为导向。一方面，各区域应从产业发展的全局出发，立足自身资源禀赋，通过产业协同发展更好释放增长效益；另一方面，各地区之间还应弥补生产分工的短板，在

① 周玲玲等：《透视中国双循环发展格局》，《上海经济研究》2021 年第 6 期。

② M. Castells, “Theory and Ideology in Urban Sociology,” *Urban Sociology* (1976): 145 - 148.

③ 《马克思恩格斯选集》（第 3 卷），人民出版社，2012，第 667 页。

政策制定方面，积极协同制定产业政策，积极引导基于产业链分解的专业化分工与转化，从而实现区域间产业协同能力的不断提升。最后，产业结构优化升级应加大对新型业态产业的投入力度。囿于历史和现实的因素，部分落后地区的生产与经济现状决定其在短期内无法通过发展传统产业来实现自身的飞跃，因此，通过新型业态产业实现“弯道超车”是现实的政策考量。围绕高新技术、新材料、新能源、智能设备、移动互联网、生物医药等产业的优化升级，特别是发挥以数字要素为代表的新的生产要素的作用，高效利用数字化平台，以低成本、高效益、平台广、流通快的优势，让资本进一步在虚拟空间中释放自身的能量，从而在教育、医疗、科技、卫生、基建等众多领域实现产业结构的进一步优化升级。

其二，以全国统一开放、竞争有序的商品和要素市场遏制区域极化。列斐伏尔谈道：“作为一个结果，生产力的持续发展伴随着生产关系的再生产……它通过并依靠在世界市场压力下的城市化过程，依据再生产和重复的法则，彻底消除了时空性的差异，并破坏了个体的自然性时空存在样态。”① 而在马克思看来，“城市已经表明了人口、生产工具、资本、享受和需求的集中这个事实”。② “城市在其开端就被看作是革新的中心”，③ 解决区域不平衡、实现区域协调发展要从城市入手，以优化城市分工布局、推动现代化城市体系建设为契机，充分运用市场要素、保障资本有序流通、促进有序市场竞争是实现资源高效重组与再度整合的关键，其发展水平的提高亦是保障现阶段经济发展的“内循环”与“外循环”良性互补的动力所在。④ 换句话说，在一定范围内与一定条件下，允许资本逻辑在生产领域发挥部分先导作用，可使与经济发展至关重要的市场、生产、就业、消费等问题得到一定程度的解决，进而为实现自身的特色发展与优势发展提供坚实的物质基础。但一味夸大资本的效能、忽视资本追求自身不断增殖的内在逻辑会在空间中加剧区域间的分化，

---

① Henri Lefebvre, *The Production of Space*, Oxford: Basil Blackwell, 2007, p. 326.

② 《马克思恩格斯文集》（第 1 卷），人民出版社，2009，第 556 页。

③ 〔美〕爱德华·W. 苏贾：《后大都市：城市和区域的批判性研究》，李钧等译，上海教育出版社，2006，第 34 页。

④ 刘鹏飞、赫曦滢：《马克思主义解放政治学与空间重塑——以大卫·哈维〈希望的空间〉为参照》，《贵州社会科学》2018 年第 11 期。

甚至产生不可逆转的地区损害（例如美国的铁锈地区）。因此，中国特色社会主义市场经济的伟大实践必然要求从根本上对资本主义及表征其经济运行模式的资本逻辑予以彻底的否定和全面的超越。具体而言，列斐伏尔认为空间是为了“满足社会需要的生产和建设，而不是为了资本扩张和积累”。① 所以实现区域间的协调发展，要注重规避由资本的任意集聚和撤离所导致的发展同质化与不可持续性：一方面，落后地区在承接产业转移与资本转移的过程中要避免盲目的短期经济效应，要重视挖掘自身的发展优势，在差异化、特色化、有序化的发展导向中明确自己的定位，例如部分西部地区城市通过网络化平台，推广与宣传自己的城市，通过“网红经济”效益激发传统的旅游产业潜力，进而取得优势效能；另一方面，落后地区要重视发展过程中积累的长效动能，建立经济发展的可持续机制，加强与发达地区在基础设施建设、生态环境保护、公共卫生服务等短板性领域的互联互通，打造区域及区域间高质量协同发展的平台，还要加快落实补足性政策和措施，以优先完善社会经济基本面为根本，通过承接产业转移示范区、区域间合作与联动平台，实现区域间更高层次的分工合作、资源共享与利益共赢。

其三，以完善的区域协调发展的体制优化空间要素流通渠道，矫治区域空间割裂。经济学家罗默指出，一个地区发展结果的平等主要取决于三个方面的因素，第一个是外部环境，第二个是努力程度，第三个是区域政策。这三者共同决定了地区发展结果的平等。② 促进区域协调发展的根本在于完善的体制机制，因此要积极推动国土空间规划，从顶层建立国土空间规划体系，并通过强力的社会监督保障政策实施，形成地区发展的差异性制度安排，增强区域发展的平衡性。与此同时，要创新区域合作和帮扶机制以及健全区域管理与利益调节机制，通过完善财政转移支付、税收洼地等制度，在公平原则的基础上，进一步完善区际利益补偿机制。要积极发挥社会企业的能动效应，建立多元主体合作治理共同体，弥补市场调节与政府监管的短板，推动社会公共服务的均等化，以可持续的创新商业模式为基本手段，以追求社会总体价值的提升和实

① Henri Lefebvre, *The Production of Space*, Oxford: Basil Blackwell, 2007, p. 326.

② Paul M. Romer, "Endogenous Technological Change," *Journal of Political Economy*, Vol. 98, No. 5 (1990).

现社会资源的公正与合理配置为己任。[①] 转移支付是政府为解决区域间经济发展不平衡而采取的一种财政手段，应进一步完善这一制度，确保资金能够精准、有效地流向最需要的地区和领域。建立科学的转移支付评估体系，根据地区经济发展水平、财政自给能力、公共服务需求等因素，合理确定转移支付规模和结构，加强转移支付资金的监管和绩效评估，确保资金使用的规范性和有效性。不同的地区在资源、劳动力、技术等方面存在差异，要鼓励企业跨地区投资，特别是在资源丰富但资本和技术相对匮乏的地区。加强区域间的经济合作，形成优势互补、互利共赢的发展格局。例如，发达地区可以向欠发达地区提供技术支持和管理经验，而欠发达地区则可以提供土地、劳动力和资源等要素。政府可以制定税收优惠、财政补贴、低息贷款等相关政策，鼓励资本向具有发展潜力的地区和资源富集地区流动。在推动区域经济发展的同时，注重协调发展，通过加强区域间的产业合作、基础设施建设、生态环境保护等，实现共同发展、互利共赢，通过定期召开区域协调发展会议、建立区域协调发展基金等方式，推动区域间的合作和交流。

第三节　世界不平衡发展与全球治理观重塑

不平衡本是自然界存在的一个普遍现象。从地理维度来看，它表征的是自然先天空间结构的非对称性；从历史维度来看，它表达的是社会后天历史规律的非齐一性。在某种意义上来说，人类是在不断适应、对抗和进一步创造不平衡地理历史条件的过程中进化和发展的。在前资本主义时代，人类主要面对的是自然先天的地理不平衡，即如何克服并利用地理位置、土壤结构、水文环境、矿产资源、气候条件等自然因素以维系生存并谋求发展。但是世界是一个复杂的动态系统，处于永恒的变动之中。资本主义产生后，资本用它摧枯拉朽般的惊人力量推动了生产力急速发展，使情况发生了一些变化。从辩证唯物主义对立统一规律的基本原理来看，人类的生存发展需要同落后的社会生产力之间存在矛盾，

① 苗青、赵一星：《社会企业如何参与社会治理？一个环保领域的案例研究及启示》，《东南学术》2020年第6期。

其内部要素之间的斗争性已不占主要方面。与此同时，由资本主义发展所带来的社会后天的不平衡发展问题——诸如政治结构失衡、经济发展失衡、生态环境恶化以及由此引发的各种社会矛盾等人化因素凸显。

全球化的演变已经对不公正、不合理的国际旧秩序发起了挑战，传统的旧秩序面临系统性危机，以往的“中心—外围”结构遭到破坏。全球治理的结构性缺陷诱发政治科学所描绘的合法化危机，传统全球治理体系的有效性和治理能力大大降低了。“任何秩序都经历着解构与建构的循环过程，空间秩序也不例外。没有固定的世界，也没有一劳永逸的秩序，当人类把某一阶段的空间秩序固定化、按照人的意愿对‘世界’加以操控时，空间秩序就会变得僵化，并与不断扩展的空间相冲击，导致人类社会的落后和混乱，促使人们要求秩序的重建。”① 在此背景下，一种共存共生的新型人类存在方式——全球共同体生存模式成为当今时代发展的迫切要求。基于命运与共、利益与共的人类命运共同体意识将成为解决全球性问题的最大共识。

一 全球治理历史与现实挑战分析

21 世纪是大发展、大变革、大调整的时代，世界多极化、经济全球化、文化多样化、社会信息化加速推进，生态危机、疫情、贫富差距、恐怖主义、种族主义、单边主义等传统安全和非传统安全层出不穷。全球治理体系的内在结构性矛盾和外在时代困境相互交织，使得现有的全球治理体系越来越难以为继。在这种情况下，必须客观审视全球治理体系面临的各种障碍，深刻洞悉隐匿于全球治理体系背后的深层次矛盾。结合当前国际新形势，笔者认为影响全球治理的不平衡发展因素较为多元，既有历史的因素又有现实的困境，外在风险和内在挑战叠加，导致了全球治理体系在政治、经济、社会、生态、科技等领域都面临严峻的挑战。

1. 全球治理体系松动

全球经济治理体系话语失衡。资本积累运动生产剩余价值或赚钱的逻辑，驱使资本不断地“为积累而积累，为生产而生产”。② 因此资本就

---

① 陈慧平：《空间理论的两个基础性概念再思辨》，《学习与探索》2014 年第 8 期。

② 《马克思恩格斯文集》（第 5 卷），人民出版社，2009，第 686 页。

要不断冲破空间障碍，像魔法师一样驱动商品生产和交换在世界范围内进行，将不同的民族和国家都纳入资本积累的体系当中。资本“按照自己的面貌为自己创造出一个世界”，[①] 尤其是在19世纪，资本主义这种扩张模式使西方国家经济飞速发展并日渐成为世界经济中心。资本主义全球扩张的程度越深，世界范围内的两极分化就越严重，在世界范围内形成了“农民的民族属于资产阶级的民族”“东方从属于西方”“中心—外围”“中心—半边缘—边缘”的不平衡地理景观。“财富和力量如今都聚集到资产阶级上层队伍手里”，资金大量地从世界各地流入资本主义的主要金融中心。[②] 发达国家凭借“竞争博弈”模式谋求经济优势，取得经济治理的主要权力。特别是第二次世界大战之后，一直到20世纪90年代，全球经济治理体系的基础是美国主导建立的布雷顿森林体系，该治理体系包括国际货币基金组织、世界银行、关税与贸易总协定（世界贸易组织），这些组织由美国等西方国家牢牢把控，更多体现的是以美国为首的发达国家的结构性权力。换言之，当前的全球经济治理体系从形成伊始就带有不公平、不平衡的烙印。随着资本扩张和经济全球化的深化，这一体系中的各种矛盾更加尖锐，比如发展中国家与发达国家的矛盾。当今世界正处于百年未有之大变局，世界经济结构正在进行深刻调整。中国、俄罗斯、巴西等新兴国家则呈群体性崛起趋势，金砖国家（BRICS）全球影响力日渐增强，正悄然改变着世界经济格局。传统西方大国仍然在全球经济治理中占统治地位，深刻影响了全球经济治理的公平性和公正性。由发达国家所主导的经济治理体系已经无法反映新兴经济体的诉求，全球经济治理体系内在地存在包容性不足、代表性不足、话语权失衡等结构性缺陷，加剧了全球空间经济格局的失衡。

从当前世界经济环境来看，经济下行压力增大，以经济手段为主要治理手段的资本主义治理方式应对乏力。在新自由主义的主导下，世界经济的不平衡发展必然引发分工、经济结构的长期失衡以及保护主义的盛行。国际金融危机爆发、英国举行公投脱欧、美国单方面撕毁区域贸易协定和美国全面发起贸易战等逆经济全球化事件表明，曾经促进经济

---

① 《马克思恩格斯选集》（第1卷），人民出版社，2012，第404页。

② 〔美〕大卫·哈维：《新自由主义简史》，王钦译，上海译文出版社，2016，第123页。

全球化深入发展、维护国际经济秩序稳定的全球经济治理体系，在面对当下复杂多变的问题时的有效性和可靠性已经明显不足。当下的全球经济治理体系存在的结构性矛盾已经不能通过内部修复来消除，迫切需要进行改革调整。一方面，资本主义内部存在严重的经济隔离，导致金融危机、贫富两极分化等问题持续演变，次贷危机之后，资本主义经济体系内部二元结构越发明显，结构性危机暴露无遗，结构性调整势在必行。另一方面，依附于资本主义经济体系的外围欠发达国家必然受到资本主义经济引擎运转不利的影响，客观上增大了世界经济的下行压力。在世界经济增长持续乏力的态势下，资本主义长期奉行的聚焦于社会经济公平分配的全球治理观的公信力随之下降，必将逐步丧失话语权和使用场所。

全球政治治理体系乏力。资本主义运行中内在地包含着“资本逻辑”和“权力逻辑”之间的矛盾，“资本逻辑”与“权力逻辑”的复杂交互深刻揭示出全球化中资本突破空间界限的分子化过程。资本无限积累进程必须消灭空间障碍，而这必须建立在权力的无限扩大之上。因此，资本主义在进行全球扩张的同时，也将资本主义的权力关系拓展到全球范围。资本主义权力关系在全球范围的拓展与资本的无限增殖的过程是辩证统一的。资本主义的扩张是为了帮助资本在全球范围内进行空间占有、剥夺和控制，最终是为了实现资本增殖。在资本主义强大的经济实力和庞大的权力关系网的加持下，资本主义统摄着全球的治理体系。资本逻辑支配下的全球治理体系完全沦为资本增殖的工具，不仅不能实现国家间的均衡发展，而且不断制造出新的不平衡发展。资本主义在全球推行的政治策略是制造空间隔离、空间分异，攫取全球空间资源，源源不断地生产出经济、政治等失衡的等级性空间，强化发达国家对发展中国家的控制和支配。这种非均衡性的空间策略使全球空间格局呈现南北差距和东西差距不断被拉大的两极分化趋势，各个国家内部也存在城乡差距拉大、城市内部居住空间分异等空间隔离现象。发达国家利用经济和政治的优势在全球范围内使空间碎片化和等级化，以剥夺、占有和控制空间为手段，实现资本积累的目标。纵观资本主义的历史变迁，资本主义国家一直将零和博弈作为重要手段，以便取得和维护其世界霸主地位。

虽然和平与发展已经成为时代的主题，但是发达国家的政治排他性和社会达尔文主义从未退出历史舞台。从当前资本主义主导的全球政治环境来看，全球治理主体和客体正在面临历史性的转换和调整，世界各大力量合作共建全球治理体系面临较大现实阻碍。发达国家（中心）和发展中国家（外围）共同构成了“中心—半边缘—边缘”的不平衡发展世界体系，这种不平衡发展会在不同规模等级的历史、地理和人文环境中进一步发酵，必然形塑出不平衡发展的上层建筑，具体表现为政治结构的不平衡以及严重的意识形态分化和冲突，进而在极度压缩的现代时空条件下引发不同力量主体间的政治利益和意识形态对抗，这种对抗既存在于发达国家内部，也存在于发达国家和发展中国家之间，加大了合作共建全球治理体系的难度。

全球社会治理弊端凸显。另外，面对当今世界范围内社会环境的巨大变迁，全球治理面临空间生产、价值观念、社会资源等多维度考验，现有治理水平亟待提升。首先，在空间生产层面，从不平衡发展理论来看，当代资本主义主要的积累和修复手段是基于地缘政治的不平衡发展，用资本和权力手段在不同规模等级的空间中进行价值观念和社会资源的扩张、占有和重组，以缓解资本贬值和意识形态危机。就如哈维所讲：“如果没有内在于地理扩张、空间重组和不平衡地理发展的多种可能性，资本主义很早以前就不能发挥其政治经济系统的功能了。”[①] 伴随着资本主义的空间生产，资本主义全球化将日益成为资本在多维空间（城市、网络、太空等）层面的再生产过程，空间生产过程中的发展不平衡、规则不健全、秩序不合理问题已然显现。其次，在价值观念层面，随着无产阶级境况的变化，其思维方式和需求状况发生巨大变化，而资本主义全球治理观无法基于无产阶级的视角对上述变化进行深入探赜和施治。主权国家作为全球治理的主体，使得传统的全球治理难以摆脱狭隘的国家利益观。狭隘的国家利益观成为构建全球治理体系的束缚，不利于维护人类共同体的利益。狭隘的国家利益观是一种零和博弈观，以牺牲其他国家利益来追求本国利益。最后，在社会资源方面，有形资源的重要性日渐降低，而诸如技术、组织、知识以及社会关系等无形资源的重要性日渐提升，面对如此

① 〔美〕大卫·哈维：《希望的空间》，胡大平译，南京大学出版社，2006，第23页。

复杂多样的新兴场域的新兴问题，传统的、单维度的、均质性的、以单纯的经济调节为手段的资本主义全球治理观弊端凸显、应对乏力。

2. 全球治理体系赤字明显

科技赤字。近年来，大国之间竞争从经济领域拓展到科技领域。全球科技治理赤字日渐抬头，主要表现为发达国家凭借经济和科技优势，掌握全球科技话语权和治理话语权，在全球科技治理规则制定方面对发展中国家进行压制，将发展中国家排除在规则制定之外，以保持自身全球领先的地位。另外，从当前全球技术发展的大环境来看，新一轮产业革命即将来临，现有的全球治理体系架构远不能适应技术大发展的要求。工业革命至今，整个世界范围内长期存在较为严重的技术隔离，技术隔离是政治、经济隔离的延伸，是发达国家维护其中心地位和进行资本增殖的重要基础。技术隔离引发了全球范围内的技术体系不平衡、技术发展不平衡和技术投入不平衡。但是，随着网络信息时代的到来，技术在全球范围内的互联互通成为不可阻挡的趋势。同时，发达国家的技术隔离在客观上推动了非物质劳动产业（诸如人工智能）的发展，因为非物质劳动产业不受技术资源和时空条件的限制。非物质劳动产业的全球性发展令发达资本主义国家猝不及防，也对其主导的全球治理规则和体系带来极大的挑战。恰如世界经济论坛主席施瓦布所强调的："全球化 4.0 才刚刚开始，却已经令我们猝不及防。仅停留在对现有机制的小修小补无济于事，只有对其进行重新设计，才能规避当前面临的各种问题，抓住新机遇。"①

贫困赤字。在新自由主义世界秩序和新冠疫情的冲击之下，世界贫富差距拉大，贫困问题进一步恶化。《世界不平等报告 2022》显示，世界上最富有的 10%的成年人拥有 60%～80%的财富，而最贫穷的世界半数人口仅拥有不到 5%的财富。"今天的不平等与 20 世纪初西方帝国主义鼎盛时期差不多。"② 不平等现象仍存在，全球贫困率依旧高得惊人。联合国开发计划署发布的《2022 年全球多维贫困指数》显示，在涵盖 111 个发展中国家的 61 亿人口中，约有 12 亿人生活在贫困中，贫困人口最多的发展中地区是撒哈拉以南非洲（5.79 亿人），其次是南亚（3.85 亿人）。③ 这些数据显

① 钟声：《以命运与共的思维应对全球性挑战》，《人民日报》2019 年 1 月 25 日，第 3 版。

② 数据源于《世界不平等报告 2022》，https://wir2022.wid.world/methodology/。

③ 数据源于《2022 年全球多维贫困指数》，https://hdr.undp.org。

示，随着西方式现代化模式的推广，全球贫困问题仍旧存在且日益严重。历史上不平等的世界秩序和不公正的国际规则曾在造成世界贫困问题上发挥了不可忽视的作用。西方国家利用不平等的规则和条款，通过种族灭绝、殖民掠夺、奴隶制度、资本扩张等手段占有世界财富、拓展增殖空间，加剧了世界贫富两极分化。“以资本为中心”的全球体系使系统性的贫困化成为难以回避的困境，多数发展中国家不可避免地陷入了“遭遇发展”的陷阱。资本主义制度的内在特质决定其无力根除贫困问题，只能通过公共福利政策缓解贫困问题。长期以来，发达国家凭借权力、资本等优势，牢牢地把控着国际话语权。全球发展框架主要以西方发达国家的模式和话语为主导，以新自由主义为价值取向，这也决定了全球治理体系对贫困问题的治理难以从根本上取得实效。随着新兴经济体的崛起，全球治理体系在应对世界贫困问题上日渐式微，全球贫困治理主体间关系亟待实现从传统的西方主导向合作共赢的平等关系的转型。

生态赤字。人类社会的发展史就是一部人与自然之间的关系演变史。随着人与自然之间从依赖到对抗关系的转变，人类社会已经出现了诸如传染病大流行、极端气候变化、生物多样性锐减等一系列全球性生态危机问题。回溯历史进程，这些生态危机的发生和演变，几乎是与资本主义工业大发展相伴相生的，资本以及资本主义制度应当对全球生态问题负首要责任。在资本主义生产模式之下，资本的逐利性打破了前资本主义时代人与自然之间的天然联系，取而代之的是一种资本驱动的功利性关系。“资本的效用原则使自然界丧失了自身的价值而变成一种单纯的工具，而与效用原则连在一起的是资本的增殖原则，又使自然界的这种工具化变得越来越严重”，资本追求的是无限的增殖，所以它对自然的利用也是无止境的。[①] 在资本主义发展阶段，资本主义的长期发展给发达资本主义国家内部的自然资源和生态环境造成了严重的破坏。在国际生态领域，全球生态问题更多地表现为“强势集团加之于弱势阶层的环境不公平现象”。发达资本主义国家以不计生态后果的方式迅速占据了经济发展的优势地位，之后又凭借其在世界经济格局中的有利地位，控制全球生态战略资源，转嫁生态污染，逃避本该履行的生态治理责任，将生态

① 陈学明、姜国敏：《论政治经济学在马克思主义中的地位》，《江海学刊》2016年第2期。

危机转嫁到全球范围。在全球治理体系之下，弱势国家不仅在经济和政治地位上都不占优势，而且在维护生态安全的话语权上也处于弱势地位。

二 人类命运共同体理念及其公平治理逻辑

2022年，习近平同志在党的二十大报告中指出，当前人类社会正处于面临世界之变、时代之变、历史之变的关键时期，中国必须“致力于推动构建人类命运共同体”，“积极参与全球治理体系改革和建设”。[①]“构建人类命运共同体是世界各国人民前途所在”，关于如何把握人类命运共同体对全球治理体系的重构价值，习近平曾说：回答“世界怎么了、我们怎么办”这个时代问题，“首先要弄清楚……我们从哪里来、现在在哪里、将到哪里去?”[②] 当今世界发展的新形态新变化仍然没有离开马克思的视野，马克思世界历史理论早已清晰地揭示历史终将向世界历史转换的变革逻辑和基本规律。基于马克思世界历史理论和共同体思想，笔者认为人类共同体的发展经历了四个阶段，即个体依附于集体的血缘共同体、个体的抽象与普遍性发展隐形于集体之中的地方共同体、个体与整体同步发展的区域共同体以及个体与集体自觉走向和谐统一的全球性合作共同体。经历了漫长的演变，共同体现在已经处在全球性合作共同体阶段：世界多极化、经济全球化深入发展，各国相互联系、相互依存，全球命运与共、休戚相关。

“共同体”指具有共同性、统一性和整体性的集体，强调的是个体与整体之间密不可分的关系。习近平指出：“人类命运共同体，顾名思义，就是每个民族、每个国家的前途命运都紧紧联系在一起，应该风雨同舟，荣辱与共，努力把我们生于斯、长于斯的这个星球建成一个和睦的大家庭，把世界各国人民对美好生活的向往变成现实。”[③] 将各个国家和民族联结起来是一种共同的价值追求——公平、正义、自由、民主、和平、发展，既反映了作为个体的国家对自身利益的追求，也反映了作

① 习近平：《高举中国特色社会主义伟大旗帜 为全面建设社会主义现代化国家而团结奋斗——在中国共产党第二十次全国代表大会上的报告》，人民出版社，2022，第60、62页。

② 《习近平谈治国理政》（第2卷），外文出版社，2017，第537页。

③ 习近平：《论坚持推动构建人类命运共同体》，中央文献出版社，2018，第510页。

为整体的世界对发展进步的普遍向往。人类命运共同体的核心思想是在人类命运共同体理念的指导下，坚持“共商共建共享”的全球治理观。这种思想在坚持共同价值的同时看到了世界范围的不平等、不公正和不均衡，超越了阶级、地域和民族，要求实现世界各国经济互利、政治互信、文明互鉴、安全共享、生态共建。人类命运共同体理念的实质是一种融入了中国“和合”文化的全球治理观，其源自中国梦与世界梦的相通性，契合了新型国家间关系的历史必然性，彰显了中国外交文化的独特品性，也把握了当前国际政治、经济、社会和技术不平衡发展的特殊性。人类命运共同体理念统摄下的全球治理观强调构建新型合作关系，既倡导公平合作，又倡导自我实现，具有合作的共生共赢和“利他”性质。

人类命运共同体理念中蕴含的公平、正义和均衡的治理观念超越了资本主义的治理观。在资本主义的世界中，资本就是“普照社会的光”。整个社会按照资本追求价值增殖的本性构建起来，全球治理体系也笼罩在资本的阴影之下。当前的全球治理体系，表现为资本为追求剩余价值而在全球扩张时相伴随的一种权力的扩大结果。全球治理体系在资本逻辑的支配下形成，受西方社会的操纵和控制，本质上是一种资本主义的全球治理体系。在这种体系之下，资本的不断拓展和重组以空间的不平衡为先决条件，人类的发展不是资本关涉的问题，“西强东弱”“北强南弱”的问题不仅没能解决，反而作为资本的增殖条件被用来进行资本逐利，从而在全球范围内拉大了国家间的差距。当下全球治理中出现的各种经济、政治、文化、生态、安全方面的治理困境，本质上都源于资本逻辑对全球治理体系的宰制。具体来看，其对资本主义治理观的超越表现为反排斥、非排他和反歧视等方面。

一是倡导合作公平。提倡非排他性的自我实现，将每个人的自我实现和承认作为目标，通过合作的共生机制杜绝形成话语霸权，确保每个国家与个人平等参与政治、经济、社会和技术实践，不受歧视。构建人类命运共同体的基本原则和实现方式是“共商共建共享”。“共商”强调的是各个国家平等协商，反对霸权主义对全球治理的垄断；“共建”主张各个国家共同参与人类命运共同体建设，为实现人类社会的共同利益而合作；“共享”是指各个国家共同享有发展机会，平等享有参与全球治理的权利。习近平指出："国家不分大小、强弱、贫富，都是国际社会平等成员，理应平等参与决策、享受权利、履行义务。要赋予新兴市场国家和发展中国家更多代表性和发言权。"① 人类命运共同体中所包含的合作性公平理念，不同于资本主义治理模式之下以发达国家为首的价值导向，坚持以各国一律平等为首要基础和原则，以平等协商、合作共建为手段，以实现权利平等、规则平等、机会平等为目标，"坚决反对一切形式的霸权主义和强权政治，反对冷战思维，反对干涉别国内政，反对搞双重标准"。②

二是倡导集体公平。形成一种整体性观念，主张形成和谐统一的价值理念，树立共同目标和愿景并确保其实现过程的公平与正义。《中共中央关于党的百年奋斗重大成就和历史经验的决议》指出，"推动建设新型国际关系，推动构建人类命运共同体；……弘扬和平、发展、公平、正义、民主、自由的全人类共同价值，引领人类进步潮流"。③ 全人类共同价值因符合全人类对美好生活的向往而成为价值共识。全人类共同价值的思路是"不同社会制度、不同意识形态、不同历史文明、不同发展水平的国家，在国际活动中目标一致、利益共生、权利共享、责任共担"。④ 人类命运共同体的发展目标不是单个国家的发展繁荣，而是世界各国的共生共存。"人类是一荣俱荣、一损俱损的命运共同体。"⑤ 世界各国应当将本国置于更大的发展框架之内，以共同体的视角互帮互助、协调发展，既考虑各国的合法利益，又保证共同体的和谐稳步发展，最后用共同体的发展成果反哺各个国家。人类命运共同体这一变革全球治理体系的"中国方案"的提出，已经超越了狭隘的国家私利，意在促进"人类至善"的实现和完满。

三是倡导微观公平。人类社会正步入多中心化、多样化、非集中化的新型社会，少数精英主导的霸权和暴力正退出历史舞台，为推动全球

① 习近平：《共担时代责任 共促全球发展》，《人民日报》2017年1月18日，第3版。

② 习近平：《高举中国特色社会主义伟大旗帜 为全面建设社会主义现代化国家而团结奋斗——在中国共产党第二十次全国代表大会上的报告》，人民出版社，2022，第60页。

③ 《中共中央关于党的百年奋斗重大成就和历史经验的决议》，《人民日报》2021年11月17日，第1版。

④ 《中国共产党的历史使命与行动价值》，《人民日报》2021年8月27日，第1版。

⑤ 习近平：《共谋绿色生活，共建美丽家园——在二〇一九年中国北京世界园艺博览会开幕式上的讲话》，《人民日报》2019年4月29日，第2版。

治理参与主体多元化变革提供了机遇。因此要着力推进世界制度、世界秩序的微观转向，突出以全体利益为中心的公平理念。也就是说，人类命运共同体的构建不能仅仅停留在宏观的理念设想层面上，更要落实在实际参与中。在微观上看，全球治理的成效是由全球治理行为主体决定的，各个国家参与全球治理的行动决定了全球治理的成效。如习近平总书记强调的，“构建人类命运共同体，需要世界各国人民普遍参与。我们应该凝聚不同民族、不同信仰、不同文化、不同地域人民的共识，共襄构建人类命运共同体的伟业”。[①] 人类命运共同体建立在协商和规范的基础之上，强调超越狭隘的民族和国家范围，摆脱传统的集中控制和精英主导模式，重视全球各个行为主体的公平参与。

四是倡导差异性公平。进行一种多层次的公平设计，尊重世界发展的多样性和开放性，倡导全球空间的包容性、自由性和公共性，强调多维度公平。对于全球范围内广泛存在的差异和不平衡，人类命运共同体并不是要消灭差异、追求绝对公平，而是要达至一种践行全人类共同价值必须“尊重不同国家人民对价值实现路径的探索，把全人类共同价值具体地、现实地体现到实现本国人民利益的实践中去”的境界。[②] 人类命运共同体不是一种标准化的模式，而是基于不同国家、不同民族、不同制度、不同文化的国家的差异建构起来的“和而不同”的“共同体”。差异性公平必须尊重各国自主选择的发展道路和模式、各国的历史文化传统、各国所处的发展阶段的差异。

人类命运共同体理念蕴含集体主义取向，“差异的承认”基础上的“多样、开放、合作”的公平观，是异质性和进化论的公平观，是一种弹性认同。充分遵循人类命运共同体理念的公平逻辑，可以为矫治诸如政治霸权主义猖獗、经济保护主义泛滥、社会矛盾突出、技术发展失衡等依附于不同规模等级上的不平衡发展问题提供强有力的现实警示和对策支持。

三　基于人类命运共同体理念的全球治理观重塑

人类命运共同体理念体现了马克思主义的国际主义原则，回应了风

---

① 《习近平关于中国特色大国外交论述摘编》，中央文献出版社，2020，第 53 页。

② 习近平：《加强政党合作 共谋人民幸福——在中国共产党与世界政党领导人峰会上的主旨讲话》，人民出版社，2021，第 4 页。

云变幻的世界空间格局要求。习近平主席强调："完善全球治理，加强宏观经济政策协调，推动国际金融机构改革，以平等协商、互利共赢精神引领国际合作。"[①] 我们要充分挖掘人类命运共同体理念中的公平逻辑，对资本主义全球治理观进行公平性重塑，进而矫治全球范围内的不平衡发展，真正实现世界范围内的公平与正义，为实现"自由人联合体"的马克思主义共同体理念夯实基础。

首先，对资本主义全球治理观进行目标重塑。人类命运共同体理念的提出首要解决的问题是"人类社会要往何处去"，立脚点是"人类社会或社会的人类"。[②] 这里所说的人类不是费尔巴哈所指的抽象的、孤立的个人，而是处于一定社会关系的、有生命的"现实的人"。人类命运共同体理念深深根植于马克思对"联合体"的构想之上，"代替那存在着阶级和阶级对立的资产阶级旧社会的，将是这样一个联合体，在那里，每个人的自由发展是一切人的自由发展的条件"。[③] 符合人类命运共同体理念的全球治理观的终极价值取向是实现每一个差异性主体的全面发展。我们要超越单纯的效用、公平、权利以及传统美德的哲学视野，把主体的生活意义、全面发展作为治理的重要主题。在空间生产活动的合规律性和合目的性的统一中完善全球治理体系，要摒弃资本逻辑和权力逻辑主导下的只见"物"不见"人"的"虚假共同体"，全球治理的一切规定性活动都要围绕人的自由全面发展而开展，社会中的一切都应是人的本质力量的确证。

其次，对资本主义全球治理观进行重心重塑。中华文化讲究"和实生物，同则不继""万物并育而不相害，道并行而不相悖""克明俊德，以亲九族。九族既睦，平章百姓。百姓昭明，协和万邦"，主张实现万物之间的和谐。人类命运共同体汲取了中华优秀传统文化精髓，其理念的实质是平衡与和谐，体现的是不同群体之间空间利益博弈的平衡和不同政治价值之间的动态平衡。人类命运共同体把"类存在"的人的主体性

① 习近平：《携手构建公正合理的全球治理体系——在二十国集团领导人第十九次峰会第二阶段会议关于"全球治理机构改革"议题的讲话》，国防部网站，http://www.mod.gov.cn/gfbw/gc/xjp/2024_246930/16352842.html。

② 刘同舫：《构建人类命运共同体对历史唯物主义的原创性贡献》，《中国社会科学》2018 年第 7 期。

③ 《共产党宣言》，人民出版社，2018，第 51 页。

置于全球治理的优先地位，为实现人类对美好生活的向往而不懈推进全球治理体系变革。人类命运共同体对全球治理体系附加了人类命运共生的逻辑，主张以整体人类的尺度而不是以狭隘的个体尺度进行全球治理。基于人类命运共同体理念，需深刻认识到全球治理的核心在“人类”而不在“个人”，极力反对并矫治资本主义全球治理观的种族主义倾向和阶级主义倾向。要以全体人类生活质量提高和社会进步为重心，既满足当代不同国别、不同种族、不同阶级的人的整体诉求，也要关注当代人和后代人的均衡、持久的需要。

最后，对资本主义全球治理观进行向度重塑。构建覆盖多领域、具有多层次、体现多方位的综合性、立体性全球治理体系。在马克思主义不平衡发展理论视域下，全球治理应体现四维公平价值。一是构建持久和平的政治环境，强调自身与他人利益同时最大化，坚决反对和抵制霸权主义和强权政治，促进维护平等政治权利，改变中心—外围的世界政治体系格局，缓解国家间政治利益和意识形态冲突，营造和构建共建共享的全球治理体系氛围和环境，实现全球政治公平。二是构建共同繁荣的经济环境，倡导效率与公平兼顾，重视物质追求的权利公平和机会平等，摒弃资本逻辑及其衍生的权力逻辑对全球经济体系的冲击，反对新帝国主义的经济隔离以及经济发展、交往中的霸权主义和保护主义，构建公平的全球经济发展大环境。三是构建安全和谐的社会环境，强调总体的空间安全观，构建符合空间公平正义的国际安全体系，推进大国协调与合作，构建总体稳定、均衡的全球空间治理框架，重点关注网络空间、生态空间、太空空间等新兴空间领域的治理。同时，构建符合主体伦理精神和价值观念的社会形态与社会关系，尊重自然规律和生态属性，关注无形社会资源的演变和发展，形成公平和正义的社会资源分配结构。四是构建开放包容的技术发展环境，采取科学有效的技术管控手段，尊重技术差异和多样性，追求技术平等，强调技术共享，把控技术伦理，在此基础上，形成以技术交流超越技术隔阂、以技术互鉴超越技术冲突、以技术共存超越技术优越的全球技术发展格局。

结　语

哈维的不平衡发展理论是一种具备元理论气质的马克思主义地理学理论。这一理论作为其空间理论的一个重要的组成部分，是哈维空间政治经济学理论中最具战斗抱负的理论分支，这种充满了战斗抱负的空间理论通过多重理论通道向我们诠释西方左翼学者一直试图解释但始终不能如愿以偿的问题：资本主义究竟为何“垂而不朽、腐而不死”？更为重要的是，哈维精确地将不平衡发展理论与当代资本主义空间生产实践相结合，开拓了融合多种不平衡发展理论研究的空间新视野，这无疑为后来的新自由主义、新帝国主义、解放政治理论的研究奠定了坚实的基础。所以，如果尝试对哈维空间理论中的不平衡发展理论进行定位，那么我们可以认为：哈维的不平衡发展理论开辟了不平衡发展理论空间研究之先河，探寻了马克思主义解放政治理论空间维度之先机。

第一节　解释资本主义幸存之空间视角

如果我们将“不平衡发展”理论作为哈维解释和研判当代资本主义空间生产的一个重要突破口，那么，它要回答的一个首要问题就是“在面临多重危机与重组压力，同时伴随着来自左派和右派关于其即将死亡的可怕预言的情况下，资本主义还能存活如此之久”。[①] 这是一个极其重要的问题，也是一个极其复杂的问题。在哈维看来，之前学者对该问题的探讨并没有触及问题的实质。他认为，尽管列斐伏尔似乎已经找到了问题的关键，即资本主义是通过空间生产得以延续的，但哈维认为列斐伏尔并没有能够真正彻底地解释空间生产与资本主义幸存之间的内在联系，而列宁和卢森堡认为帝国主义——一种特定的全球空间生产和利用的方式——

---

① 〔美〕戴维·哈维：《新帝国主义》，付克新译，中国人民大学出版社，2019，第52页。

是这一谜语的答案，哈维同样认为他们对这一问题的解答依然充满了根本性的自我矛盾。[①]

在哈维看来，资本主义空间生产所形塑和创造的独特的不平衡发展景观并不是一种被动的空间产品，而是根据资本逻辑的特定规则所演化出来的拥有自身独特性的空间社会形态。对不平衡发展的理论研究完全可以彰显一系列资本主义实质问题：自然—生态的地理空间的不平衡发展是如何创造资本主义并影响资本积累的，资本和资本主义发展过程中不可避免形成的内在的不平衡发展矛盾又是如何影响资本积累的，不平衡地理发展在资本主义积累危机中扮演了什么样的角色，等等。这既是哈维对资本主义空间生产所提出的问题，也是解释资本主义“垂而不朽、腐而不死”的重要突破口。自然地理环境的不平衡发展以及人在生产资料占有和交换过程中的不平等是资本主义制度确立的历史前提；资本在三级循环中面临的贬值危机是加剧不平衡地理发展的根本原因；不平衡发展以独特的方式演化，在给资本主义积累带来机遇的同时，也造成了阻碍，它在资本主义危机发展历程中扮演着极其重要的角色。

还有一个重要的方面值得我们注意，这关系到人们主观上对资本主义本质的辨识。哈维在其著作中这样表述：“不均衡的地域发展轻松地掩饰了资本的真实本质。希望是可以长存的，因为即使世界灾难重重，我们总是可以找到某个兴旺发达的小区、地区或国家。总体危机被分解为局部事件，其他地方的人不怎么关心，甚至根本不了解。印度尼西亚或阿根廷发生重大危机，其他地方的人多数只会说‘太糟了’或‘那又如何?’，主流思想认为危机是局部事件而非系统问题。根据这种观念，阿根廷、希腊或底特律应该厉行改革，资本则没有责任。”[②] 哈维的这段长文可谓字字真金，他认为资本得以逍遥法外乃至大行其道、备受追捧的原因还是人们没有认识到作为不平衡发展理论双翼的“空间规模的生产”和“地理差异的生产”的实质含义，对全球范围内的资本主义行径的认知还没有上升到跨越空间规模和地理差异的高度。在哈维看来，如

① 〔美〕戴维·哈维：《新帝国主义》，付克新译，中国人民大学出版社，2019，第52页。

② 〔美〕大卫·哈维：《资本社会的17个矛盾》，许瑞宋译，中信出版社，2016，第173~174页。

果没有不平衡地理发展与其矛盾，资本早在很久之前便已经石化，并陷入混乱，这是资本自身得以周期性循环的关键方式。[①]

第二节　拓展多种不平衡理论之空间视域

哈维建构的不平衡发展“统一场论”无疑是对各种视域下的不平衡发展理论的一种高度的元理论概括。尽管这种元理论诉求已经涵盖了多种彼此重叠的复杂的思考方式，但并不能完全覆盖其他学者对不平衡发展理论的多元化研究。想要更好地同哈维一起完善其不平衡发展一般理论体系，必须做的工作就是充分把握多重视域下的不平衡发展理论，以进行比较研究。

马克思主义出于历史意识和阶级意识的考量，自然极度关注资本主义时代不平衡发展问题的嬗变。自马克思主义诞生之日起，不平衡发展就一直是马克思主义内部的一个重点话题和经典论域。按照马克思主义不平衡发展理论的时代背景和主要内容，可将其划分为四种理论命题。

一是经典资本主义命题中的不平衡发展思想，主要聚焦于分析资本主义劳动分工与分配、社会资源和意识形态方面的不平衡。马克思认为资本积累的普遍法则是催生资本与劳动不平衡发展的根本原因，这种不平衡发展是资本主义形成的必要条件，也表现为资本主义发展的必然后果。在《德意志意识形态》和《宣言》等早期著作中，马克思便将不平衡问题同分工、分配和阶级联系起来。“现代的资产阶级的私人所有制是那种建筑在阶级对抗上面，即建筑在一部分人对另一部分人的剥削上面的生产和产品占有方式的最后而又最完备的表现。”[②] 在马克思看来，劳动分工及分配的不平等催生了资本主义所有制，进而引发了资产阶级和无产阶级的对立。一方面，资产阶级通过“原始积累”手段积累物质财富；另一方面，资本主义社会化大生产和生产资料私人占有之间的矛盾让资产阶级创造的巨大财富并未被合理分配，进而导致不同阶级之间的社会资源分配不平衡和机会不均等，由此产生了资本主义明显的两极分

① 〔美〕大卫·哈维：《资本社会的 17 个矛盾》，许瑞宋译，中信出版社，2016，第 158 页。

② 《马克思恩格斯全集》第 4 卷，人民出版社，1958，第 480 页。

化。在分析资本主义生产方式的基础上，马克思进一步关注意识形态的不平衡发展。马克思说：“在某些可以进行更一般的概括的问题上，意识有时似乎可以超过同时代的经验关系。”① 在《1857—1858 年经济学手稿》中，马克思进一步提出“物质生产的发展例如同艺术发展的不平衡关系”这一重要命题。② 在马克思看来，诸如艺术、道德、宗教和哲学这样的意识形态与社会存在之间本就拥有非同步、非对称的不平衡发展，“关于艺术，大家知道，它的一定的繁盛时期决不是同社会的一般发展成比例的，因而也决不是同仿佛是社会组织的骨骼的物质基础的一般发展成比例的”。③ 也就是说，资本主义生产力的高速发展未必会带动和巩固其意识形态的发展。资本主义意识形态的发展带有明显的不平衡性，这也为国际共产主义运动和无产阶级解放提供了充分条件。

二是经典帝国主义命题中的不平衡发展思想主要围绕资本主义政治、经济、文化和产业技术投入方面的不平衡发展问题进行研究。在马克思、恩格斯之后，十分具有代表性的社会主义理论家——卢森堡和列宁等从帝国主义时代的资本积累特征视角阐述了资本主义不平衡发展并在此基础上形成了各自特色鲜明的帝国主义理论，这无疑是对马克思恩格斯思想最直接的继承和发展。卢森堡从资本积累理论出发，较为准确地挖掘出了帝国主义的实质，并且充分地揭示资本主义不平衡发展问题。首先，就如她在《资本积累论》中公开阐明的那样：非资本主义的存在为资本主义的存在和发展创造了良好的条件，这主要表现在由非资本主义国家和地区的存在而造成的全球不平衡发展。同时，资本积累并不能在纯粹的资本主义内部得以完全实现，于是资本主义国家为了更好地实现资本积累以及对非资本主义国家进行控制，形成了更加具有侵略性和破坏性的帝国主义。基于此种思考，卢森堡认为，由于帝国主义内在的阶级特点和贪婪本性，其本质在于排挤非资本主义阶层和国家以实现资本积累的根本目的。就如卢森堡所说：帝国主义的核心就是发达资本主义国家对非资本主义人口和自然的赤裸裸的暴力、欺诈、压迫和掠夺。④ 这立

① 《马克思恩格斯选集》（第 1 卷），人民出版社，2012，第 205 页。

② 《马克思恩格斯文集》（第 8 卷），人民出版社，2009，第 34 页。

③ 《马克思恩格斯文集》（第 8 卷），人民出版社，2009，第 34 页。

④ 〔德〕卢森堡：《资本积累论》，彭尘舜、吴纪先译，三联书店，1959，第 364 页。

刻就会造成资本主义由内而外的发展的不平衡。所以，在卢森堡看来，从资本积累的角度理解帝国主义是一个非常好的理论视角，这甚至可以进一步揭示关乎整个20世纪社会主义运动的不平衡发展问题的实质。在卢森堡眼中，资本主义与非资本主义发展的不平衡为帝国主义的产生提供了一种动力。这同考茨基在《帝国主义》中力图从工农业不平衡发展角度考察帝国主义的高速扩张具有相似之处。

列宁关于帝国主义的论述有别于卢森堡，他并没有十分关注资本积累的基础性作用，而是从生产方式的变化入手来研究帝国主义。得益于马克思关于资本主义生产方式的分析，列宁提出了帝国主义的五个重要特征："帝国主义是发展到垄断组织和金融资本的统治已经确立、资本输出具有突出意义、国际托拉斯开始瓜分世界、一些最大的资本主义国家已把世界全部领土瓜分完毕这一阶段的资本主义。"① 列宁认为，资本主义国家的生产方式已经开始由原初积累向资本输出转变，而资本输出恰恰就是帝国主义行径的最主要手段和目的。列宁坚决认为，这会加剧中心—外围的不平等，进一步拉大发达国家和发展中国家之间的差距，使世界范围的不平衡发展日趋明显。与此同时，由于帝国主义内部长期存在的政治经济发展不平衡以及利益分配的不平衡，资本主义国家间为了争取既得利益势必要进行对抗，这种对抗会把帝国主义国家推向战争的边缘，世界大战的爆发已经是意料之中的事情。通过对不平衡发展问题的研讨，列宁在《论欧洲联邦口号》中强调，经济和政治发展的不平衡是资本主义的绝对规律。随后，列宁在《无产阶级革命的军事纲领》中进一步断言：资本主义在不同国家的发展是极其不平衡的，社会主义将在一个或几个资本主义国家优先获得胜利。②

三是新帝国主义命题中的不平衡发展思想，重点关注世界体系、经济结构和交换手段的不平衡发展。第二次世界大战后新形式的帝国主义产生，使对不平衡发展问题的研究在边缘的第三世界国家的马克思主义左翼学者中悄然兴起。萨米尔·阿明依附学说中的不平衡发展思想最具

① 《列宁专题文集：论资本主义》，人民出版社，2009，第176页。

② 《列宁选集》（第2卷），人民出版社，2012，第722页。

代表性，他基于对世界体系不平衡发展的研究，揭露了发达资本主义国家从政治殖民向经济殖民转变的实质，批判了新帝国主义的剥削本质。在阿明看来，二战后资本主义政治殖民体系瓦解，但帝国主义的剥削实质并没有因此改变，而是转变为以经济殖民为主要手段的新帝国主义。新帝国主义形塑了一个不平衡发展的世界体系，它把世界分为一个中心和一个外围，因此，从某种意义上说，它统一了世界。[①] 阿明认为，这种“中心—外围”的结构实则是“统治—依附”的不平衡结构，在此种结构中必然存在经济结构和交换手段的不平衡，这是第三世界国家不发达的根本原因。

四是新马克思主义空间命题中的不平衡发展思想，致力于从空间—社会角度探讨全球化时代环境、经济和技术等不平衡发展问题。任何有关空间政治经济问题的探讨都不能绕过列斐伏尔，他较早地介入了资本主义不平衡发展问题的探讨，“正像列宁主义早已经预见到的，它的不平衡发展的原则正在全球范围内充分显示威力：某些国家仍然处于空间中的物的（商品的）生产的早期阶段，而只有工业化与城市化程度最高的少数国家在由技术与知识所开辟的广阔空间中最大限度地获得自身利益”。[②] 列斐伏尔对空间的抽象理解实现了从“物”的空间生产向生产空间本身的转变，也实现了历史唯物主义向历史-地理唯物主义的跨越，日常生活批判理论支撑了他对现代资本主义社会空间生产的分析，表达了他对隐藏在社会问题背后的资本主义社会经济增长的质疑和批判。比如在分析资本主义环境问题的时候，列斐伏尔极力反对就环境问题本身谈环境问题，主张关注环境问题背后的不受控制的技术发展，“所谓的环境污染问题不过是一种思想伪装，环境污染和危机不过是更深刻的现象的外部表现，这些现象之一是自由发展的不受控制的技术”。[③] 在列斐伏尔看来，资本主义社会在内部滋生出否定自身的因素，进而造成一种在外在因素（如国家干预或科技进步）作用下的经济增长和内部因素（如产品寿命的人为缩短）所引发的社会危机（如环境污染）之间的矛盾，即

① 〔埃〕萨米尔·阿明：《世界规模的积累——欠发达理论批判》，杨明柱等译，社会科学文献出版社，2008，第26页。

② Henri Lefebvre, *The Production of Space*, Oxford: Basil Blackwell, 1991, p.65.

③ Henri Lefebvre, *The Survival of Capitalism*, London: Allison & Busby, 1976, p.105.

资本主义内部与外部之间的不平衡发展。当然，列斐伏尔同时认为，不能将上述问题理解为朴素的不平衡发展问题，要从中看到更深层次的社会关系的逐步瓦解。这进一步说明了这种内部—外部的不平衡发展将成为资本主义生产关系的根本性灾难。在列斐伏尔的推动下，西方马克思主义空间流派的学者们对不平衡发展理论的研究大踏步地向前迈进。

真正提出使历史唯物主义理论视域下的不平衡发展理论进行地理空间转向的理论家，除了哈维之外，还有美国后现代地理学家爱德华·苏贾。苏贾认为人们在 19 世纪末开始对不平衡发展问题的关注和研究标志着马克思主义理论与地理学的结合，但苏贾认为这种结合存在一定程度的不彻底性：尽管列宁、卢森堡、布哈林、托洛茨基和鲍威尔等人的著述“给对地理学（以及历史学）方面的不平衡发展进行马克思主义的理论分析提供了丰富的基础”，但其仍然被顽固而狭隘的经济决定论与历史决定论束缚。[①] 于是苏贾主张将地理因素融入对不平衡发展问题的研究，“地理上的不平衡发展是资本主义的空间性、资本主义自成一体的空间母体和拓扑学一个重要组成部分。……不平衡发展在传统上已被视为各种社会力量的一种外部反映，即社会行为和社会各阶级斗争的一种虚幻的镜子”。[②] 基于此种认知，苏贾逐步编织了对资本主义不平衡发展问题研究的后现代地理学想象，并且认为西方马克思主义与现代地理学融合所形成的一项最重要的发现，就是资本主义发展的动力已经引发了“各种地理景观永无休止的形成和革新”。[③] 对这种景观的最正确的描述就是“不平衡发展”。

总体来讲，马克思主义理论家对不平衡发展问题的研究最终形成了以社会历史不平衡发展和地理空间不平衡发展理论为支柱的“时空二维度”的动态理论框架。当然，学者们对不平衡发展问题的研究和论述远不止于此。比如，阿尔都塞运用马克思的辩证法对结构不平衡发展问题进行了较为深入的研究；吉登斯则从社会结构形成角度，对现代社会的

① 〔美〕爱德华·W. 苏贾：《后现代地理学——重申批判社会理论中的空间》，王文斌译，商务印书馆，2004，第 50~51 页。

② 〔美〕爱德华·W. 苏贾：《后现代地理学——重申批判社会理论中的空间》，王文斌译，商务印书馆，2004，第 248~249 页。

③ 〔美〕爱德华·W. 苏贾：《后现代地理学——重申批判社会理论中的空间》，王文斌译，商务印书馆，2004，第 241 页。

不平衡发展特征进行了分析；哈维的学生史密斯从“规模政治学”的视角将不同规模上存在的不平衡发展综合起来进行阐释……在此，我们不逐一赘述。在哈维对不平衡发展理论的论述中，上述学者的思想精髓贯穿始终。可以说，哈维正是在充分研判上述学者对不平衡发展问题的观点和论述的基础上，不断地发挥其地理学家的空间想象力，通过持之以恒的人文地理学研究，逐步让不平衡发展理论走入学界视野。无论是对马克思恩格斯世界历史理论的继承，还是对列宁和卢森堡帝国主义理论的重构，抑或对列斐伏尔抽象空间想象的理解，我们都可以清楚地看到，哈维的不平衡发展理论与上述学者的不平衡发展理论之渊源。毋庸置疑，哈维对不平衡发展理论的构想充分吸取了上述学者的成果，甚至可以说是对上述各种不平衡发展理论的继承和升华。较之他人，哈维的独到之处在于他真正地推动了一种空间化视野中的不平衡发展研究，并以不平衡发展理论为基点，在前人理论的基础之上，进一步建构出新自由主义、新帝国主义、时空辩证乌托邦的解放政治学等，并提出了许多富有特殊意义的概念，如时空修复、时空压缩、规模生产和差异生产等。这对马克思主义不平衡发展理论的发展来讲无疑是具有革命性意义的。

第三节 尚存明显缺陷的空间辩证法

哈维通过不断地发挥其地理学家的空间想象力，通过持之以恒的人文地理学研究，逐步让不平衡发展理论走入了学界视野。不平衡发展理论亦可以定位为一种研究资本主义产生、发展和走向的空间辩证法。在当代，尽管资本主义的形式发生了诸多变化，但是其剥削和扩张的本质并没有改变，资本主义依然是资本积累的内在逻辑与外在强制性要求混杂交互的产物。这对我们丰富马克思主义理论内涵、认清资本主义全球化实质、构建社会主义空间正义理论具有重要的意义和价值。但是，不平衡发展理论毕竟是一个“年轻”的理论，尚存诸多缺陷。

在哈维看来，资本主义的诞生源自先天性的不平衡发展，而资本主义正是利用这种不平衡发展不断创造了新的不平衡发展，从而维持自身的资本积累活动。所以，我们可以认为不平衡发展是资本主义得以维系和发展的必要前提，资本主义的发展历史实际上就是不平衡发展的历史。那么，这会引发这样一个问题，先天性的自然—生态的不平衡发展是一种永恒的存在，这就预示着资本主义的动力也倾向于一种永恒。按照哈维的理论模型，倘若资本主义真的控制了不平衡发展的过程，那是不是意味着资本主义可以在不平衡发展中永远存活呢？尽管按照马克思的说法，资本的界限在于其自身，资本积累会在所谓的三级循环中面临自身的严重危机，但如果资本主义通过调控不平衡发展来缓和甚至化解上述的种种危机，那么下一步会发生什么？哈维空间理论的进一步解答是什么？这是哈维尚未探讨过的。究其原因，还是哈维的空间理论过分依赖历史唯物主义理论，它的基本逻辑还是近乎教条式地建立在历史唯物主义逻辑之上。并且更为坦白地讲，在哈维进行理论建构的整个过程中，实证主义地理学的魅影依然存在，哈维的空间理论到目前为止还是没有摆脱那种“将实证主义地理学思维嫁接到马克思主义理论基础上”的理论整合嫌疑。如何构建空间自身的逻辑体系，进而真正实现历史与地理、时间与空间的辩证结合，值得我们深入探讨。

在关于阶级斗争的方面，就如哈维的学生史密斯所认为的：尽管面临失败，但我们只能以阶级斗争来解决资本主义的不平衡发展问题。[①]这似乎是解决不平衡发展问题唯一的出路。但哈维认为不平衡发展在不同空间规模中的普遍和复杂的存在是阶级斗争极度混乱的关键因素。[②]那么，一方面我们要通过阶级斗争来消灭不平衡发展，而另一方面不平衡发展又给阶级斗争增添了混乱且复杂的实践难题。如果理论不能解决这种混乱的逻辑交织，那么理论就只能走向“埃迪里亚”的空想。哈维的马克思主义解放政治学理论也因此遭受了不少非议，曼纽尔·卡斯特、艾拉·卡茨纳尔逊等人都认为其理论存在缺陷，如认为哈维赋予了空间形而上学的地位、没有考虑集体行动的各种问题、回避了群体和阶级构成的可替代类型等，这些诟病使哈维的理论在实践中面临诸多挑战。如何在现实的政治环境下实现乌托邦理想也是无法回避的理论难题，这也是我们在进行空间重塑时必须加以思考和研究的重大现实问题。所以，

---

① Neil Smith, *Uneven Development: Nature Capital and the Production of Space* (Georgia: University of Georgia Press, 2008), p. 211.

② 〔英〕大卫·哈维：《资本的限度》，张寅译，中信出版社，2017，第643页。

如何在不平衡发展理论中形成一种能够有效地促成阶级统一的政治抵抗方案是哈维要进一步思考的问题。

总而言之，尽管不平衡地理发展被哈维称为“最值得大力研究和关注的概念”,[①] 但诚如他所言，“不均地理发展的理论，有待进一步发展”。[②] 目前，哈维本人对不平衡发展理论的研究也在持续地进行中，国内学术界理应加强对哈维空间政治经济学思想尤其是不平衡发展理论的深入探讨，逐步提升与国际马克思主义学者对话的能力，取其精华，去其糟粕，为我们进行中国空间发展观研究提供理论支持。

① 〔美〕戴维·哈维：《正义、自然和差异地理学》，胡大平译，上海人民出版社，2010，第6页。

② 〔英〕大卫·哈维：《新自由主义化的空间：迈向不均地理发展理论》，王志弘译，台北：群学出版社，2008，第65页。

参考文献

一　中文文献

（一）中文著作

[1]〔美〕爱德华·W. 苏贾：《后现代地理学——重申批判社会理论中的空间》，商务印书馆，2004。

[2] 包亚明主编《后现代性与地理学的政治》，上海教育出版社，2001。

[3] 包亚明主编《现代性与空间的生产》，上海教育出版社，2003。

[4] 蔡禾主编《城市社会学：理论与视野》，中山大学出版社，2003。

[5] 陈水生：《空间之变：数字时代的城市公共空间治理创新》，复旦大学出版社，2024。

[6] 程上：《城市空间规划中的市场势力概念应用》，北京大学出版社，2024。

[7]〔美〕大卫·哈维：《希望的空间》，胡大平译，南京大学出版社，2006。

[8]〔英〕大卫·哈维：《新自由主义化的空间：迈向不均地理发展理论》，王志弘译，台北：群学出版社，2008。

[9]〔美〕大卫·哈维：《新自由主义简史》，王钦译，上海译文出版社，2016。

[10]〔英〕大卫·哈维：《资本的空间》，王志弘、王玥民译，台北：群学出版社，2010。

[11]〔英〕大卫·哈维：《资本的限度》，张寅译，中信出版社，2017。

[12]〔美〕大卫·哈维：《资本社会的17个矛盾》，许瑞宋译，中信出版社，2016。

[13]〔美〕大卫·哈维：《资本之谜：人人需要知道的资本主义真相》，陈静译，电子工业出版社，2011。

[14]〔美〕戴维·哈维：《后现代的状况：对文化变迁之缘起的探究》，

阎嘉译，商务印书馆，2013。

[15]〔美〕戴维·哈维：《新帝国主义》，付克新译，中国人民大学出版社，2017。

[16]〔美〕戴维·哈维：《正义、自然和差异地理学》，胡大平译，上海人民出版社，2010。

[17] 董慧：《全球资本主义的空间》，《国外马克思主义研究报告2007》，人民出版社，2007。

[18] 段德智：《莱布尼茨哲学研究》，人民出版社，2011。

[19]〔英〕恩斯特·拉克劳、查特尔·墨菲：《领导权与社会主义的策略——走向激进民主政治》，尹树广、鉴传今译，黑龙江人民出版社，2003。

[20] 丰子义、杨学功：《马克思“世界历史”理论与全球化》，人民出版社，2002。

[21] 冯俊等：《后现代主义哲学讲演录》，陈喜贵等译，商务印书馆，2003。

[22] 冯雷：《理解空间：现代空间观念的批判与重构》，中央编译出版社，2008。

[23] 付文忠：《新社会运动与国外马克思主义思潮：后马克思主义研究》，山东大学出版社，2009。

[24] 高鉴国：《新马克思主义城市理论》，商务印书馆，2006。

[25]〔美〕H. J. 德伯里：《人文地理——文化、社会与空间》，王民等译，北京师范大学出版社，1988。

[26]〔美〕赫伯特·马尔库塞：《单向度的人——发达工业社会意识形态研究》，刘继译，译文出版社，2008。

[27]〔法〕亨利·勒菲弗：《空间与政治》，李春译，上海人民出版社，2008。

[28] 胡大平：《后革命氛围与全球资本主义——德里克“弹性生产时代的马克思主义”研究》，南京大学出版社，2002。

[29] 姜玉英、徐生霞：《区域可持续发展：基于不平衡的视角》，首都经济贸易大学出版社，2024。

[30]〔加〕拉迪卡·德赛：《地缘政治经济学：在美国霸权、全球化和

帝国之后》，童珊译，重庆出版社，2022。
[31] 李恒：《城市群与区域经济协调发展》，社会科学文献出版社，2023。
[32] 李旭辉：《基于“五位一体”总体布局的经济社会发展综合评价及非均衡研究》，经济科学出版社，2021。
[33] 李永友等：《纵向财政不平衡形成机制、激励结构与平衡策略研究》，商务印书馆，2021。
[34]《列宁选集》，人民出版社，2012。
[35] 刘怀玉：《现代性的平庸与神奇：列斐伏尔日常生活批判哲学的文本学解读》，中央编译出版社，2006。
[36] 刘森林：《辩证法的社会空间》，吉林人民出版社，2006。
[37]〔匈〕卢卡奇：《历史与阶级意识——关于马克思主义辩证法的研究》，杜章智等译，商务印书馆，1996。
[38]〔德〕卢森堡：《资本积累论》，彭尘舜、吴纪先译，三联书店，1959。
[39]〔法〕路易·阿尔都塞：《保卫马克思》，顾良译，商务印书馆，2010。
[40] 罗岗主编《帝国、都市与现代性》（知识分子论丛第4辑），江苏人民出版社，2006。
[41]《马克思恩格斯全集》（第10卷），人民出版社，1998。
[42]《马克思恩格斯全集》（第11卷），人民出版社，1995。
[43]《马克思恩格斯全集》（第12卷），人民出版社，1998。
[44]《马克思恩格斯全集》（第1卷），人民出版社，1995。
[45]《马克思恩格斯全集》（第21卷），人民出版社，2003。
[46]《马克思恩格斯全集》（第2卷），人民出版社，2005。
[47]《马克思恩格斯全集》（第3卷），人民出版社，2002。
[48]《马克思恩格斯文集》（第1、5、7、8卷），人民出版社，2009。
[49]《马克思恩格斯选集》，人民出版社，2012。
[50]〔法〕米歇尔·福柯：《规训与惩罚：监狱的诞生》，刘北成、杨远婴译，三联书店，2003。
[51]〔美〕尼尔·史密斯：《不平衡发展——自然、资本与空间的生产》，刘怀玉、付清松译，商务印书馆，2021。
[52]〔英〕R. J. 约翰斯顿：《哲学与人文地理学》，蔡运龙、江涛译，商务印书馆，2000。

[53]〔美〕瑞泽尔：《后现代社会理论》，谢立中译，华夏出版社，2003。

[54]〔埃〕萨米尔·阿明：《不平等的发展——论外围资本主义的社会形态》，高铦译，社会科学文献出版社，2017。

[55] 孙江：《“空间生产”——从马克思到当代》，人民出版社，2008。

[56] 孙铁山：《发展与重塑：新时代中国城市空间结构研究》，科学出版社，2024。

[57] 完颜邓邓：《公共数字文化服务供给研究——以不平衡不充分为视角》，知识产权出版社，2023。

[58] 汪民安：《身体、空间与后现代性》，江苏人民出版社，2006。

[59] 汪民安、陈永国编《后身体——文化、权力和生命政治学》，吉林人民出版社，2005。

[60] 王雨辰：《哲学批判与解放的乌托邦》，黑龙江大学出版社，2007。

[61] 王雨辰：《中国语境中的西方马克思主义哲学研究》，湖北人民出版社，2010。

[62] 王智强：《剩余价值转移与世界经济不平衡发展研究》，经济科学出版社，2022。

[63] 吴志强：《智能治理》，上海科学技术出版社，2022。

[64] 夏凡：《乌托邦的困境中的希望：布洛赫早中期哲学的文本解读》，中央编译出版社，2008。

[65] 夏铸九、王志弘主编《空间的文化形式与社会理论读本》，台北：明文书局，1999。

[66]〔德〕尤尔根·哈贝马斯：《重建历史唯物主义》，郭官义译，社会科学文献出版社，2000。

[67] 俞可平主编《全球化时代的“马克思主义”》，中央编译出版社，1998。

[68] 俞吾金、陈学明：《国外马克思主义哲学流派》，复旦大学出版社，1990。

[69] 俞源培、吴晓明主编《马克思主义哲学经典文本导读》，高等教育出版社，2005。

[70]〔美〕詹明信：《晚期资本主义的文化逻辑》，辰清侨等译，三联书店，1997。

[71] 张敏等：《城市地下空间关键技术集成应用》，中国建筑工业出版社，2024。

[72] 张一兵、胡大平：《西方马克思主义哲学的历史逻辑》，南京大学出版社，2004。

[73] 张一兵主编《社会理论论丛》（第3辑），南京大学出版社，2006。

[74] 张一兵主编《社会批判理论纪事》，中央编译出版社，2006。

[75] 赵光武主编《后现代主义哲学述评》，西苑出版社，2000。

[76] 郑乐平：《超越现代主义和后现代主义——论新的社会理论空间之建构》，上海教育出版社，2003。

[77]《政治经济学批判》，中共中央党校出版社，2013。

[78] 周凡：《后马克思主义导论》，中央编译出版社，2010。

[79]《资本论》，人民出版社，2004。

（二）中文论文

[1] 车玉玲：《对空间生产的抵抗》，《学习与探索》2010年第1期。

[2] 陈硕：《历史唯物主义的空间化解释：历史与可能》，《天津社会科学》2011年第1期。

[3] 陈忠：《空间生产、发展伦理与当代社会理论的基础创新》，《学习与探索》2010年第1期。

[4] 程镝：《艾伦·布坎南对马克思"正义"概念的重构——基于布坎南—伍德正义问题争论的分析》，《理论探讨》2016年第4期。

[5] 程世波：《批评理论的空间转向——论戴维·哈维对空间问题的探寻》，《重庆师范大学学报》（哲学社会科学版）2005年第6期。

[6] 崔慧敏、何寅：《金融资本的剥夺性积累与当代资本主义危机——基于大卫·哈维的剥夺性积累理论》，《河北经贸大学学报》2024年第1期。

[7] 崔丽华：《时空之间——哈维关于现代主义与后现代主义的思索》，《燕山大学学报》（哲学社会科学版）2011年第1期。

[8]〔英〕大卫·哈维：《列菲弗尔与〈空间的生产〉》，黄晓武译，《国外理论动态》2006年第1期。

[9]〔英〕大卫·哈维：《马克思的空间转移理论——〈共产党宣言〉的地理学》，郇建立译，《马克思主义与现实》2005年第4期。

[10] 董慧:《大卫·哈维的不平衡地理发展理论述评》,《哲学动态》2008年第5期。

[11] 董慧:《当代资本的空间化实践——大卫·哈维对城市空间动力的探寻》,《哲学动态》2010年第10期。

[12] 董慧:《何种后现代——大卫·哈维对后现代的历史地理唯物主义解读与建构》,《苏州大学学报》(哲学社会科学版)2010年第2期。

[13] 董慧:《空间、生态与正义的辩证法——大卫·哈维的生态正义思想》,《哲学研究》2011年第8期。

[14] 董慧:《现代空间维度的后现代思想——大卫·哈维的后现代主义思想探究》,《哲学动态》2009年第8期。

[15] 段忠桥:《资本帝国主义视野下的美国霸权——戴维·哈维的〈新帝国主义〉及其意义》,《中国社会科学》2009年第2期。

[16] 方正:《马克思意识形态利益规定性阐证的时空逻辑——兼析社会主义意识形态的自我调适》,《思想理论战线》2024年第2期。

[17] 冯建辉:《哈维的"时空压缩"理论浅析》,《唯实》2010年第7期。

[18] 冯雷:《当代空间批判理论的四个主题——对后现代空间论的批判性重构》,《中国社会科学》2008年第3期。

[19] 高峰:《城市空间生产的运作逻辑——基于新马克思主义空间理论的分析》,《学习与探索》2010年第1期。

[20] 高剑平、牛伟伟:《技术资本化的路径探析——基于马克思资本逻辑的视角》,《自然辩证法研究》2020年第6期。

[21] 郝立新、孙岱瑄:《列宁的发展不平衡理论及其当代启示》,《马克思主义与现实》2023年第6期。

[22] 何雪松:《空间、权利与知识:福柯的地理学转向》,《学海》2005年第6期。

[23] 何雪松:《社会理论的空间转向》,《社会》2006年第2期。

[24] 胡大平:《从历史唯物主义到历史地理唯物主义——哈维对马克思主义的升级及其理论意义》,《南京大学学报》(哲学·人文科学·社会科学版)2004年第5期。

[25] 胡大平：《弹性生产、全球资本主义和社会主义改革——20世纪后半叶资本主义的变化及其政策启示》，《南京大学学报》（哲学·人文科学·社会科学版）2003年第1期。

[26] 胡大平：《社会批判理论之空间转向与历史唯物主义的空间化》，《江海学刊》2007年第2期。

[27] 胡大平：《为什么以及如何通过空间来探寻希望？——哈维〈希望的空间〉感言》，《中国图书评论》2007年第5期。

[28] 黄少华：《哈维论后现代社会的时空转变》，《自然辩证法研究》2005年第3期。

[29] 姜华、孙忠良：《大卫·哈维的时间异化批判理论研究》，《求是学刊》2022年第6期。

[30] 李春火：《大卫·哈维空间视域的资本批判理论》，《学术界》2010年第12期。

[31] 李春敏：《城市与空间的生产——马克思恩格斯城市思想新探》，《中共福建省委党校学报》2009年第6期。

[32] 李春敏：《近年来马克思社会空间思想研究综述》，《南京政治学院学报》2010年第3期。

[33] 李庆霞、姚吉婷：《大卫·哈维论资本逻辑与资本主义危机的三个维度》，《求是学刊》2022年第3期。

[34] 李秀玲：《哈维的新帝国主义思想》，《南通大学学报》（社会科学版）2009年第3期。

[35] 李秀玲：《“空间生产”思想：从马克思经列斐伏尔到哈维》，《福建论坛》（人文社会科学版）2011年第5期。

[36] 李雪阳、郭立：《大卫·哈维“辩证的时空乌托邦”思想探析》，《广东社会科学》2020年第5期。

[37] 李雪阳、孙立冰：《大卫·哈维“剥夺性积累”思想辨析——基于一种比较研究的视域》，《经济纵横》2021年第12期。

[38] 林密：《马克思政治经济学批判的内在张力及其当代意义再思考——基于〈资本论〉及其手稿中的不平衡发展问题》，《中国高校社会科学》2021年第2期。

[39] 刘怀玉：《历史唯物主义的空间化解释：以列斐伏尔为个案》，《河

北学刊》2005 年第 3 期。

[40] 刘怀玉:《透视资本主义的当代形态:历史唯物主义的新课题》,《河北学刊》2011 年第 3 期。

[41] 刘元琪:《全球化和个体——评大卫·哈维的〈希望的空间〉》,《国外理论动态》2001 年第 5 期。

[42] 吕明洁:《大卫·哈维地理不均衡发展理论的二元维度》,《社会科学战线》2020 年第 3 期。

[43] 苗瑞:《"剥夺性积累"理论:大卫·哈维对马克思原始积累理论的重构》,《理论月刊》2023 年第 1 期。

[44] 强乃社:《空间转向及其意义》,《学习与探索》2011 年第 3 期。

[45] 万玉琛:《来源、逻辑及限度:大卫·哈维空间构型理论图景的还原》,《理论月刊》2024 年第 5 期。

[46] 王平、赵路强:《哈维当代资本主义生态危机诊断的时空观向度》,《当代国外马克思主义评论》2022 年第 4 期。

[47] 魏开、许学强:《城市空间生产批判——新马克思主义空间研究范式述评》,《城市问题》2009 年第 4 期。

[48] 吴红涛:《筑造"星球工厂":资本主义剩余劳动的数字转场及其空间赋形》,《内蒙古社会科学》2024 年第 5 期。

[49] 吴敏:《英国著名左翼学者大卫·哈维论资本主义》,《国外理论动态》2001 年第 3 期。

[50] 吴瑞财:《全球化:现代性研究的空间转向》,《华侨大学学报》(哲学社会科学版)2005 年第 3 期。

[51] 邢祖哥、贺灿飞:《区域不平衡:理论回顾、研究进展与未来展望》,《地理科学进展》2024 年第 9 期。

[52] 熊小果:《大卫·哈维"空间政治经济学"思想的批判限度》,《当代经济研究》2021 年第 2 期。

[53] 闫军印:《马克思空间经济思想及其当代价值》,《甘肃理论学刊》2010 年第 1 期。

[54] 阎嘉:《后现代语境中的西方新马克思主义理论——兼评戴维·哈维的后现代理论》,《西南师范大学学报》(人文社会科学版)2005 年第 1 期。

[55] 仰海峰：《弹性生产与资本的全球空间规划——从马克思到哈维》，《江海学刊》2008年第2期。

[56] 仰海峰：《全球化与资本的空间布展》，《北京大学学报》（哲学社会科学版）2005年第4期。

[57] 姚顺良、夏凡：《卢森堡理解资本主义现代形态的模式创新及其哲学意蕴》，《学海》2009年第2期。

[58] 张一兵：《何为晚期马克思主义?》，《南京大学学报》（哲学·人文科学·社会科学版）2004年第5期。

[59] 张应祥：《资本主义城市空间的政治经济学分析——西方城市社会学理论的一种视角》，《广东社会科学》2005年第5期。

[60] 张应祥、蔡禾：《新马克思主义城市理论述评》，《学术研究》2006年第3期。

[61] 张应祥、蔡禾：《资本主义与城市社会变迁——新马克思主义城市理论视角》，《城市发展研究》2006年第1期。

[62] 张子凯：《列斐伏尔〈空间的生产〉述评》，《江苏大学学报》（社会科学版）2007年第5期。

[63] 章仁彪、李春敏：《大卫·哈维的新马克思主义空间理论探析》，《福建论坛》（人文社会科学版）2010年第1期。

[64] 〔英〕朱迪·考克斯：《如何理解当前阶段的帝国主义——评〈新帝国主义〉第四本著作》，王占宇译，《国外理论动态》2004年第4期。

[65] 庄友刚：《空间生产与资本逻辑》，《学习与探索》2010年第1期。

[66] 禚明亮：《大卫·哈维谈资本的逻辑与全球金融危机》，《国外理论动态》2010年第1期。

二 外文文献

[1] Aleksandra, P., "Regulation Theory, Space, and Uneven Development: Conversations and Challenges," *Economic Geography*, Vol. 99, 2023.

[2] Bartl, W., *Räumliche Ungleichheit-wie ein Föderalstaat sehen*, *Wiesbaden*: Springer VS Wiesbaden, 2024.

[3] Benjamin, B., "Intra-urban Inequalities During Rapid Development: Space Egalitarianism in Tokyo Between 1955-1975," *International Journal of Urban Sustainable Development*, Vol. 13, 2021.

[4] Castells, M., *The City and the Grassroots—A Cross—Cultural Theory of Urban Social Movements*, London: Edward Arnold, 1983.

[5] Castells, M., *The Urban Question—A Marxist Approach*, London: Cambridge University Press, 1979.

[6] Colombo, S., *Spatial Economics Volume Ⅱ Applications*, Switzerland: Springer Nature Switzerland AG, 2021.

[7] David, H., *Consciousness and the Urban Experience—Studies in History and Theory of Capitalist Urbanisation*, Maryland: The Johns Hopkins University Press, 1985.

[8] David, H., *Social Justice and the City*, Maryland: The Johns Hopkins University Press, 1973.

[9] David, H., *The Limit to Capital*, Oxford: Basil Blackwell, 1982.

[10] David, H., *The Urban Experience*, Maryland: The Johns Hopkins University Press, 1989.

[11] David, H., *The Urbanisation of Capital*, Oxford: Basil Blackwell, 1985.

[12] Dey, S., Ray, J., Majumder, R., "Spatial Inequality in Sub-national Human Development Index: A Case Study of West Bengal Districts," *Sustainable Futures*, Vol. 8, 2024.

[13] Ebner Nina, "A Borderland Analytic: Thinking Uneven Development from the U. S. -Mexico Borderlands," *Environment and Planning A: Economy and Space*, Vol. 55, 2023.

[14] Elden, N., Stuart, *Understanding Henri Lefebvre*, London and New York: Continuum, 2004.

[15] Gündoğan, E., "Conceptions of Hegemony in Antonio Gramsci's Southern Question and the Prison Notebooks," *New Proposals: Journal of Marxism and Interdisciplinary Inquiry*, Vol. 2, No. 1, 2008.

[16] Gündoğan, E., *Marxian Theory and Socialism in Turkey, A Critique of*

the Socialist Journal Aydinlik, Germany: VDM Verlag, 2009.

[17] Gottdiener, M., *The Social Production of Space*, Austin: University of Texas Press, 1988.

[18] Gottdiener, M., "Urbanisation, Consciousness and the Limits of Capital Logic," *International Journal of Urban and Regional Research*, Vol. 2, No. 1, 1987.

[19] Gregory, D., *Geographical Imaginations*, Oxford: Basil Blackwell, 1994.

[20] Harloe, M., *Captive Cities: Studies in the Political Economy of Cities and Regions*, Chichester: John Wiley, 1977.

[21] Jessop, B., *The Future of the Capitalist State*, Cambridge: Polity Press, 2002.

[22] Katznelson, L., *Marxism and the City*, Oxford: Clarendon Press, 1993.

[23] Krugman, P., *Development, Geography and Economic Theory*, Cambridge: MIT Press, 1995.

[24] Lash, S., "The Condition of Postmodernity, Book Reviews," *International Journal of Urban and Regional Research*, 1989.

[25] Lefebvre, H., *Key Writings*, New York: Continuum, 2003.

[26] Lefebvre, H., "Space: Socail Product and Use Value, In J. Freiberg, ed.," *Critical Social Sociology: European Perspective*, New York: Irvington Publishers, 1979.

[27] Lefebvre, H., *The Production of Space*, Oxford: Basil Blackwell, 1998.

[28] Lefebvre, H., *The Survival of Capitalism—The Relations of the Relations of Production*, London: Macmillan Limited, 1976.

[29] Lefebvre, H., *Writing on Cities*, Oxford: Basil Blakwell, 1996.

[30] Low, L. P., "Class, Politics, and Planning: From Reductionism to Pluralism in Marxist Class Analyses," *Environment and Planning A*, Vol. 1, No. 22, 1990.

[31] MacKinnon, D., "Reframing Urban and Regional 'Development' for

'Lleft behind' Places," *Cambridge Journal of Regions, Economy and Society*, Vol. 15, 2022.

[32] Martin, R., "Rebuilding the Economy from the Covid Crisis: Time to Rethink Regional Studies?" *Regional Studies, Regional Science*, Vol. 8, No. 1, 2021.

[33] Martindale, D., *Prefatory Remarks: The Theory of the City' in Max Weber, The City, The Free Press*, London: Collier-Macmillan Ltd., 1996.

[34] Martins, M., R., *The Theory of Social Space in the Work of Henry Lefebvre in Urban Political Economy and Social Theory: Critical Essays in Urban Studies*, Aldershot: Gower Publishing, 1982.

[35] Marx, K., *Capital—A Critique of Political Economy, Vol. 3*, New York: Penguin Publishing Group, 1992.

[36] Massey, D., "Social Justice and the City: A Review," *Environment and Planning A*, Vol. 6, 1974.

[37] Maya, R., "Social and Spatial Inequalities During COVID-19: Evidence from France and the Need for a New Sustainable Urban and Regional Development Paradigm," *Sustainability*, Vol. 16, 2024.

[38] Morales, I., "The Politics of Development and Challenges to the Policy Space: From Electoral Choices to Inequalities in the Region," *Latin American Policy*, Vol. 15, 2024.

[39] Panju, M., "Engendering Development: Mapping Spatial Contours of Urban Inequality in Dubai, United Arab Emirates," *Journal of Gender, Culture and Society*, Vol. 4, 2024.

[40] Paterson. J, L., *David Harvey's Geography*, New Hampshire: Croom Helm Ltd., 1984.

[41] Paterson J. L., *David Harvey's Geography, Croom Helm London and Canberra, Barnes Noble Books*, Totowa: New Jersey, 1984.

[42] Peet, D., "Commentary 2: Classics in Human Geography," *Progress in Human Geography*, Vol. 16, No. 1, 1992.

[43] Peet, R., J., and Lyons, J., V., *Marxism: Dialectical Materialism, Social Formation and the Geographic Relations*, London: Croom

Helm, 1981.

[44] Pickvance, C. G., "Introduction 1: Historical Materialist Approaches to Urban Sociology," in *Urban Sociology*, London: Tavistock Publications, 1976.

[45] Riessmann, L., *The Urban Process*, Los Angeles: The Free Press, 1964.

[46] Saunders, P., *Political Economy and the Urban Question* (*with John Lloyd*), London: London Routledge, 1981.

[47] Saunders, P., *Social Theory and the Urban Question*, London: London Routledge, 1981.

[48] Sayer, A., "Liberalism, Marxism and Urban and Regional Studies," *International Journal of Urban and Regional Research*, Vol. 19, No. 1 1995.

[49] Sayer, A., "Radical Geography and Marxist Political Economy: Towards a Re-evaluation," *Progress in Human Geography*, Vol. 16, No. 3, 1992.

[50] Sebastien, B., "Regulation Theory, Space, and Uneven Development: Conversations and Challenges," *Regional Studies*, Vol. 58, 2024.

[51] Smith, M. P., *City, State and Market—The Political Economy of Urban Society*, Cambridge: Blackwell, 1992.

[52] Soja, E. W., *Postmodern Geographies—The Reassertion of Space in Critical Social Theory*, London & New York: Verso, 1990.

[53] Taylor, P., " Classics inHuman Geography," *Progress in Human Geography*, Vol. 16, No. 1, 1992.

[54] Topalov, C., "Capital, History and the Limits of Economics," Book Review Essay, *International Journal of Urban and Regional Research*, Vol. 7, 1983.